삼국지에서
내 성격을 찾다

에니어그램의 지혜

조성민 · 이정섭

박영사

머리말

　인간에게는 9가지 성격유형이 있고 누구나 그중 하나를 가지고 태어난다. 에니어그램은 "참된 나는 누구인가"라는 물음에 대한 통찰력으로 자신의 내면을 볼 수 있도록 돕는 프로그램이다. 우리는 에니어그램을 통하여 타고난 재능과 능력에 기초한 전략을 계발함으로써 안정감을 느끼게 되고, 자신이 처한 환경에 대처하는 법을 배우게 된다. 에니어그램은 '참된 나'를 발견하여 온전함을 지향하는 자기수련 과정이다.

　이 책은 주로 짧은 시간에 에니어그램의 내용을 쉽게 이해할 수 있도록 한다는 취지에서 쓰였다. 처음 공부하는 사람에게는 어렵지 않은 에니어그램 입문서로서 안내역할을 할 수 있고, 이미 에니어그램 공부를 한 사람들에게는 정리용으로서 활용할 수 있는 책을 만들어 보고자 하였다. 그리하여 기존의 에니어그램 책들에 비해 원고분량을 줄여 보았다. 그러면서도 내용의 빈약함을 초래해서는 안 되겠기에 에니어그램의 기본이론을 군더더기 없이 핵심만 서술하고자 노력했다.

　1부에서는 에니어그램의 의미와 목적, 사람의 아홉 가지 성격유형의 성향과 특징, 자기발견의 길에 대하여 서술하였다.

　2부에서는 삼국지 영웅들을 통해 우리 자신을 돌아보고 삶과 세상을 보는 혜안을 키우기 위해, 에니어그램의 기본이론을 바탕으로 삼국지 인물의 성격유형의 분석을 시도하였다. 이를 위해 현대인의 역할모델로서 손색이 없는 아홉 사람을 택해

에니어그램을 이들에게 적용시켜 『삼국지에서 내 성격을 찾다』의 집필을 시도하는 첫발을 내디뎠다.

탈고하고 나니 본래의 의도대로 집필되었는지 걱정이 된다. 아무쪼록 이 책이 에니어그램을 공부하는 데 부담 없는 길잡이가 될 수 있었으면 한다. 부족한 부분은 독자 여러분의 충고와 비판에 의지하여 고쳐나갈 것이다.

본서를 출간하면서 생각나는 분들이 있다. 호원대학교 김성필 교수님, 대진대학교 소성규 교수님. 한양사이버대학교 양재모 교수님, 대전대학교 박진근 교수님, 공주대학교 김지석 교수님, 충북대학교 김판기 교수님, 자동차보험전문가 박영민 박사님, 석수길 박사님, 김경수 부장판사님, 합동참모본부 전익수 법무실장님, 이동기 변호사님(전 수원지검 검사장), 배현모 변호사님, 이용호 변호사님, 기업은행 우창훈 차장님, 인터넷전문가 박상민 선생님 그리고 중부대학교 이기민 교수님, 한성대학교 곽수환 교수님, 강남대학교 길혜민 교수님, 대한에니어그램영성학회 여러 강사님, 공동체문화원 윤명선 원장님, 국민대통합위원회 최성규 위원장님께 감사드린다.

2017년 6월
남산에서 한강을 바라보며
조성민 · 이정섭

고뇌하며 기다리는

누구나 과거보다 발전된
현재를 원한다면 과거에서 배워야 한다

자신의 부족함이나
결점으로 인해 발전에 장애가 된다면

모자라는 것을 채우고
잘못된 것을 고치며 생활해야 한다

우리는 미래를 설계하고
이를 행동으로 옮겨야 한다

우리에게
가장 소중한 선물은 현재다

어떻게 살아야 할 것인가의
해답을 스스로 찾게 된다.

(화진포 앞바다에서, 2017년 새해 아침)

차 례

제1부

에니어그램의 주춧돌

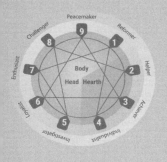

제1장

에니어그램의 이해

Ⅰ 에니어그램의 기초

1 에니어그램의 의미

  에니어그램(Enneagram)이란 9개의 점이 있는 그림을 의미한다. 에니어(Ennea)는 그리스어로 숫자 9를 뜻하고, 그램(Gram)은 그림을 뜻한다. 따라서 9가지로 이루어진 인간의 성격유형과 이 유형들의 연관성을 표시한 기하학적인 도형이 에니어그램이다. 에니어그램은 자신의 성격을 알 수 있는 도구이며, 나와 세상을 이해하는 9가지 성격유형이다.

  인간에게는 9가지 성격유형이 있고, 누구나 그중 하나를 가지고 태어난다. 성격의 9가지 유형은 기본적인 강박적 유형들로서, 약육강식의 냉혹한 세상에서 살아남기 위해 각 유형이 사용하고 있는 집착을 찾아낸다. 사람의 성격은 환경의 영향에 따라 변화를 겪기도 하지만, 내면에 잠재한 자신의 기본적인 유형은 변하지 않는다. 그러므로 누구나 타고난 재능과 능력에 기초한 전략을 계발함으로써 안정감을 느끼게 되고, 가족상황과 개인이 처한 환경에 대처하는 법을 배우게 된다.

에니어그램은 중동(아프가니스탄)에서 시작되어, 1920년대에 러시아의 구르지예프(Gurdjief)에 의해 현대사회에 전수되었다. 에니어그램은 "참된 나는 누구인가?"라는 물음에 대한 심오한 통찰력으로 자신의 내면을 볼 수 있도록 돕는 프로그램이다. 따라서 우리는 에니어그램을 통하여 첫째 자신에게 숨어 있는 집착을 발견하고, 둘째 그 원인을 깨닫고, 셋째 강박충동을 극복할 수 있다.[1] 이를 통하여 누구나 타고난 재능과 능력에 기초한 전략을 계발함으로써 안정감을 느끼게 되고, 자신이 처한 환경에 대처하는 법을 배우게 된다. 에니어그램은 '참된 나'를 발견함으로써 온전함을 지향하여 나가는 자기수련과정이다.

② 에니어그램의 구성

에니어그램은 다음 그림과 같이 원과 삼각형과 헥사드로 구성되어 있다.

원은 하나의 선으로 이루어진 도형으로 조화와 통일성을 의미하며, 모든 것은 한 가지로 귀결된다는 1의 법칙을 내포한다. 9가지 성격유형이 하나로 통합됨을 상징적으로 표현하고 있는 것이 원이다. 삼각형은 9→6→3으로 이어진다. 이는 힘이 균형을 이룰 때 가장 완벽해진다는 3의 법칙을 내포하는데, 3의 법칙으로써 이상적인 인간상에 다다를 수 있다는 것을 표현한다.[2] 헥사드(Hexad)는 1→4→2→8→5→7로 이어진다. 헥사드는 이 세상에 존재하는 모든 것은 정지되어 있지 않고 움직이며, 뭔가 다른 것으로 변형된다는 것을 상징한다. 이 헥사드는 9가지 성격유형이 항상 상호작용하고 변화한다는 것을 표현하며, 이를 가리켜 성격의 퇴화 또는 통합이라고 한다.

---

1 김영운, 『에니어그램 — 내 안의 보물찾기』 (서울: 올리브나무, 2007), p. 22.
2 "3의 법칙의 예는 기독교의 삼위일체, 불교의 불법승(佛法僧), 도교의 천지인(天地人), 유태교의 가빌라 등이다." (http://astaldo.blog.me/501123406001)

그림 1	에니어그램 도형

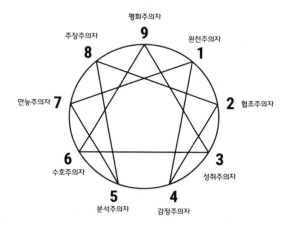

Ⅱ 에니어그램의 목적

1 자기를 발견함

에니어그램은 자기 자신의 공포와 불안, 장점과 약점, 방어와 불안, 좌절과 실망에 대하여 어떻게 반응할 것이냐 하는 문제를 해결한다. 더 나아가 자신의 진정한 능력과 장점이 무엇인가를 이해하여 자아에 대한 바른 이해의 바탕 위에 본래의 자신을 세울 수 있도록 돕는다.[3] 인간의 자아의 역할은 바깥세계와 관계를 맺고 이에 적응하는 것이며, 또 무의식의 내면세계를 살펴서 이와 관계를 맺고 적응하는 것이다.[4]

---

3 http://khj3743.blog.me/40139772203
4 이부영, 『자기와 자기실현』 (서울: 한길사, 2007), p. 32.

누구든지 이러한 자아발견으로 자신의 강점과 부정적인 면을 깨닫고 그대로 받아들임으로써, 그동안 자신을 얽매고 있던 구속에서 벗어나 자유로워질 수 있다. 우리는 에니어그램을 통하여 자신도 모르게 부정적으로 움직이게 만드는 성격유형의 고착화된 습성을 찾아내서 이를 극복할 수 있다.[5]

② 성격을 개선함

누구나 성격을 개선하는 것은 어려운 문제이다. 사랑을 이야기하면서도 남을 배척하며 살아가는 경우가 많다. 어떻게 사랑해야 할지 모르기 때문이다. 에니어그램을 통해 자아를 발견함으로써 빛을 비추어 주는 사랑, 향기가 있는 사랑, 비전을 제시하는 사랑, 섬기는 사랑을 할 수 있는 길을 제시해 준다.

③ 상대방을 이해함

대인관계가 힘든 이유는 서로가 서로를 모르기 때문이다. 개와 고양이의 상극관계를 견묘지간(犬猫之間)이라고 한다. 개와 고양이가 사이가 나쁜 것은 신체언어(행동)가 다르기 때문이다. 개는 반가울 때 꼬리를 올리고, 싸울 때는 꼬리를 내린다. 이와 반대로 고양이는 반가울 때 꼬리를 내리고, 싸울 때 꼬리를 올린다. 이런 습성 때문에 개가 고양이 앞에서 반갑다고 꼬리를 올려 흔들면, 고양이는 싸우자는 의미로 받아들여 충돌이 일어난다. 그러므로 상대방이 세상을 어떻게 보는지를 알고 세상을 이해할 때 사회생활을 잘할 수 있다. 이 역할을 에니어그램이 담당한다.

---

5 김진희, 『에니어그램』 (고양: 도서출판 평산, 2016), p. 69.

4 인간관계를 개선함

에니어그램을 바르게 이해한다면 아는 만큼 상대를 받아들일 넉넉한 마음을 가질 수 있다. 에니어그램을 통해서 인간 성품의 전체적인 면을 이해할 수 있다. 또 이것을 깨달음으로써 다른 사람들에 대해 훨씬 많은 이해와 사랑을 갖게 된다.

에니어그램을 통해 자신과 다른 사람의 성격유형을 알게 되면 귀중한 통찰력이 생기게 되고, 성격유형에 익숙해질수록 다른 사람들의 마음과 의견을 더 쉽게 받아들일 수 있다. 이를 통해 인간관계를 개선할 수 있다. 즉 자기를 수용할 뿐만 아니라 다른 사람의 유형을 알고 그들이 바라보는 세상과 행동하는 양식, 그들 내부에서 일어나고 있는 집착과 강박관념, 욕망 등을 이해함으로써 자신과 관계를 맺게 될 다른 사람들을 이해할 수 있다.6 에니어그램의 지혜를 습득하면 지금까지 자신을 얽매고 있던 멍에와 구속으로부터 해방되어 자유로운 존재가 된 자신을 발견하게 된다.7

5 자기를 실현함

자기실현은 개인이 지니고 있는 소질과 역량을 스스로 찾아내어 그것을 충분히 발휘하고 계발하여 자기의 이상을 실현하는 것이다. 에니어그램은 자기실현을 이루는 데 도움을 주는 훌륭한 도구이다. 즉 에니어그램의 지혜는 인간은 왜 살아야 하며, 무엇 때문에 살아야 하는지에 대한 이정표와 같은 역할을 한다.

따라서 우리는 에니어그램을 통하여 인간의 본질인 자기를 발견하고, 자기라는 본질에 가까운 삶을 살아가며 자기실현을 할 수 있다. 또한 자기의 삶을 수용함으로써 자기를 성장시키고 자아를 실현할 수 있다.8

6 유은성 외, 『에니어그램 — 이해와 필요』 (서울: 학지사, 2008), p. 174.
7 이경순·이미경·김경희, 『인간관계와 의사소통』 (서울: 현문사, 2006), p. 41.
8 이정섭·김덕진·김정선·김혜경, "에니어그램을 통한 간호대학생의 자기인식경험", 『KASES』 제2권 제1호, 2013. 8., p. 41.

Ⅲ 성격형성과 기본유형

1 성격형성의 확정시기

사람은 성장하면서 누구나 9가지의 성격유형 중에서 한 가지 유형으로 굳어진다. 만 3세에서 6세 사이에 개인의 성격형성이 확정되므로, "세 살 적 버릇이 여든까지 간다"는 속담이 생겼다. 아이가 부모의 양육과정에서 상처를 입을 때, 아이는 생존과 방어전략을 강구한다.

아이들이 만 6세 때 성격이 확정되는 이유는 ① 양육과정에서 부모로부터 상처를 받으며, ② 부모나 어른들로부터 사랑을 받고자 노력하는데, 이것이 성격으로 발달하고, ③ 원하는 것을 얻고자 할 때 울든지 떼를 쓰는데, 이러한 생존전략이 강박충동으로 나타나며, ④ 이 같은 어릴 적 생존전략이 나이가 들어서도 사람들에게 반응을 하기 때문이다.[9]

2 성격의 기본유형

사람의 성격은 1유형부터 9유형까지 아홉 가지 유형으로 나눌 수 있다.

1유형은 어릴 때 나이에 비해 책임감이 크고, 기대 이상으로 일처리를 잘했다. 성장하면서 1유형은 완벽을 추구하는 개혁가가 된다. 이들은 현실적이고 양심적이며 원칙을 고수한다. 또한 자신이 세운 높은 이상에 도달하기 위해 분투하며 살아간다.

2유형은 어릴 때 또래 친구나 자매를 돌봄으로 어른의 관심을 끌었다. 성장하면서 타인에게 도움을 주려고 하며, 돌봄전문가가 된다. 이들은 다정다감하고 따뜻하

---

9 김영운, 앞의 책(주 1), p. 30.

며 다른 사람을 잘 양육하고 다른 사람들에게 마음을 써 그들의 필요를 민감하게 알아차린다.

3유형은 어릴 때 매사에 자신이 앞서야 하고 모두가 자기를 좋아하기를 바랐다. 자라면서 성공을 효율적으로 추구하는 사람이 되어, 능률 지향적으로 사고하며 성취전문가로서 활동적이고 낙천적인 성향이 두드러진다. 또한 자기 확신이 강하고 목표 지향적이다.

4유형은 어릴 때 민감하고 상상력이 풍부하나, 아웃사이더로서 외로움을 잘 탔다. 자라면서 특별한 존재를 지향하는 독특한 사람이 되어 창조전문가로 성장한다. 개성이 있고 낭만적이며 또한 정서적으로 섬세하고 따뜻하며 직관력이 있다.

5유형은 어릴 때 혼자 떨어져 책 읽기를 좋아하고 질문이 많았다. 성장하면서 관찰하고 연구하며 지식을 추구하는 사람이 되어, 박학다식한 탐구전문가가 된다. 또한 지적 요구가 강하고 내향적이며 호기심이 많고 분석적이며 통찰력이 있다.

6유형은 어릴 때 또래들 압력에 민감하고, 규칙에 순종하면서도 불안해하며 심하면 반항했다. 성장하면서 안전을 추구하고 충성하는 사람이 되어, 헌신전문가가 된다. 신실하고 신중하며 또한 신뢰감이 있고 가족, 친구, 조직에 충실하다.

7유형은 어릴 때 활기차고 말이 많으며 친구들 사이에서 인기가 높고 독창적이었다. 성장하면서 즐거움을 추구하고 계획하는 사람이 되어, 다재다능한 열정전문가가 된다. 또한 에너지가 넘치고 생동감이 많으며 낙천적이고 세상에 기여하기를 원한다.

8유형은 어릴 때부터 독립성을 보이고 지휘통솔력을 발휘했다. 자라면서 강함을 추구하고 주장이 강한 사람이 되어, 솔직하고 과감한 도전전문가가 된다. 직선적이고 독립적이며 자신감이 강하고 타인을 보호해 주는 스타일이다.

9유형은 어릴 때부터 조용한 아이라 말썽을 일으키지 않고 사람들 눈에 잘 띄지 않았다. 자라면서 조화와 평화를 바라는 사람이 되어 외유내강한 화합전문가가 된다. 수용적이고 온화하며 타인을 지지해 주고 타인 및 세상과 연결되기를 원한다.

명상이 흐르는 길

등산로에 접어들자
산바람이 등을 떠민다

빨간 장갑 낀 단풍나무는
근심 걱정 달라하고
얼굴 내민 파아란 하늘은
미운 정도 달라한다

폭포수는 하얀 포말로
영혼을 맑게 하고
억새는 은빛물결로
결실에 감사하라 하며
산봉우리에 솟은 해님은
생기 찾으라며 미소 짓는다.

(이정섭, 월간 문예사조, 2016, 3월호, p. 219)

제2장

아홉 가지 성격유형

I 성격유형의 성향과 특징

① 1유형(완전주의자)

1) 보편적 성향

(가) 완벽을 추구함

1유형은 완전주의자로서 매사에 신중하고 철저하며 완벽을 추구한다. 이들은 모든 일이 올바르게 되기를 원한다. 또한 자신의 선택이 항상 옳다는 믿음이 확고하기 때문에 타인에게서 지적을 받으면 참지를 못한다. 그리고 도리와 원칙에 맞는 선택을 하므로, 공사(公私)가 분명하고 도덕적 판단을 좋아한다.

이들은 도덕적으로 정의감이 강해서 세상을 개선하고자 하고, 원칙과 도덕적인 것에 충실하며 꼼꼼하고 철저한 개혁가이다. 또한 이들은 정직하고 이상주의적이며 비판력이 뛰어나고 사리분별이 분명하며, 윤리관에 자신이 있는 만큼 하는 일

또한 자신의 도덕적 기준에 합당해야 한다.[1]

(나) 언행이 일치함

건강한 1유형은 언행이 일치한다. 이들은 정직하고 솔직하며 말과 행동이 일관성 있다. 이들은 생각한 것을 말하고 말한 것을 행동에 옮기는 노력파이다.

(다) 신뢰감을 줌

이들은 근면하고 성실하며 일을 정확하게 처리하고, 도덕적으로 완벽을 추구하고 공정성을 유지하려고 한다. 또한 올바른 길을 걷고 있다는 생각에 만족감을 느끼고, 깔끔한 인상에 자세의 흐트러짐이 없다. 또한 힘든 상황을 돌파해 나가기 위해 어떤 노력도 아끼지 않으며, '해야 한다'는 말을 자주한다.

(라) 융통성이 부족함

이들은 의사결정 시 융통성이 부족하므로 일단 결정을 내리면 자기 뜻과 방식을 끝까지 관철시키려 한다. 남의 충고를 받아들이는 일이 어렵고 반동성향이 강하다. 귀에 거슬리는 소리를 듣기 싫어하고 원하는 대로 되지 않으면 화를 잘 낸다, 화를 잘 내지만 속은 여리다. 화를 내야할 때 참았다면 탈춤이나 국악 등으로 이를 빨리 풀어야 한다.

말하는 스타일은 단호하고 설교조이다.

(마) 1유형의 국가 및 인물

러시아가 대표국가이다. 순욱(삼국지 — 조조의 책사), 모세, 공자, 플라톤, 간디, 처칠, 대처, 마틴 루터, 히틀러, 김구, 박정희 등이 대표인물이다.

---

1 박상하, 『에니어그램 리더십』 (서울: 고수출판, 2006), p. 19.

2) 특징

(가) 유아기 성격형성의 특징

유아기는 정신적 표상이 가능하고 상상하는 능력을 가지는 시기이며 언어를 구사할 수 있는 시기이다. 유아는 인지가 발달해 감에 따라 주변환경의 자극에 대하여 적극적으로 대처하여 구체적인 사물을 통하여 문제를 해결하고, 점차 구체적인 사물의 조작 없이 사고를 통하여 문제를 해결하게 된다. 따라서 부모는 자녀의 인지발달을 촉진시키고 유아가 능동적으로 문제해결을 할 수 있도록 기회를 만들어 주어야 한다.2

1유형은 어릴 때부터 좋은 아이가 되려고 노력한 타입이다. 이들은 어려서부터 옳고 그름에 관심이 많고 부모의 기대에 따라 생활하는 것에 초점을 맞추어 생활했다. 그리고 윤리적 기준에 부합하지 않으면 죄의식을 느끼고, 타인에게 비판을 듣기 전에 자신을 비판하며 자랐다. 또한 자기가 원하는 것을 이루기 위해 화를 냄으로써 얻은 경험을 했다.

이들은 책임감이 강해 부모의 역할을 떠맡기도 했다. 부모를 대신하여 동생들을 보살피고 모범을 보이고, 부모가 자신에게 많은 것을 기대한다고 느끼며 자랐다. 무서운 아버지, 엄한 아버지에게서 '너는 잘해야 된다'는 식으로 강요를 받은 경우가 많아서, 이들은 부정적인 감정을 억누르는 능력이 발달되어 있다. 즉 '착한 어린이는 화를 내지 않는다'는 생각이 어릴 때 이미 형성되었다. 부모관계에 있어서 1유형은 아버지에게 부정적이다.

(나) 건강상태에 따른 특징

1유형이 건강할 때는 ① 윤리적이며 강한 도덕적 가치관을 가지고, ② 원칙적이고 공정하며, ③ 정직하고 정리정돈을 잘하며, ④ 분별력이 있고 판단력이 탁월

---

2 윤서연, 「에니어그램 성격유형에 기반한 아버지 양육행동 척도개발」 (숙명여자대학교 대학원 박사학위논문, 2015), p. 22.

하고, ⑤ 관용적이고 타인에게 충고할 때 지혜롭게 한다.

　평균상태일 때는 ① 자신이 세상일을 개선할 의무가 있다고 생각하고, ② 감정과 충동을 억제하면서 성적으로 억압된 삶을 살며, ③ 세상사를 긍정과 부정, 선과 악 등 이분법적으로 나누고, ④ 비판적이며 참을성이 부족하고, ⑤ 타인은 물론 자신의 완벽하지 못한 점에 대해 만족하지 못한다.

　불건강할 때는 ① 타인의 행위에 대해서는 트집 잡기를 좋아하지만 자신의 행위는 합리화하고, ② 남을 통제하려 들며, ③ 지나치게 꼼꼼하고, ④ 독단적인 데다 융통성이 없으며, ⑤ 독선적이고 너그럽지 못하다.

(다) 장단점에 따른 특징

　1유형의 좋은 점은 ① 자기단련이 잘 되어 있고, 많은 것을 성취해 내고, ② 세상을 더 나은 곳으로 만들기 위해 노력하며, ③ 기준이 높은 윤리의식을 가지고 있고, ④ 이성적이고 책임감이 있으며 헌신적이고, ⑤ 자신과 다른 사람들 안에서 최상의 모습을 끌어낸다.

　힘든 점은 ① 기대에 못 미칠 때 자신과 타인에 대해 실망하고, ② 책임져야 할 많은 일들로 인해 부담을 느끼며, ③ 자신이 하는 일들이 괜찮다고 생각한 적이 별로 없으며, ④ 걱정이 많으며 매사를 심각하게 받아들이고, ⑤ 타인이 자신만큼 노력하지 않는다는 것에 대해 당황한다.

② 2유형(협조주의자)

1) 보편적 성향

(가) 도우미형

　2유형인 협조자는 정이 많고 마음이 따뜻해서 어려움에 처한 사람을 돕는 스타일이다. 이들은 감정적이고 극적이며 타인들과의 관계에 몰두한다. 따라서 사람들에게서 인정을 받기 위해 상대방의 비위를 잘 맞추어 만족을 시킨다. 이들은 다른 사람이 부탁을 하면 자신의 일은 제쳐 두고서라도 도와주어야 마음이 편하다고 생각하므로, 타인의 고통이나 불행을 의식하면서도 자신이 도와줄 수 없을 때 힘들어한다.

이들은 타인을 지나치게 배려하여 타인이 필요한 것은 잘 알지만, 정작 자기가 필요한 것은 잘 모른다. 이런 이유로 이들은 남의 부탁을 거절하지 못하며 타인을 실망시키지 않기 위해 상대방에게 자신이 원하는 것을 솔직하게 표현하지 못한다. 이들은 타인을 잘 돌보지만, 자기 가족을 잘 돌보지 못한다.

(나) 사교적임

이들은 어디를 가든 빈손으로 가는 법이 없다. 이들은 앞에 나서기보다 뒤에서 돕는 쪽을 택하고, 왕좌에 앉기보다는 섭정을 좋아한다. 타인의 호감을 사고 싶어 하므로, 타인의 마음을 사로잡고 교묘히 이용할 줄 알며 관계 지향적이다.

(다) 엄격함을 싫어함

이들은 엄격한 것을 싫어하므로, 완벽을 추구하고자 하는 1유형이 옆에 있으면 부담스러워한다. 기분이 나쁘거나 스트레스를 받으면 몸이 아프다. 이들은 봉사 때문에도 원래 낮잠을 잘 시간이 없으나, 잠을 잔다면 그 이유는 심신이 괴롭기 때문이다.

말하는 스타일은 아이디어를 제안하고 충고하는 스타일이다.

(라) 보답을 바람

2유형은 타인에 대한 연민으로 도움을 줌으로써 자신의 이미지를 강화하려고 한다. 이들은 이기적인 것은 나쁜 것이라고 믿기 때문에 다른 사람을 도와주고 베푸는 일은 어렵지 않다고 생각한다. 그러나 정작 자신에게 필요한 도움을 타인에게 부탁하는 것을 어려워한다. 반면 이들은 다른 사람에게 도움을 주면 그에 상응하는 보답을 기대하는 보상심리를 가지고 있다.

따라서 이들은 자신의 공적을 사람들이 알아주지 않으면 상처받고 실망한다. 이들은 상대방의 비위를 잘 맞추면서 상대방을 조종하려 한다. 또한 타인에게 베푼 후에 종종 자랑을 하는데, 본인은 이를 자랑으로 여기지 않는다. 이는 있었던 사실을 그대로 이야기하는 것이라고 생각하기 때문이다. 이들은 자기의 행적을 상세하게 이야기하므로 '나팔수'라는 별명이 있다.

(마) 국가 및 인물

이탈리아가 대표국가이다. 손권(삼국지 — 오나라황제), 룻, 나이팅게일, 슈바이처, 마더 테레사 등이 대표인물이다.

2) 특징

(가) 유아기 성격형성의 특징

2유형은 조실부모 또는 부모관계가 좋지 않아 사랑이 결핍된 환경에서 성장한 경우가 많은 편이다. 이들은 꾸지람과 잔소리에 예민하며, 동생을 돌보고 집안일을 하는 등 여러 방법으로 부모를 도와줌으로써 부모의 사랑과 인정을 받으려고 노력하며 자랐다. 다른 아이들에게서 인기를 얻으려고 노력하며, 한쪽 부모의 병으로 자신이 늘 병간호를 도맡아 했던 경우가 많았다. 어릴 때 이들은 남의 욕구를 잘 맞추어 줌으로써 자기가 바라던 것을 얻어 냈던 경험이 많다.

이들은 부모관계에 있어서 아버지에게 애증이 엇갈린다. 아버지는 아이가 좋아서 수염 난 턱으로 자녀를 애무하는데 자녀는 이것을 싫어하기 때문에, 자녀는 아버지가 싫기도 하고 좋기도 하다. 즉 아버지에게 양가적이다. 그런데 이들은 아버지를 전적으로 사랑하지 못하니까 내심으로는 아버지에게 죄의식을 가지고 있다.

그러므로 이들은 보상심리가 작용해 아버지의 구두를 닦는다든지 차 심부름을 하여 아버지에게 필요한 것을 채우려고 했다. 이렇게 아버지에게서 시작하여 가족들에게 봉사함으로써 칭찬과 사랑을 받게 되었다. 나아가 어떤 사람에게 무엇이 필요한지를 알아차리고 이를 도와주고 봉사를 잘하게 되었다.

(나) 건강상태에 따른 특징

2유형이 건강할 때는 ① 이타적 사랑을 베풀고, ② 열정적이고 가슴이 따뜻하며, ③ 봉사를 잘하고, ④ 타인의 장점을 잘 보며, ⑤ 타인의 감정을 잘 알아차린다.

평균상태일 때는 ① 타인의 일에 간섭하려고 하고, ② 타인을 잘 인정하고 아첨을 잘하며, ③ 이들이 도움을 준 사람들에 대하여 소유욕을 가지고, ④ 자신이 하는 일에 대해 과대평가를 하며, ⑤ 다른 사람들이 자신에게 부채를 부담하고 있다고 생각한다.

불건강할 때는 ① 베푼 것에 대한 반대급부를 원하고, ② 사랑에 대해 감사하게 여기지 않을 때는 화를 내며, ③ 타인의 약점을 이용하고, ④ 타인을 무시하고 깔보는 언어를 쓰며, ⑤ 자신이 원하는 것을 가질 자격이 있다고 생각하여 무자비해진다.

(다) 장단점에 따른 특징

좋은 점은 ① 타인을 배려하고 헌신적이며 겸손한 최고의 도우미이고, ② 사람들의 필요를 알아 그들의 삶을 더 낫게 만들며, ③ 관대하고 타인을 잘 보살피며 마음이 따뜻하고 ④ 열렬하고 재미있는 것을 좋아하며 유머감각이 뛰어나다.

힘든 점은 ① 상대방이 고마움을 표시하지 않으면 본인이 생색을 내고, ② 상대방의 요구에 '아니오'라고 말하지 못하며, ③ 자존감이 낮아 이기적이 될까 봐 두려워서 자신을 위해 정말 하고 싶은 것을 하지 못하며, ④ 타인을 위해 힘에 부치게 일하다가 지쳐 버린다.

③ 3유형(성취주의자)

1) 보편적 성향

(가) 성취욕이 강함

3유형은 성취가로서 목표를 성공적으로 이루어 내고 싶어 하며 지위와 성공을 추구한다. 이들은 자신이 생각하고 목표한 것을 이룰 때 삶의 활기와 생동감을 얻으므로, 안락한 상황이 주어졌다 하더라도 이에 머물지 않고 새로운 변화를 모색한다. 그리고 논리적이고 분석적인 사고로 사전준비를 철저히 하여 체계적으로 목적을 달성한다.

이들은 도전이나 저항을 두려워하지 않으며, 인생은 처절한 경쟁이라고 생각한다. 또한 '뭐든지 할 수 있다'는 저돌적 성격의 소유자로서, '강한 자가 살아남는 것이 아니라, 살아남는 자가 강하다'라는 신념을 가지고 생활한다. 이들은 카리스마 있는 리더, 실력 있는 문제 해결사, 뛰어난 팀 플레이어이다.

말하는 스타일은 설득력이 강해 이들이 '팥으로 메주를 쑨다' 해도 남들은 곧이들을 만큼 언변이 좋다.

3유형은 일이 자신의 삶에서 차지하는 비중이 상당히 크다. 이들은 일로써 모든 사람들에게 인정받고 싶어 할 뿐만 아니라, 자신에게도 인정받고 싶어 한다. 이에 반해 2유형은 자신의 도움을 필요로 하는 사람에게서 인정받고 싶어 하고, 4유형은 자신이 인정하는 특별한 사람에게서 인정받고 싶어 한다.

(나) 이미지 지향적임

이들은 이미지 지향적이므로 타인의 시선을 의식하고, 주어진 상황에서 가장 바람직하다고 생각되는 것을 선택한다. 인기와 칭찬 그리고 인정의 욕구에 사로잡혀 할 수 없는 일도 가능하다고 약속을 해놓고, 이 약속을 지키느라 어려운 상황에 빠지기도 한다. 또 이들에게는 남에게 어떻게 보일까 하는 것이 중요하며, 나서기를 좋아하고 칭찬받기를 좋아한다.

한편 이들은 배척당하는 것을 아주 싫어한다. 3번 유형의 아이에게 "저리가"라고 하는 것은 충격적이다. 소리 없는 총(눈총)에 민감하고, 사생활을 좀처럼 이야기하지 않기 때문에 크렘린(Kremlin)이라는 별명을 듣는다.

(다) 효율성을 중시함

이들에게 시간은 성취하기 위한 수단이고 목표와 목적의 척도가 된다. 자신이 주도한 변화의 결과에 책임을 지며, 결정력과 통솔력이 뛰어나다. 이들에게는 부탁 받은 일이 중대하고 주목받는 일이면 시간 내에 처리하며, 짧은 시간에 많은 일을 처리하는 것에 즐거움을 느낀다. 이들은 결과로 사람들의 인정을 받고자 한다.

(라) 경쟁심이 지나침

3유형은 승부욕과 경쟁심으로 원하지 않는 선택을 하는 경우도 많다. 이들은 중심에 서 있기를 원하고, 1등할 가능성이 없으면 옆으로 비켜선다. 중간에 머물지 않고 1등 아니면 바닥이 되는데, 바닥이 된 경우에도 언제든지 할 수 있다고 생각한다. 일이 안되면 잠적하고, 잠적했다가 나타나면 사업이 잘 되는 것이다. 3유형은 공주과와 왕자과의 성향을 지닌다.

(마) 국가 및 인물

효율성과 능력을 중시하는 미국이 대표국가이다. 조조(삼국지 — 위나라창업), 사무엘, 빌 클린턴, 김영삼, 이명박 등이 대표인물이다.

2) 특징

(가) 유아기 성격형성의 특징

3유형은 어릴 때 있는 그대로의 모습으로 사랑받는 것이 아니라, 특별한 성취를 이룬 순간에 인정과 칭찬과 상을 받았다. 특히 어머니의 사랑을 많이 받고 자라면서 높은 자존감을 갖게 되었다. 이들은 어려서부터 칭찬받을 기회를 남에게 빼앗기지 않으려고 노력하고 경쟁을 잘하도록 스스로를 길들였다.

따라서 이들은 본인이 이루어 냈을 때 '나는 훌륭하구나'라는 좌우명을 키워 승리와 성공에 집착하는 성격이 형성되었다. 어릴 때부터 부모나 주변사람들에게서 "너는 잘할 수 있어" "너는 훌륭한 아이야"라는 소리를 듣고 자랐다. 자연스럽게 이들은 일찍부터 "너는 잘해야 한다"는 메시지를 받으며 가족에서의 영웅역할을 배웠다.

부모관계는 어머니에게 긍정적이다(엄마를 좋아함).

(나) 건강상태에 따른 특징

3유형이 건강할 때는 ① 유능하며 높은 자신감과 자존감을 가지고, ② 낙관적이고 환경적응능력이 탁월하며, ③ 타인에게 선물할 때 상대방이 이를 부담감 없이 자연스럽게 받아들이도록 하는 수완이 있고, ④ 타인에게 인정을 받으며 또한 타인을 존중할 줄 알고, ⑤ 성실하며 부지런하다.

평균상태일 때는 ① 실용적이고 목표지향적이나 계산적이고, ② 사회적 지위나 목표의 정당성을 위한 일에 다른 사람들과 비교를 하며, ③ 이미지를 의식하여 자신을 포장하고, ④ 잘난 체하고 나르시시즘적이며, ⑤ 자기 자신의 능력에 대해 과장된 기대를 가진다.

불건강할 때는 ① 자기중심적이어서 자신만을 위해 노력하고, ② 허영심이 많으며 기회주의적이고, ③ 지나친 경쟁의식을 가지고 타인을 이용하며, ④ 서운한 감정이나 손해를 보면 앙심을 품는다.

(다) 장단점에 따른 특징

좋은 점은 ① 낙천적이고 우호적이며 의기양양하고, ② 가족을 잘 부양하며, ③ 상황파악을 잘하고, ④ 유능하고 일을 효율적으로 처리하며, ⑤ 사람들에게 의욕을 불어넣는다.

힘든 점은 ① 비능률과 무능을 참지 못하고, ② 실패를 두려워하며, ③ 유능한 사람과 자신을 비교하고, ④ 성공에 매달려 몸부림치며, ⑤ 사람들에게 잘 보이기 위해 불필요한 에너지를 쏟는다.

④ 4유형(감정주의자)

1) 보편적 성향

(가) 낭만적인 사람

4유형은 개인주의자로서 감정적인 선택을 많이 하며, 영감에 이끌려 선택하는 일이 많다. 순수하고 진실한 것을 좋아하고, 감정적인 선택을 많이 한다. 또한 당당함과 우아함, 예술적 감각, 창조와 미학의 일인자이다.

말하는 스타일은 동정심을 유발한다.

(나) 독특한 것을 추구함

이들은 독특한 것에 지나치게 초점을 맞추며, 극적이고 독특한 사람이 되려고 애를 쓴다. 자신의 인생에는 많은 것이 결핍되어 있다고 느끼면서도 자신은 남들과 다르다고 생각하므로, 자신은 특별한 사람이라고 자부하고 있다. 또한 감동을 중시하며 반복적이고 평범한 것을 배격한다. 타인에게 능동적이며 적극적으로 다가가기보다는 자신의 특별함을 드러내고, 이를 통해 다른 사람의 관심이 자신에게 집중되기를 원한다.

이들은 평범하지 않은 것을 추구하므로, 자신이 갈망한 것을 얻었다고 해도 그것이 남이 지닌 것과 똑같은 것이라면 독특하지 않다고 여겨 이를 좋아하지 않는다. 이들은 자신의 독창성을 창출하기 위해 자신을 멋지게 꾸미는 데 많은 시간을 보낸다.

(다) 예술적 감각이 뛰어남

4유형은 타인보다 아름다움이나 고독 등에 대한 감수성이 뛰어나다고 생각한다. 어려서부터 혼자 많이 있어서 공상이나 외로움을 잘 느낀다. 감수성이 풍부하고 예민하여 자기이해와 자기표현이 안 되면 방에 틀어박혀 공상을 하는데, 이 공상은 상상력으로 발전한다. 또한 직관력이 높고 텔레파시가 잘 통하므로, 다른 사람이 부탁을 하지 않더라도 미리 알아서 잘 도와준다.

4유형인 예술가의 초기작품의 주제는 '상처'가 많으며, 후기작품의 주제는 '치유된 상처' 또는 '회복'이 많다.

(라) 고독을 즐김

이들은 외로워 하면서도 이를 즐기고 혼자 일을 해야 잘한다. 이들은 맞벌이 부모 밑에서 자라 혼자 있는 시간이 많아서 만들기나 그리기를 좋아했다. 어릴 때 라디오와 같은 기계장치를 뜯어 보다가 부모에게 꾸중을 듣고 더욱 더 외톨이가 되었다. 이들은 문제가 생기면 눈을 감고 해결된 상태를 상상하고, 사람들과 타협할 줄 모르고 좀처럼 만족할 줄 모른다. 파티장에서 좀처럼 노래를 하지 않는데, 틀리면 어쩌나 하고 걱정하기 때문이다. 이들은 우울한 것을 즐긴다.

(마) 국가 및 인물

국민 대부분이 세련되고 교양 있다고 알려져 있으며 예술적 감각이 뛰어나 전 세계 의류산업에서 독보적인 위치에 있는 프랑스가 대표국가이다. 주유(삼국지 — 오나라 대도독), 이사야, 쇼팽, 노태우 등이 대표인물이다.

2) 특징

(가) 유아기 성격형성의 특징

4유형인 아이는 부모의 사랑을 충분히 받지 못했다고 느끼며 자랐다. 이들은 부모와 떨어져 살았거나 부모가 맞벌이를 하였기 때문에 부모와 함께 지낸 시간이 적었다. 부모의 사랑이 부족하다고 느끼며 자랐기 때문에 외로움을 잘 탄다. 이를 이겨 내기 위해 혼자서 그림을 그리거나 만들기를 하는 시간을 많이 보냈다. 어떤 때는 잘못을 저질러 아버지에게 야단을 맞으면 방에 틀어박혀 공상을 잘하기도 했다. 이 공상이 진전하여 상상력에 의한 창의성으로 발달한다.

이들은 자라면서 형제자매 가운데 누군가가 자기보다 부모의 사랑을 더 받는다고 느꼈기 때문에 시기심을 가지게 되었다. 한쪽 부모의 죽음과 이혼 같은 충격적인 변화나 부모의 편애로 인한 상실감 · 단절감 · 소외감 · 박탈감을 체험하여, 다른 애들이 이해할 수 없는 고독과 고통을 당한 경우가 많다. 이들에게는 긍정적인 역할모델이 없어 자기 정체성을 찾으려고 내면세계에 빠졌다.3

4유형인 아이들은 어떤 이유에서든 부모가 바뀐 채로 살고 있다는 상상을 하는 경우가 많다. 즉 병원에서 바뀌었거나 소위 다리 밑에서 주워 왔다는 생각을 하며 자란 경우가 많다. 이들은 부모와 충분히 교류를 하지 못했다고 느끼는 경우가 많을 뿐만 아니라, 부모나 그 밖의 자신에게 중요한 사람들에게 버려졌다고 느낀 경우가 많다. 이런 아이들은 아버지가 아이를 원하지 않았거나 학교 다닐 무렵 아버지가 출장을 많이 다닌 경우가 많다.

부모관계에서 부모에게 부정적이다.

(나) 건강상태에 따른 특징

4유형이 건강할 때는 ① 영감이 뛰어나며 개인주의적이고, ② 창의적이고 독창적이며, ③ 연민이 많고 혼자 있기를 좋아하며, ④ 감각이 세련되고 감정과 내적 충동을 느끼며 뜨거운 동정심이 있고, ⑤ 섬세하며 자신에게 충실하고 온유하다.

평균상태일 때는 ① 상상력을 동원하여 현실을 강화하고, ② 자기도취에 빠지고 수줍음을 느끼며, ③ 다른 사람들과 다르다는 독특함을 느끼고, ④ 우울하고 정서적으로 쉽게 상처를 받으며, ⑤ 자기연민에 끌려서 여러 종류의 방종에 빠질 수 있다.

불건강할 때는 ① 자신이 갖지 못하고 다른 사람이 가지고 있는 것에 대해 시기가 심하고, ② 변덕스럽고 까다로우며, ③ 자신에게 몰두하여 외부세계와 단절되고, ④ 위축되며 고집이 세고, ⑤ 우울증에 빠진다.

(다) 장단점에 따른 특징

좋은 점은 ① 창의성과 직관력이 탁월하고, ② 독특하며 타인의 눈에도 남달라 보이며, ③ 심미적인 감각을 가지고 있고 ④ 삶 가운데 있는 고결하고 아름다운

---

3 김영운, "한국사회의 에니어그램 리더십", 『JKASES』 제2권 제1호, 2013. 8., p. 12.

것을 찬미하며, ⑤ 삶에서 의미를 발견하고 매우 감상적이다.

힘든 점은 ① 공허함과 같은 우울한 기분을 경험하고, ② 자신을 미워하고 부끄러워하며, ③ 인생에 대한 기대치가 매우 높고, ④ 갖고 있지 않은 것을 갈망하며, ⑤ 누군가가 자신을 오해하면 상처를 받는다.

⑤ 5유형(분석주의자)

1) 보편적 성향

(가) 똑똑함

5유형은 분석가로서 생각을 많이 하지만 행동으로 잘 옮기지를 못한다. 이들은 시간과 에너지를 지나치게 아끼며, 말과 행동을 하려면 충분히 알아야 하기 때문에 생각을 많이 한다. 또 생각을 위해 필요한 지식을 갖추어야 하므로, 많은 정보를 얻으려고 노력한다. 이들은 어려서부터 질문과 독서량이 많다. 날카로운 분석가이고 이론가이고 조언자이며, 교수들이 대개 이 유형에 속한다.

말하는 스타일은 논문에서 서론, 본론, 결론으로 나누듯이 논리적이다. 또 과거의 일을 이야기할 때 각 체험과 그것의 중요성을 일어난 연대순으로 정리해서 말한다.

(나) 분석력이 뛰어나고 호기심이 많음

이들은 항상 지식 쌓기를 갈구하고 문제를 분석하며 그 상황에 대해 이해하고 싶어 한다. 규칙이나 규정에 크게 신경 쓰지 않으면서 남들이 알지 못하는 분야에 대한 호기심이 많으므로 모든 것을 알고 싶어 한다. 내성적이며 한정된 시간 내에 많은 것을 알아야 하기에 같은 일에 시간 내는 것에 인색하다. 그리고 이들은 완벽하게 이해하지 않으면 표현을 하지 않으며 자칫 외곬으로 빠지기 쉽다. 또한 생각하면서 관찰하고 사람을 사귀는 데에도 완전히 알아야 사귄다.

이들은 타인의 의존도를 줄이기 위해 자신의 욕구를 최소화하고, 높은 직위나

계급의 사람들에게서 받는 지지 등의 외부적 권위에 의미를 두지 않는다. 외부적 권위보다는 자신의 내부에서 일고 있는 사유, 자연법칙이나 우주의 움직임 등에 집중하기를 좋아한다.

(다) 환경에 민감함

이들은 자기 외에 타인이나 환경에 대하여 늘 살피던 습성이 있어 환경에 민감하다. 환경이나 관계 때문에 압도당할까 봐 두려워하기 때문이다. 또한 긍정적으로 사랑받고 있다는 확신이 부족하기 때문에 새로운 관계나 환경에 접근하는 것을 힘들어하고 불편해한다. 그래서 여행을 좋아하지 않고 낯선 곳에 가는 것을 꺼려한다. 이들은 대중 앞에 자신을 드러내길 꺼려한다.

(라) 인색함

5유형은 모든 분야에서 학문적으로 전문가가 되고자 하는 지식에 대한 탐욕 때문에 지식과 힘에 관한 한 몹시 인색하다. 이들은 아무것도 가진 것이 없다고 생각하므로, 그들의 고착은 감정적인 인색함으로 나타난다. 감정적인 인색함은 자신에게 편안한 환경을 유지하기 위해 지식과 힘을 축적하려고 하고 자신의 경험과 정보에 집착하는 경향이다.4

그러므로 이들은 이성적이지만, 텅 비어 있는 것을 싫어해 잘 내놓지 않아 인색하다. 또한 지식과 자신의 전문성을 향상시킬 수 있는 방법에 대해서 아주 탐욕적이다. 자신의 관심분야에는 시간과 열정을 쏟으면서 타인에게는 자신의 시간이나 주의를 쏟지 않아 인색하다. 인색한 이유는 지식이나 시간이나 물질을 꺼내면 비어 버리기 때문이다. 이들은 쓰레기조차도 잘 버리지 못한다.

(마) 국가 및 인물

보수적이고 신중하며 예의가 바르고 때로 냉정한, 신사의 나라로 상징되는 영국이 대표국가이다. 제갈량(삼국지), 요셉, 아인슈타인 등이 대표인물이다.

---

4 Don Richard Riso · Russ Hudson/구태원 · 도홍찬 역, 『성격을 알면 성공이 보인다』 (서울: 중앙 M&B, 2003), p. 64.

2) 특징

(가) 유아기 성격형성의 특징

5유형은 형제자매들이 많아 부모의 사랑을 받았지만 거리감이 있거나 부족감을 느꼈고, 다른 형제자매와 비교하면서 부모의 사랑을 충분히 받지 못했다고 생각하면서 성장했다. 부모가 부부싸움을 할 때 왜 싸우는지, 누구 편을 들어야 할지가 헷갈려 눈치를 보는 등의 불편한 경험을 하며 자랐다. 이들은 어려서부터 부모눈치를 살피고 주변환경을 파악하는 것을 중요하게 생각했고, 이것이 사물을 관찰하는 습성으로 굳어졌다.[5]

이들은 어릴 때 부모가 지나치게 억압한다는 불안 때문에, 안정감과 자신감을 느낄 수 있는 길을 찾고자 했다. 이를 위해 가족과 떨어져서 정신적·육체적·감정적으로 자신만의 장소라 여기는 곳에 숨어들거나, 자신의 개인적이고 감정적인 필요에서 객관적인 것에 관심을 돌렸다. 이들은 영리하고 호기심이 많고 학교성적이 좋으며, 독립적인 사고를 하여 부모와 교사에게 종종 날카로운 질문을 던졌다.

이들은 민감하기 때문에 인간관계에서 갈등을 피하려고 하고, 두려워하지 않는 것처럼 보이기 위해 무표정한 얼굴로 가장했다. 또 이들은 많은 친구보다는 몇몇의 특별한 친구를 사귀며, 어울려 놀기보다는 책 속에 파묻히거나 악기연주를 즐기고 곤충과 식물을 채집했다. 이들이 부모의 따뜻한 애정과 다정한 접촉을 받지 못했을 경우나 가족이 돌봐주지 않아 외로웠거나 지나친 간섭으로 거리를 두는 것이 체질화된 경우에 내면으로 도피한다.

부모관계에서 이들은 부모에게 엇갈린 감정을 지닌다. 즉 양가적이다. 이들은 싫든 좋든 사랑을 느끼면서도 그리 편하지 못한 엇갈린 상태에서 성장했으므로, 본능적으로 부모를 늘 살피고 생각하던 습관이 모든 일에 적용되면서 관찰과 생각과 분석이 습성화되었다.

---

5 대한에니어그램영성학회, 『KASES 에니어그램 영성수련 — 기초과정 Ⅰ』, 한양대학교 정신간호학교실, p. 30.

(나) 건강상태에 따른 특징

5유형이 건강할 때는 ① 분석적이고, ② 객관적이며 탁월한 지각과 통찰력을 가지고, ③ 집중력이 있고 편견이 없으며 탐색지능이 예리하고, ④ 끈기가 있고 세상을 심오하게 하며, ⑤ 독창적 아이디어를 창출한다.

평균상태일 때는 ① 모든 사물을 지적으로 해부하고, ② 난해한 주제나 정교한 이론에 탐닉되어 정황을 폭넓게 보지 못하며, ③ 자신의 생각에 타인이 동조하지 않으면 논쟁적이거나 냉소적이 되며, ④ 데이터보다는 자신의 해석에 무게중심을 두고, ⑤ 추상적 관념에 대하여 사색할 때 더욱 초연해진다.

불건강할 때는 ① 인색하고, ② 지적인 면에서 교만하고, ③ 편집증을 드러내며, ④ 비판적이고 부정적이며, ⑤ 사회적 소속을 거부하며 은둔자처럼 고립된다.

(다) 장단점에 따른 특징

좋은 점은 ① 물질적인 소유나 지위에 연연하지 않고, ② 옳다고 생각하는 것을 행하는 진실성이 있으며, ③ 인생을 한발 물러서서 객관적으로 바라보고, ④ 매사에 인과관계를 파악하고 철저하게 이해하며, ⑤ 위기상황에 침착하게 대응한다.

힘든 점은 ① 자신의 생각을 간결하게 표현하는 것이 어렵고, ② 지식과 통찰력을 세상에 드러내기까지 시간이 많이 걸리며, ③ 다른 사람들이 다 아는 것처럼 행동할 때면 기분이 좋지 않고, ④ 원하지 않는데도 사람들과 함께 있어야 할 때 스트레스를 받으며, ⑤ 지식이 부족한데도 사회적 수완이 좋아 직업적으로 성공한 사람들을 지켜보는 것을 어려워한다.

⑥ 6유형(수호주의자)

1) 보편적 성향

(가) 충실함

6유형은 수호자로서 규범과 규칙을 중시하고 성실하며 충실하다. 이들은 인격
뿐만 아니라 시간에도 충실하여 시간을 정확하게 지키기 위해 정시에 도착해서 정
시에 떠난다. 주어진 상황에서 최선을 다하며, 직관이 뛰어나고 섬세하며 신념과
결단이 강한다. 편안한 얼굴이고 호인 타입이며 대하기가 편한 사람이다. 따라서
처음 만난 상대방이 "어디서 만난 것 같아요"라고 인사하는 경우가 많다.

말하는 스타일은 한계부터 정하여, 예컨대 회비를 정해야 하는 경우 얼마로 정
하자고 한다.

(나) 안전을 추구함

이들은 법의 테두리 안에서 마음 놓고 일을 잘하며, 한계를 분명하게 지어 놓을
때 안심을 한다. 두려움과 걱정이 많아 새로운 일을 꾸미거나 모험을 좋아하지 않
는다.[6] 이들은 인간을 "사회적인 동물이다"라고 규정하는데, 그 이유는 자신을 공
동체 집단에 소속시킴으로써 안전을 보장받으려는 인간의 근본적인 욕구 때문이
다.[7] 일이 잘못될 경우를 지나치게 염려하여 '안전제일주의'를 지향하고, 불안을
덜기 위해 이들은 매사에 협동적이고 타인과 조화를 이룬다.[8] 이들은 권위적인 인
물들에게 인정과 칭찬 그리고 그들의 복종에 대한 보상을 바란다.

이들은 망설임증이 심하고 의사결정 시에 많은 사람들에게 의견을 물어본다. 이

---

6 김혜경, "에니어그램 6번유형의 걱정에 대한 개념분석", 『JKASES』 제2권 제1호, 2013. 8., p. 34.
"에니어그램 6번 유형의 걱정 속에 우선적으로 나타난 것은 첫째, 미래지향적 걱정이고, 둘째, 언어적
인지과정으로서의 걱정이며, 셋째, 방어 체계적 걱정이다."

7 이강옥, 『에니어그램 이야기』 (서울: 중앙적성출판사, 2006), p. 107.

8 Willard B. Frick/손정락 역, 『자기에게로 가는 여행』 (서울: 교육과학사, 2011), p. 31. "불안은 막
연한 걱정, 위험의 전조 및 절박한 위기감으로 특징지어진다."

익보다는 손해 보지 않는 쪽을 선택하고 어떤 일을 결정하는 데 시간이 많이 걸린다. 타인의 숨은 저의와 관심사 등 곳곳의 위험을 찾아내는 데 비상하며, 올바른가의 여부를 판단하기 위해 의심이 많다. 보행 시에 맨홀뚜껑을 밟지 않고, 형광등 밑에도 앉지 않는다.

(다) 책임감이 강함

이들은 주위 사람들이 자신에게 많은 요구와 기대를 하고 있다고 느낀다. 이 기대에 부응하고자 노력하기 때문에 걱정과 불안에 시달린다. 이들에게 일을 시킬 때 팀을 구성하여 시키는 것이 효율적이다. 동정심과 동료애가 많아 타인의 말을 귀기울여 듣는다. 불의한 군주나 부도덕한 지도자에 반항하는 기질이 있어 혁명을 일으킬 수도 있다. 애국자, 순교자, 전사적 기질이 강하다.

책임감이 강한 링컨 대통령은 남북전쟁 중 케티스버그 전투 때, 북군의 총사령관인 마이드 장군에게 공격명령을 내리면서 편지를 보냈다. "마이드 장군! 이 작전이 성공한다면 그것은 모두 장군의 공로입니다. 만약 실패한다면 그 책임은 내게 있습니다. 만약 작전에 실패한다면 장군은 링컨 대통령의 명령이었다고 말하고, 이 편지를 공개하시오"라는 내용이었다. 링컨의 메시지에서 우리는 다음의 교훈을 배울 수 있다. 즉 ① 위대한 리더는 책임질 때를 제외하고는 어떤 경우에도 그의 추종자들보다 자신을 더 높은 곳에 두지 않는다. ② 부하의 잘못을 자신의 책임으로 돌리는 사람은 훌륭한 지도자이고, 어리석은 지도자는 자신의 잘못까지도 부하의 책임으로 돌린다는 것이다.

(라) 의타심이 많음

이들은 의타심이 많고 겁이 많으며 혼자 있으면 못 견뎌 한다. 인정과 칭찬을 받으면 분발하지만 비판에는 민감하다. 이들이 자신의 이미지나 자부심을 침해받으면 괴로워하거나 침해받은 것을 만회하려 한다. 아버지에게 많이 기대며, 아버지가 없으면 걱정한다. 이들이 스트레스를 받으면 공격적이고 돌출행동을 한다.

(마) 국가 및 인물

단호하고 정확한 스타일로 상징되는 독일이 대표국가이다. 관우(삼국지 인물), 베드로, 링컨, 이순신 등이 대표인물이다.

2) 특징

(가) 유아기 성격형성의 특징

6유형은 어려서부터 아버지를 좋아하고 아버지에게 의존하면 안전하다고 생각하여, 아버지의 기대에 어긋나지 않기 위해 충실하려고 노력했다. 이러한 노력은 이들에게 모범생의 기질을 가지게 했고 질서, 규칙, 제도 같은 것을 잘 지키는 성향으로 발전했다. 이들은 아버지와 떨어져 있으면 불안감을 가질 뿐만 아니라 아버지에게 궂은 일이 생길까 봐 두려워하고 걱정을 하는 버릇이 생겼다.

이들은 모범생의 기질이 있어서 규칙을 잘 지키지 않는 사람을 보면 의구심을 가지며 의구심이 강해지면 불안해한다. 불안이 심해지면 걱정하고 걱정이 심해지면 두려움이 생기기 때문에 매사를 정석대로 처리해야 편하다.

부모관계에서 이들은 아버지를 좋아한다.

(나) 건강상태에 따른 특징

6유형이 건강할 때는 ① 헌신적이고 충성적이며 충실하고, ② 호감을 주며, ③ 신용과 책임감이 강하고, ④ 정이 많으며, ⑤ 상호의존적이다.

평균상태일 때는 ① 조직의 일원이 되어서 명령받은 대로 충실히 행동하고, ② 매사에 신중하나 꾸물거리고 ③ 스스로 결정을 내리거나 책임지는 것을 두려워하며, ④ 긴장이 높아지면 심술을 부리며, ⑤ 공포심이 일어나면 이를 극복하기 위하여 반항적인 자세를 취한다.

불건강할 때는 ① 걱정과 근심이 많고, ② 매사에 지나치게 조심하며, ③ 문제를 과장시키고, ④ 권위 있는 사람에게 배척당할 것을 두려워하며, ⑤ 화를 잘 낸다.

(다) 장단점에 따른 특징

좋은 점은 ① 가족과 친구에게 헌신적이고 충실하며, ② 팀워크를 잘하고 책임감이 있고 열심히 일하고, ③ 타인에게 동정심을 가지며, ④ 지성과 재치가 있고, ⑤ 위험한 상황에도 용감하게 맞서며, ⑥ 솔직하고 자기주장이 강하다.

어려운 점은 ① 결정을 내릴 때 우유부단하고, ② 실패할까 봐 자신감이 없으며, ③ 버려질까 두려워하고, ④ 규칙대로만 하고자 하기 때문에 융통성 없으며, ⑤ 기대에 못 미칠 때 자신에게 너무 비판적이다.

⑦ 7유형(만능주의자)

1) 보편적 성향

(가) 모험심이 강함

7유형은 만능주의자로서 엔터테이너이고, 새롭고 재미있는 것을 쫓아다니며 즐거움을 찾아내는 능력이 뛰어나다. 이들은 즐기고 있는 한 시간은 상관없다고 여기기 때문에 아예 시간을 잊어버리는 스타일이다. 재미없는 상황이나 심각한 상황에서도 즐거움을 만들어 내며 오라는 데는 없어도 갈 데는 많다. 이들은 천재적인 공상가이며 통찰력 있고 재치 있는 이상주의자다.

이들은 낙천적인 성향을 지니므로 속박을 받는 상황에서조차도 '오늘은 일이 잘못되고 있다 해도, 내일은 잘될 것'이라고 생각한다. 많은 것을 동시에 가지려 하고, 즉흥적이고 충동적인 선택을 많이 한다. 이들은 자신이 선택한 것 중에서 긍정적인 면만을 주로 보기 때문에 꼼꼼하지 못하다. 따라서 자유롭고 즐거움을 추구하는 7유형은 성실하고 완벽을 기하는 1유형과 함께 있으면 부담감을 많이 느낀다.

말하는 스타일은 소설 쓰는 식이며 장황하게 표현하는 경향이 있다.

(나) 에너지가 넘침

이들은 만능이고 취미가 다양하고 만물박사이며 식도락가이다. 이들은 에너지가 넘치는데 그 에너지는 먹는 것, 마시는 것, 수다, 노래 등과 같이 주로 입으로 나타난다. 이들은 나르시시즘이 강하다.

이들은 상상력이 높다는 점에서 4유형과 구별하기 어렵다. 차이가 있다면 7유형은 돌아다니면서 상상을 하고(엔터테이너), 4유형은 들어앉아서 상상한다.

(다) 고통을 싫어함

이들은 고통을 싫어하며 놀이가 중요하고 인생은 축제라고 생각한다. 이들에게 고통스러운 일이 닥치면 시간이 정지된 것처럼 느끼고 그 일을 곧 내팽개쳐 버린다. 또 무미건조한 일을 하게 되면 그 시간을 견디지 못하고 활력을 상실한다. 이들의 좌우명은 "걱정 말고 즐기라!(Don't worry, be happy!)"이다.

어렸을 때 엄마가 사준 것이 맘에 안 들어 입지 않거나 사용하지 않으니까, 엄마가 빼앗아서 동생이나 다른 아이에게 줘 버려 박탈감을 경험한 적이 있다. 따라서 옛날에 잃어버린 것을 찾아다닌다.

(라) 집중력이 약함

이들은 어떤 일에 몰두하지만 만족을 못 할 뿐더러 주의집중 시간이 짧다. 시작은 잘하지만 끝맺음이 약해 직장을 자주 옮기므로 이력서가 요란하다. 한 우물을 파면 큰 에너지를 얻을 수 있다.

이들이 무책임하게 보일 수 있다는 점에서도 4유형과 유사하다. 7유형은 스스로 벌여 놓은 여러 가지 업무에 대해 인내심과 끈기가 부족해 얼렁뚱땅 마무리 지으려는 습성이 있고, 4유형은 자신의 감정을 깊이 느끼느라 업무에 소홀하기 때문이다.

(마) 국가 및 인물

네 집 건너 술집일 정도로 음악과 함께 즐기는 음주문화가 발달되고 초상집에서조차 가무를 하는 것으로 상징되는 아일랜드가 대표국가이다. 여포(삼국지 인물), 솔로몬, 모차르트, 케네디 등이 대표인물이다.

2) 특징

(가) 유아기 성격형성의 특징

7유형은 자기주장이 강한 어머니 슬하에서 자라서, 어머니가 아이의 일에 일일이 간섭하거나 선택과 결정을 대신해 주었다. 어머니가 시키는 일을 거절하기라도 하면 더욱 엄하게 대했던 탓에, 성장 과정에서 어머니에게 물건, 애정, 꿈 등을 빼앗겼다는 생각을 하며 자랐다.

그러므로 이들은 어릴 적에 어머니의 보살핌을 제대로 받지 못했다는 감정에서 비롯된 깊은 좌절감을 가지고 있다. 이 좌절감은 일찍 젖을 뗐거나, 동생이 태어나서 어머니의 관심이 자신에게서 멀어졌다고 느꼈거나, 어머니 자신의 질병으로 병원에 입원했기 때문에 보살핌을 받지 못한 이유 등에서 나온다. 이러한 좌절감을 많이 겪은 아이일수록 어른이 되었을 때, 다양한 취미를 가짐으로써 자신의 마음을 채운다. 또한 이들 중 유복하고 행복한 어린 시절을 보내다가 갑자기 큰 정신적 충격을 받아, 앞으로는 그런 고통이 되풀이 되지 않게 하겠다고 생각한 경우도 있다.

어린 시절에 겪은 이러한 일들이 이들을 활동 지향적이고 모험을 감행하고 다른 사람을 흥분시키는 성향으로 만든다. 이들은 혼자 있는 것보다 다른 아이들과 함께 있는 것을 더 좋아한다. 어른들 곁에서 술책을 쓰고 부모의 갈등을 싫어한다.

부모관계에서는 엄마의 간섭이 심하기 때문에 엄마를 싫어하고 무서워하는 등 엄마에게 부정적이다.

(나) 건강상태에 따른 특징

7유형이 건강할 때는 ① 호기심 많고, ② 재미를 추구하고 순발력이 강하며, ③ 상상력이 풍부하고 삶을 긍정적으로 받아들이고, ④ 명랑하고 발랄하고 생기가 많으며, ⑤ 다방면에 재능이 많다.

평균상태일 때는 ① 자극과 흥분의 정도를 높이기 위해 지속적으로 움직이며, ② 언행을 생각나는 대로 하며, ③ 다양한 경험을 통해 얻는 느낌을 추구하고, ④ 이기적이고 참을성이 적으며, ⑤ 지나칠 정도로 낭비벽이 심한 데다 과도한 행동을 일삼지만 만족할 줄 모른다.

불건강할 때는 ① 참을성이 부족하고 쉽게 좌절하며, ② 마음이 불안하면 자제력을 상실하고, ③ 산만하여 신중하지 못하며, ④ 현실도피를 하고, ⑤ 충동적인 행동을 한다.

(다) 장단점에 따른 특징

좋은 점은 ① 다재다능하고 관심사도 다양하며, ② 즉흥적이며 자유로운 영혼을 가지고 있고, ③ 낙천적이고 마주치는 문제들로 인하여 기분 상하지 않고, ④ 거침없이 이야기하고 별나게 행동하며, ⑤ 위험을 감수하며 짜릿한 모험을 시도한다.

힘든 점은 ① 시작한 일을 잘 마무리 짓지 못하고, ② 한 우물을 파지 못하며, ③ 하고 싶은 것을 다 할 수 있을 만큼의 충분한 시간이 없고, ④ 공상에 빠지는 등 비현실적인 경향이 있고, ⑤ 일대일(1:1) 관계에 있을 때 상대방에게 속박된 느낌을 받는다.

8 8유형(주장주의자)

1) 보편적 성향

(가) 자기주장이 강함

8유형은 주장자로서 자신의 능력을 세상에 펼칠 때 활력을 느낀다. 이들은 자신이 옳다고 생각하는 것은 전력을 다해 성취하는 타입이며, 한번 꺼낸 말은 다시 번복하지 않는 완고함이 있다. 어려서부터 꿀리는 것을 싫어하여 골목대장을 주로 맡았으며 '무릎 꿇고 사느니 서서 죽는다'는 자세를 견지한다.

이들은 도전정신이 강하다. 문제가 있으면 피하거나 돌아가지 않고, 정면으로 부딪히며 돌파한다. 이들에게 누가 도전해 와도 응전하는 것 또한 강하다.[9] 어떠한 역경도 이겨 내는 용기와 의지를 지니고, 이들에게서 미온적인 태도나 동정 따위는 찾아보기 힘들다. 또 난관을 이겨 내는 용기와 의지력이 강하고, 대범하고 가부장 적이고 퉁명스럽고 독선적이다.

말하는 스타일은 폭로성 발언을 하는데, 이는 상대방을 제압하기 위한 것이다.

(나) 강한 힘을 추구함

이들은 권력과 통제력을 갖고 싶어 하며 자제력이 약하고 자신의 감정을 쉽게 드러낸다. 자신이 주도권을 가지고 마음대로 하려고 하기 때문에, 올바른 결정이 아닌 것을 알아도 주도권을 쥐려고 밀어붙인다. 또 다른 사람에게 의존하는 것을 싫어하고, 자신의 경험과 직관을 객관적 데이터보다 높이 평가한다. 대인관계에 있 어서 강자는 존중받고 약자는 멸시받는 약육강식의 파워게임으로 인식한다. 또한 항상 자신의 존재가치를 높일 수 있는 도전의 기회를 엿보며 영웅이 되고 싶어 하 는 욕망이 강하고 파워게임에 능하다.

이들은 타인에게는 강하지만 어머니에게는 잘해야 한다고 생각한다. 이들 중에 는 이름난 효자와 효녀가 많지만 타인을 통해 효도를 한다.

8유형과 1유형은 유사한 점이 많다. 8유형은 정의를 명분으로 내세우나 이를 타인을 통해 실현하는데 반해, 1유형은 본인이 직접 정의를 실현한다. 1유형은 대 결을 피하면서도 타협하지 못하고 화를 내면서도 자신이 불편하다. 그러나 8유형 은 대결하면서도 타협을 잘하고 화를 내면서도 자신이 불편해하지 않는다.

(다) 약점을 노출하지 않음

이들은 약한 모습을 보이는 것은 굴욕이나 수치라고 생각한다. 또 약해 보이는 것을 싫어하기 때문에 어깨에 힘이 들어간 갑옷을 입는다. 그러나 이들이 갑옷을

---

9 김영운·이광자, "성서인물에 나타난 에니어그램 8유형에 대한 고찰", 『JKASES』 제1권 제1호, 2012. 8., p. 22.

입는 것은 허세요, 두려움 때문이다. 이들은 보스기질과 대결특성과 독립성이 강해 자수성가형에 속하고, 이 유형 중에는 사업가(젊은 사장)나 군인(젊은 장군) 및 정치인이 많은 편이다.

(라) 독선적임

이들은 모든 사람을 만족시킬 수 있는 결정은 없다는 사실을 알고 있기 때문에, 자신이 마음먹은 일을 단호하게 밀고 나간다. 모든 일을 스스로 해결하고자 하며 자기 과시욕이 강하다.

(마) 국가 및 인물

강력한 남자다움을 중시하고 투우로 상징되는 스페인이 대표국가이다. 장비(삼국지 인물), 삼손, 다윗, 에스더, 징기스칸, 나폴레옹, 피카소, 헤밍웨이, 루즈벨트, 전두환 등이 대표인물이다.

2) 특징

(가) 유아기 성격형성의 특징

8유형은 어릴 적에 어머니의 사랑을 받기는 했지만 어머니가 가깝게 느껴지지 않아 어머니에게 엇갈린 감정(양가감정)을 가진다. 어머니와의 사이에 애증을 가지므로 어려서부터 어머니에게서 독립을 하고자 하는 욕구가 강하다. 따라서 이들은 어려서부터 자신이 강해져야 한다는 생각을 가지므로 약한 모습을 싫어한다.

이들은 어릴 때 어른의 역할을 하거나 가족의 생계를 책임져야 했던 경우가 있었다. 또 위험한 환경이나 폭력적인 가정에서 자란 경우도 있었다. 그리고 정상적인 가정에서 자랐지만, 어떤 이유에서든 강해야 하고 자신을 보호해야 한다는 생각을 갖게 되며 생존의 문제를 최우선으로 생각했던 경우가 있었다. 어린 시절 부드러운 것은 약한 것이라고 여기게 된 계기가 있거나, 억압받거나 매정하게 취급당한 경험을 갖고 있다.

부모관계에서는 어머니가 좋기도 하고 싫기도 해 감정이 엇갈린다, 즉 양가적이다.

(나) 건강상태에 따른 특징

8유형이 건강할 때는 ① 도전을 좋아하고 단도직입적이며, ② 권위적이며 주도권을 잡으려 하고, ③ 사람을 감싸고 보호하며, ④ 가치 있는 명분과 사업을 촉진시키고, ⑤ 외유내강하고 소박하며 아량이 크다.

평균상태일 때 ① 위험부담을 안고 자신을 시험하고, ② 자기중심적으로 오만하게 주변사람들을 통제하려 하며, ③ 자신의 충족을 위해서만 힘을 쓰고자 하며, ④ 타인들과 주종관계나 적대관계를 만들기를 즐기고, ⑤ 겁을 주어 타인을 복종시키려 한다.

불건강할 때는 ① 배려심이 없고 힘을 고수하며, ② 거만하며 공격적이고, ③ 무자비하게 억지를 부리며, ④ 타인의 잘못을 잘 들추어내고, ⑤ 스스로 자신이 폭군으로서 무적이라고 생각한다.

(다) 장단점에 따른 특징

좋은 점은 ① 독립적이며 자기를 신뢰하고, ② 용기 있고 직선적이며 솔직하며, ③ 인생에서 찾을 수 있는 모든 즐거움을 얻고, ④ 가까운 사람을 보호하며, ⑤ 정당한 명분을 지지한다.

어려운 점은 ① 힘과 대담성을 남성적인 특성으로 간주한다. 여성의 경우 '선머슴'이란 소리를 들으며, ② 무뚝뚝해서 사람을 질리게 하고, ③ 타인을 위해 최선을 다하고도 정당한 평가를 받지 못하며, ④ 타인의 무능력을 침착하게 참아 내지 못하고, ⑤ 스스로에게 너무 많은 압력을 준다.

⑨ 9유형(평화주의자)

1) 보편적 성향

(가) 평화를 중시함

9유형은 평화주의자로서 평화로운 느낌을 제일 중요하게 생각하며 갈등을 싫어한다. 따라서 이들은 모든 사람과 편안히 지내길 바라고 갈등을 피한다.10 그런데 지나치게 상대방이나 상황의 긍정적인 면을 보므로, 문제가 생기면 해결하기보다는 평화를 위해 덮어 두고 잘될 것이라고 믿는다. 이들은 착하고 말썽을 일으키지 않으며 눈에 잘 띄지 않는다. 이들은 먹는 것을 좋아하고, 이를 통해 평화로움과 만족감을 느낀다.

말하는 스타일은 무용담식이다.

이들은 물건과 정보를 수집하는 것을 좋아해 5유형인 것처럼 보일 때가 있다. 9유형은 본능과 만족과 평화를 안정적으로 이어갈 수 있는 수단으로 수집한다면, 5유형은 미래를 대비하여 수집한다.

(나) 중재역할을 함

이들은 다른 사람의 관심사를 명확하게 읽어 내어 실천에 옮기는 중재자이다. 또 다른 사람들의 의견을 수용하고, 자기주장을 고집하기보다는 조화를 중시하므로 상대방을 포용한다. 일을 처리할 때 외교적 역량을 발휘하여 주위의 협력을 이끌어내 해결하며, 상황에 따라 다른 사람에게 실질적인 권한을 위임한다.

이들은 마음이 넓고 동요되는 일이 없으며 매사에 침착하다. 또한 편견이 없고 타인의 기분을 이해할 줄 알기 때문에 타인의 고민을 잘 들어준다. 그리고 전체적인 분위기를 자연스럽게 이끈다.

---

10 손봉희, "한국인의 사회적 성격과 9유형의 비교분석", 『JKASES』 제1권 제1호, 2012. 8., p. 41.

(다) 관대함

이들은 편견이 없고 타인의 고민도 진지하게 경청하며, 마음이 넓고 동요되는 일이 없이 매사에 침착하다. 또 안정감과 조화로움이 충만한 상태에 큰 만족을 느끼고, 타인의 관점에서 이해하고 판단하므로 스스로 불편한 경우를 많이 참는다.

그러나 장애에 부딪쳤을 때는 쉽게 물러서지 않으며, 인내력과 집중력이 뛰어나다.

(라) 느긋함

이들은 갈등상황에서 우유부단해지며, 이들에게 압력을 가할수록 더욱 완고해진다. 급한 일을 부탁받으면 부담을 느껴 그 일을 내팽개치고 싶어 한다. 그리고 느긋하고 에너지를 안으로 품으며 시간을 안 지키는 편이다. 고민이 생기면 잠을 잔다.

이들에게 어려운 일이 생기면 눈을 감고 기다리며 누군가가 해결해 주기를 바란다. 이들이 무엇인가를 선택하려면 갈등을 느끼기 때문에 전공이나 진로 등을 쉽게 결정을 하지 못한다. 스트레스가 쌓이면 돌출 발언을 하기도 한다.

(마) 국가 및 인물

낮잠을 즐기는 문화로 상징되는 멕시코가 대표국가이다. 유비(삼국지 — 촉 황제), 아브라함, 달라이 라마 등이 대표인물이다.

2) 특징

(가) 유아기 성격형성의 특징

9유형은 만 6세가 될 때까지 무난하게 자란 덕분에 부모와의 갈등을 모른다. 그런데 이들은 자신이 소홀히 대접받았거나 소외감 또는 억압받았다고 느꼈을 때가 있으며, 자기의견을 표현하면 무시하거나 거부를 당한 경험이 있다. 형제가 많이 있으나 마나 한 존재였다는 느낌을 받았던 경험, 예컨대 옛날, 딸이 많은 가정에 또 딸로 태어나 설움을 당하던 경우 등이다.

어릴 때부터 이들은 가족 간의 조화를 유지하는 가장 좋은 방법은 자기가 사라짐으로써 누구에게도 문제를 일으키지 않는 것이라고 여겼다. 자신이 뭔가를 요구하지 않고 기대를 갖지 않는다면, 부모님을 편안하게 해 주면서도 자신을 보호할 수 있으리라고 생각했다. 이들의 내면에는 자기 자신을 주장하고 나서면 많은 문제가 발생하고, 물러나 있으면 우리 집은 문제없다고 느끼며 자랐다. 이들은 모든 것을 속에 담아 두는 형으로 '컨테이너 타입'이다.

부모관계는 부모에게 긍정적이다.

(나) 건강상태에 따른 특징

9유형이 건강할 때는 ① 자의식이 강하지 않고 온순하며 정서적으로 안정되어 있고, ② 허세를 부리지 않고 인내심이 강하며 순진하고, ③ 마음이 평화로우며, ④ 타인을 포용하고 신뢰하며 느긋하고, ⑤ 근면하고 적극적으로 활동을 한다.

평균상태일 때는 ① 고분고분하고 남들과 잘 지내고, ② 행동이 수동적이며 무기력하며, ③ 갈등이 생기면 해결하기보다는 도망을 치고, ④ 정서적으로 나태하여 일을 뒤로 미루고, ⑤ 문제가 발생하면 무관심하고 저절로 해결될 때까지 피해 버린다.

불건강할 때는 ① 게으르고, ② 잘 잊어버리며, ③ 수동적으로 공격하고, ④ 무관심하다.

(다) 장단점에 따른 특징

좋은 점은 ① 판단하지 않고 수용하며, ② 타인을 돌보고 염려하고, ③ 긴장을 풀고 재미있게 지내며, ④ 사람들이 편안해하고, ⑤ 중재를 잘하며, ⑥ 현실을 잘 깨닫는다.

힘든 점은 ① 우유부단해서 오해를 받고, ② 절제가 부족하여 자책하게 되며, ③ 비판에 너무 민감하고, ④ 자신이 무엇을 원하는지를 모르며 ⑤ 다른 사람들이 자신에 대해 어떻게 생각하는지에 신경을 쓰고, ⑥ 남들을 대수롭지 않게 여긴다.

| 그림 2 | 성격유형의 명칭 |

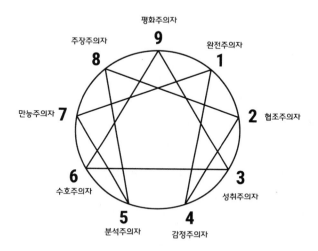

| 표 1 | 성격유형의 성향 |

유형	보편적 성향			
1유형	완벽을 추구함	언행이 일치함	신뢰감을 줌	융통성이 부족함
2유형	타인을 돕고자 함	사교적임	엄격함을 싫어함	보답을 바람
3유형	성취욕이 강함	이미지 지향적임	효율성을 중시함	경쟁심이 지나침
4유형	낭만적임	독특한 것을 추구함	예술적 감각이 뛰어남	고독을 즐김
5유형	영리함	분석력이 뛰어남	환경에 민감함	인색함
6유형	충실함	안전을 추구함	책임감이 강함	의타심이 많음
7유형	모험심이 강함	에너지가 넘침	고통을 싫어함	집중력이 약함
8유형	자기주장이 강함	강한 힘을 추구함	약점을 노출하지 않음	독선적임
9유형	평화를 중시함	중재역할을 함	관대함	우유부단함

작성: 조성민 · 이정섭(2017. 2. 19.)

Ⅱ 자기발견의 길

인간개발의 조화와 균형을 이루는 일은 매우 중요하다. 누구나 자아를 발견하기 위해서는 개인의 버릇으로부터 해방과 자유가 필요하다. 기피(두려움)와 함정(집착)과 격정(강박충동)11에서 해방되어야 한다.

방향지시등은 각 인성유형의 특수성에 따라 구체적인 포기와 확인을 통한 성장방안을 제시함으로써 각 유형의 인성을 치유하는 심리적인 여과장치를 제공한다.12 이러한 측면에서 방향지시등은 각 인성유형의 격정과 덕목의 가교역할을 해 주는 장치라고 볼 수 있다. 누구나 이 방향지시등을 통해 덕목(격정극복)으로 나아갈 수 있어야 한다.13 즉 방향지시등을 매개로 하여 해방과 자유를 통해 '참된 나'를 발견하게 된다.

독수리가 더 빨리, 더 멀리 날기 위해 극복해야 할 유일한 장애물은 공기다. 그러나 공기를 모두 없앤 다음 진공상태에서 날게 하면, 즉시 땅바닥으로 떨어져 날 수 없게 된다. 공기는 저항이 있는 동시에 비행을 위한 필수조건이기 때문이다. 마찬가지로 인간의 삶에서는 두려움과 집착과 강박충동도 성공의 조건이 될 수 있다. 조개가 살 속에 모래알이 박힌 고통을 이겨 내고 아름다운 진주를 만들어 내는 이치와 같다.

---

11 Sandra Main/이정섭 외 공역, 『에니어그램의 격정과 덕목』(서울: 포널스, 2016), p. 14. "에니어그램에서의 격정은 성격 또는 자아의 구조 안에서 사람이 의식하는 느낌이며 자동적으로 나오는 반응경향이다."

12 대한에니어그램영성학회, 『KASES 에니어그램 영성수련 — 심화과정 Ⅱ』, 한양대학교 정신간호학교실, p. 44.

13 김영운, "한국사회의 에니어그램", 『JKASES』 제1권 제1호, 2012. 8. "격정에서 덕목으로 변화하는 과정을 충실히 이행하면 통합과 성취의 길이 열린다."

① 1유형(완전주의자)

1) 기피(두려움) - 결함

1유형인 완전주의자는 자기 자신과 남들이 하는 일에 결함이 있을까 봐 두려워한다. 이들은 사물을 옳고 그름의 기준으로 판단하므로 일이 똑바로 되지 않는 것을 기피한다.

2) 함정(집착) - 완벽

(가) 완벽함에 집착함

이들은 완벽한 것에 집착하므로 일을 처리할 때 완벽을 기하고자 열심히 할 채비가 되어 있다. 또 완벽을 추구하기 위해 어떠한 일도 도중에 포기하지 않는다. 이들은 모든 것이 체계적으로 정리되고 깔끔한 것을 좋아한다. 엄격한 내면의 기준과 원칙을 가지고 그것에 따라 책임감 있고 양심적이며 올바르게 일을 처리하면 자존감과 만족을 얻을 수 있다고 여긴다. 1유형의 엄마는 학교에서 돌아온 아이에게 꼭 숙제를 하고 나서 놀라고 하고, 가계부 정리를 1원의 오차도 생기지 않게 표시하며 쇼핑할 때 철저히 계획하고 구매를 한다.

함정은 완벽에 대한 잘못된 인식이다. 완벽해지려는 생각은 강박관념화된 것이기 때문이다. 1유형은 타인은 물론 자신도 완벽하지 않다고 생각하며, 만족할 줄 모르고 항상 결함을 찾아내려고 한다. 이들은 현재의 상태에만 주목하기 때문에 많은 과정을 거쳐 점차 향상되어 간다는 생각을 간과한다. 따라서 자신의 높은 이상향을 추구하기 위해 완전이라는 함정에 빠지게 된다. 몸이 아픈 1유형의 주부는 자다가도 장롱을 닦지 않았다는 생각이 들면 일어나 닦고서야 잠이 든다.

(나) 함정의 문제점

① 자신과 남을 비판함

1유형은 완벽에 대한 높은 기대로 과도할 정도로 자신과 남을 비판하므로, 잔소리대장이라는 소리를 듣기 십상이다. 1유형은 이치를 따지면서 자신과 남을 괴롭히며, 과거의 잘못을 마음의 목록에 작성해 기억해 둔다. 즉 마음에 나와 남의 결함창고를 가지고 있으므로, 부부싸움을 할 때 몇 년 전 일까지 들추어서 따진다. 1유형인 할아버지나 할머니는 차 안에서도 손자손녀의 자세가 흐트러지면 호통을 친다.

② 결함을 찾아냄

이들은 어떤 일에서든 잘못된 부분을 지적하고 나은 방식을 제시하고자 한다. 이들의 눈에는 방문한 이웃집 현관에 신발정리가 안 된 것, 벽에 걸린 액자가 비뚤어진 것들도 거슬린다. 또 이들은 "해야 한다"는 말을 자주하고, 그냥 지나칠 수 있는 부분에까지 자기변호와 자기비판을 잘한다. 동료결혼식에 참석하지 못했으면 간단히 못 가서 미안하다고 말하면 될 것을 그날 이런저런 이유로 못 갔다고 자기변호를 열심히 한다.

자신은 물론 주변사람의 결함을 찾아내려고 하는 1유형은 상대방이 "일을 잘해내셨네요"라고 칭찬하면 "고맙습니다"라고 하기보다는 "천만에요. 아직 멀었습니다"라고 대답한다. 따라서 "물이 너무 맑으면 고기가 없고, 사람이 너무 따지면 따르는 사람이 없다"는 속담을 기억할 필요가 있다.

3) 격정(강박충동) – 분노

(가) 격정의 원인

격정이란 특정한 욕망에 의한 집착이 강해져 진정 받아들여야 할 현실에서 벗어나, 내가 옳다고 생각하는 행동을 열렬히 추구하는 격앙된 감정을 말한다. 격정은 성격 유형 중 가장 두드러지게 나타나는 것으로 파괴적 힘과 창조적 힘을 동시에 가지고 있다. 격정은 화도 되고 복도 되며 함정도 되고 발돋움판도 될 수 있다. 걸림돌이 되는 격정을 도약대로 변화시키기 위해서는 격정을 붙잡고 관찰하며 격정 속에 있는 최선의 힘을 믿어야 한다.14

1유형의 격정은 분노이다. 이들은 다른 사람들보다 도덕적 우월감을 가지고 있다. 따라서 이들은 실수와 오류가 없는 무결점을 추구하다가 완벽하지 못한 것을 보면, 자신이나 주변사람들에게 분노를 느낀다. 고속도로가 정체되었을 때 어떤 운전자가 갓길로 운행하는 것을 보면 이들은 참지 못한다. 이들이 배우자에게 분노를 극단적으로 표출할 때에는 폭력을 휘두를 때도 있다. 이들은 이중적인 생활을 통해 분노를 해소하는 양면성을 지닌다. 현모양처로 소문난 주부가 상습적으로 물건을 훔친다든가, 열성적으로 학생을 가르치는 우수한 교사가 밤에는 향락에 빠지는 경우 등이다.

(나) 격정의 결과

1유형은 분노를 자각하지 못할 뿐만 아니라 분노를 드러내지 않고 마음속에 쌓아 둔다. 쉽게 분노를 표출하는 것은 완벽한 모습이 아니라고 이들은 생각하기 때문이다. 그러나 억압된 분노는 많은 부작용을 초래하여 변덕스러워지고 우울에 빠질 수도 있다.

4) 방향지시등 – 아량

완벽주의자인 1유형이 '평정'이라는 덕목으로 가기 위해 포기하고 확인해야 하는 사항은 다음과 같다.15 포기해야 할 내용은 ① 다른 사람의 과오를 판단하고 이를 시정해 주어야 한다는 생각, ② 자신은 물론 타인에게도 완벽한 것을 요구하려는 생각, ③ 자신의 행동을 언제나 정당화하려는 생각, ④ 자신의 뜻대로 되지 않으면 내면으로는 분노하면서도 외면으로는 억제하려는 생각, ⑤ 무엇이든 바로잡으려는 생각 등이다.

---

14 김영운, 앞의 책(주 1), p. 59.
15 http://blog.naver.com/psa11911/40096333742

덕목으로 가기 위해 확인해야 할 사항은 ① 자신과 타인의 과오에 관해 아량을 가지고 지켜보아야 하고, ② 자신의 기준이 아닌 타인의 기준으로 바라보는 법을 배워야 하며, ③ 타인에게 의무를 강요하지 않고 타인을 존중하는 편한 사람이 되어야 하고, ④ 어떠한 일을 정의와 불의로 판단하기보다는 최선을 다하여 임하는 자세가 중요하다는 점을 새겨야 하고, ⑤ 나그네의 외투를 벗기는 것은 강한 바람이 아니라 부드러운 태양이라는 사실을 유념해야 한다는 것이다.

위의 내용과 같이 1유형의 방향지시등은 '아량'이다.

5) 덕목(격정극복) – 평정

(가) 평정의 수용자세

덕목은 격정을 극복하는 방안이다. 1유형의 덕목은 평정이다. 이들은 평정심을 가지기 위해서 완전무결한 것을 지양하고, 또 도덕적 우월감을 버려야 한다. 완전한 사람은 없다는 것을 깨달아야 한다. 사람마다 기준이 다르다는 것을 기억해야 한다. 틀림과 다름을 구분해야 한다.

(나) 평정의 실천사항

① 따뜻한 이해심과 동정심을 가짐

1유형은 자신의 현실모습 그 자체로 충만하다는 사실을 깨닫게 되면 더 이상 완벽하기 위해 원칙을 고집하지 않는다. 다른 사람의 잘못이나 불완전한 언행을 보더라도 어릴 때 입은 상처 때문이라고 이들은 인지할 필요가 있다.[16]

아울러 내면의 전쟁을 중지하고 평화를 찾아야 한다. 이를 위해 매사를 완전과 불완전이라는 이분법적 사고로 판단하지 말고 있는 그대로 받아들여야 한다. 그리고 분노를 인식하고 처리하는 방법을 배워야 한다. 화가 나 있다거나 어려움에 빠졌다는 것 등 자신의 감정을 타인에게 알려야 한다. 또한 자신이 좋아하지 않는 부분을 인식하여 그것을 바꾸려 하지 말고, 더 깊이 이해하여 자신에게 너그러워지면

---

16 이강옥, 『에니어그램 이야기』 (서울: 중앙적성출판사, 2006), p. 248.

타인에게도 너그럽게 대할 수 있게 된다.

② 포용력을 발휘함

바다는 깨끗한 물이건 더러운 물이건 가리지 않고 받아들이는데, 이것을 일컬어 '해불양수(海不讓水)'라 한다.17 이처럼 1유형은 매사를 완전하게 처리하는 사람들뿐만 아니라, 불완전하게 처리하는 사람들이라도 배척하거나 꺼려하지 말고 가깝게 지낼 수 있어야 한다. 이를 위해 바다와 같은 포용력으로 자기만의 아집이나 시선에 갇혀 살기보다는, 좀 더 넓게 생각하고 다양한 시각으로 바라보아야 한다. 그렇게 한다면 세상은 훨씬 재미있고, 다른 사람들과 조화로운 어울림 속에 살아갈 수 있기 때문이다.

② 2유형(협조주의자)

1) 기피 – 필요(욕구)

(가) 자신의 필요(욕구)를 회피함

자부심이 강한 2유형은 자신의 필요를 충족시키는 것은 이기적이라고 생각하므로 자신의 욕구를 기피한다. 이는 타인이 자신을 필요로 하지 않거나, 타인에게서 사랑받지 못할까 두렵기 때문이다. 반면 이들은 타인의 필요와 요구는 재빨리 알아차린다.

(나) 기피로 나타나는 현상

① 자신의 필요를 외면함

이들은 다른 사람을 도우려고는 하면서 정작 자신의 필요는 외면한다. 사랑받고자 하는 욕망이 이들의 마음속에 자리 잡고 있기 때문이다. 이들은 타인과의 관계에서 언제나 '나는 괜찮아. 나는 너를 돌보기 위해서 여기에 있어'라는 생각으로

---

17 "춘추전국시대 관자(管子)의 형세해(形勢解)에 나오는 말로, 모든 사람을 차별하지 않고 포용하는 것을 말한다." (http://blog.naver.com/shinco503/220288490475 (검색일 2016. 6. 3.))

가득 차 있다.

② 자신의 감정을 억누름

이들은 자기를 잘 살피지 않기 때문에 자기내면을 들여다보는 것을 두려워한다. 또 남을 돕는다는 자만심의 결과로 남의 상처는 돌보면서 자신의 상처를 무시한다. 그러므로 자신은 사랑과 보살핌을 받을 기회를 잃어버리게 된다. 2유형은 자기에게 사랑이 많다는 것을 타인에게 나타내고자 하여 실제로 자신의 내면 깊은 곳에 있는 감정(수치심, 분노, 슬픔)을 덮어 버리기 때문에 이런 감정을 억누르며 산다.

2) 함정 – 봉사

(가) 봉사에 집착함

2유형은 상대방이 원하는 것을 도와줌으로써 상대방을 조종하려고 한다. 따라서 이들은 상대방의 고민을 들어준다든가 일을 대신해 준다든가 재정적으로 도움을 주며 지지를 보낸다. 이는 자기가 상대방에게 없어서는 안 될 존재로 인식시킨 후, 그 사람들이 자신을 필요로 하도록 만들기 위함이다.

이들은 항상 남을 도와야 한다는 유혹에 빠진다. 타인에게서 사랑을 받지 못할까 봐 두려워서 지나치게 착한 사람이 되려고 하기 때문에 봉사라는 함정에 빠진다. 그런데 이들은 자신의 봉사와 헌신은 사심이 없는 것이고, 보상을 전혀 기대하지 않는 것이라고 착각하고 있다. 따라서 좋든 싫든 상관없이 남들이 무엇을 원하는지 신경 쓰고 돌보아 주어야 마음이 편하다고 생각한다.

이들은 모든 사람들과 똑같이 친해져야 한다고 생각하므로, 남이 요청하는 협조사항을 최우선으로 처리한다. 모든 사람에게 특별히 중요한 사람이 되기를 원하므로, 자기에게 충고를 구하고 비밀을 나누길 원하며 모두의 의논상대가 되기를 원한다. 또한 이들은 사람들에게 봉사하기 위해 많은 노력을 쏟아붓는다. 상담, 마사지, 기 치료, 요리 등에 능통하면 다른 사람들이 항상 자신을 원할 것이라고 생각한다.

2유형인 남편은 일요일에 가족을 위해 요리와 청소를 하고, 2유형인 주부는 육아정보와 영양에 관한 정보를 이웃주부에게 알려 준다. 이들은 관심을 표현함으로써 재빨리 친밀감을 형성하는데, 이사 와서 반상회에 참석하면 2유형인 주부가 제일 먼저 다가와서 여러가지를 알려 주며 따뜻하게 대해 준다.

(나) 함정의 문제점

① 되돌려 받기를 원함

2유형인 춘향이가 "몽룡 씨, 돌아오는 토요일이 생일이죠? 내 생일도 곧 다가와요"하면서 선물을 보내면, 춘향이도 받고 싶다는 표현을 한 것이다. 이들은 사람들에 대한 소유욕과 애정관계에서 독점욕이 강하고, 신봉자들을 주변에 끌어모아 가까운 사람들을 보이지 않는 끈으로 묶어 두려고 한다.

② 거절을 못함

이들은 부탁을 받으면 거절하지 못하고, 부탁받지 않은 일도 앞장서 도와준다. 2유형인 신부님이 장기출장 후 밤늦게 귀가했는데 신자에게서 상담전화가 오면, 안 된다고 거절하지 못하고 몇 시간 동안이나 상담해 준다. 이들은 또한 남들에게 해주는 것이 충분치 않다고 느끼면 호감을 얻기 위해 사람들의 기분에 맞춘다. 때로는 지나친 호의와 걱정을 넘어 아첨을 하기도 한다. 그 결과 자신의 감정을 남에게 맞추어 행동을 하게 된다.

3) 격정 - 자랑

2유형의 격정은 자랑이다. 이들은 자신의 필요나 욕구를 기피함으로써 에너지의 상당부분을 속에서부터 소모하게 만든다. 이들이 봉사해야 한다는 유혹에 빠지면 에너지 소모는 한층 더 커진다. 봉사를 계속하는데도 상대방이 감사의 표현을 하지 않으면 격정이 발동하여 자기자랑을 하게 된다. 또한 보상이 없을 때 많은 투자를 했다고 분노를 느끼며, 도움을 주었는데 상대방이 고맙다고 하지 않으면 두 번 이용당했다는 생각을 한다.

4) 방향지시등 - 순수

협조자인 2유형의 '겸손'이라는 덕목으로 가기 위한 방향지시등은 다음과 같다.[18]
포기해야 할 내용은 ① 타인들이 필요로 하는 것을 채워 주면서 도움받은 사람들이 마음을 몰라주면 분노가 일어나는 점, ② 베풀면 반대급부를 받아야 한다는 생각, ③ 타인의 관심을 끌고 타인의 호감을 사려고 지나치게 아부하는 근성, ④ 타인을 보살피는 데 바빠서 정작 자기 자신을 돌보지 못하는 점, ⑤ 자신이 필요로 하고 원하는 것을 표현하는 것에 인색한 점 등이다.

확인해야 할 사항은 ① 타인의 필요를 채워 주어야 사랑을 받을 자격이 있는 것이 아니라, 자신이 있는 그대로 사랑받을 수 있다는 자세, ② 진정한 사랑은 어떠한 것도 강요하지 않는다는 사실을 새겨, 사랑하는 사람에게도 집착하지 않겠다는 자세, ③ 타인들의 평판에 더 이상 신경 쓰지 않고 자신의 성장발달에 투자하겠다는 자세, ④ 타인을 돌본다는 것은 그 사람의 내심을 이해하고 그들의 입장이 되어주겠다는 자세, ⑤ "은혜를 받은 것은 돌에 새기고, 자신이 베푼 것은 물에 새긴다"는 자세 등이다.

이상의 내용을 종합하면 2유형의 방향지시등은 '순수'이다.

5) 덕목 - 겸손

(가) 겸손한 자세 견지

2유형의 덕목은 겸손이다. 어떤 것도 되돌려 받기를 기대하지 않으면서 다른 사람에게 줄 수 있어야 한다.[19] 따라서 이들은 도우미로 살아가며 자랑하지도 말고 대가를 바라지도 말아야 하며, 자신의 욕구를 받아들여야 한다.

---

18 대한에니어그램영성학회, 앞의 책(주 12), pp. 45-46.
19 Janet Levine/윤운성 외 공역, 『에니어그램 지능』 (서울: 교육과학사, 2007), p. 132.

(나) 겸손의 실천사항

① 대가를 바라지 않음

타인을 도와주고 배려하더라도 칭찬이나 보답을 기대하지 않는 마음가짐이 이들에게 필요하다.

한 여행자가 낯선 지방으로 여행을 하다가 황무지를 만났다. 그곳은 사방을 둘러봐도 잡초뿐이었다. 한참을 걷다가 여행자는 양 치는 할아버지를 만나, 할아버지의 집에서 음식 대접을 받으며 며칠 동안 머물렀다. 할아버지는 양떼를 몰러 나가기 전에 도토리를 한 움큼 집어 주머니에 넣었다. 누구의 땅인지도 모르면서 할아버지는 날마다 황무지에 도토리를 심었다. 10년이 지나 여행자는 양치기 할아버지가 사는 곳이 떠올라 다시 찾아갔다. 그 사이 전쟁으로 모든 것이 파괴되었는데, 할아버지가 심은 황무지는 도토리나무의 푸른 잎으로 울창했다. 나무가 자라면서 시냇물이 흐르고, 짐승이 찾아오고, 사람들이 모여들어 목장도 만들어졌다. 아무도 살 수 없던 황무지가 낙원으로 변한 것을 보고, 여행자는 감동의 눈물을 흘렸다.[20] 할아버지는 봉사를 했지만 누구에게도 대가를 바라지 않았다.

② **자신의 욕구를 수용함**

내면에서 올라오는 자신의 욕구를 거부하지 말고 인정하고 받아들여야 한다. 이들이 자신의 욕구를 인정하고 받아들일 수 있을 때, 타인에 대한 배려가 진정한 이타성으로 표현되기 때문이다. 그리하여 먼저 "아니오, 안 돼, 할 수 없어"라는 말을 할 수도 있어야 한다. 따라서 이들은 홀로 있는 시간을 가지고 내면의 의식을 느껴야 한다.

---

20 장 지오노/채혜원 역, 『나무를 심은 사람』 (서울: 새터, 2011), p. 58.

③ 3유형(성취주의자)

1) 기피 – 실패

(가) 실패를 두려워함

3유형은 다른 사람에게서 배척당하지 않기 위해 인정받고 칭찬받으려고 노력을 경주한다. 이들은 성공해야 남들로부터 인정받을 수 있다는 강박관념 때문에 실패를 기피한다. 따라서 이들은 실패했을 때 쉽게 패배를 인정하지 않고 남의 탓으로 돌리거나 자기합리화를 꾀한다. 3유형의 회사원이 자기가 기획한 일이 실패하면, "팀이 협력을 안 했기 때문이야"라고 자기변명을 하면서 자신의 기획자체에 오류가 있었다는 사실을 받아들이지 않으려고 한다.

배가 몹시 고픈 여우가 잘 익은 포도송이를 발견하고 이를 따먹으려고 여러 가지 시도를 했으나 따지 못하자, "저 포도는 시어서 맛이 없을 거야"라고 포기하며 실패를 인정하지 않고 자기합리화를 한다.[21] 3유형은 난관에 부딪치면 자기합리화로 문제를 회피하여, 자신을 정당화함으로써 자존심을 보호하기 위한 자기방어기제로 활용한다.

(나) 기피로 나타나는 현상

① 선택적 기억력

실패한 것은 자기 기억에서 지워 버리고 성공한 것만 떠올린다. 이들은 긍정적인 면에 매달려 부정적인 면을 보지 않으려고 하거나 생각을 하지 않으려고 한다.

② 현실을 도피함

이들은 어려움의 코너에 몰리면 슬픔과 두려움을 보려 하지 않고 감정을 차단하여 냉정하고 냉혈해진다. 이들이 다니는 회사가 파산할 경우 문제에 직면하지 않으려 일에 더 매진하면서 현실을 도피한다. 이들이 회사에서 해고당한 경우라면 직

---

21 이솝, 『이솝우화』 (서울: 삼지사, 2010), p. 131.

장을 구하기도 전에 지인 사무실에 가서 일하고 직장 다닐 때보다 더 늦게 집에 들어간다.

2) 함정 – 능률(성공)

(가) 성공의 유혹에 빠짐

3유형은 목표 지향적이며 성취하기 위해 일에 매진한다. 이들은 효율적인 것에 대해 강박관념을 가지고 성공을 향하여 매진한다. 효율성을 추구하는 것은 높은 평가를 얻으려는 욕구 때문이다. 성공 지향적이고 목표 지향적이라 지나친 경쟁에 유혹을 받아 남보다 앞서야 한다는 일념으로 성공이라는 함정에 빠진다.[22] 이들에게 성공이란 타인에게서 인정을 받기 위한 하나의 방편이다.

따라서 이들은 효율적이지 않고 시간을 낭비하며 무기력한 것을 경멸하고, 아무런 성과도 없는 활동에 시간투자하기를 꺼린다. 어떠한 직책을 맡아 일을 추진하다가 아무런 성과가 없으면 그만두고 다른 일을 한다.

(나) 함정의 문제점

① 결과를 중시함

이들은 욕구가 강해지면 성공을 쟁취하고자 과정보다 결과를 더 중요하게 생각한다. 이들은 "모로 가도 한양만 가면 된다"는 사고를 가지고 있다. 이들은 열심히 노력하는 자만이 성공하고 출세한다는 기본적인 생각을 가지고 있다. 따라서 경제·사회·문화 등 여러 방면에서 소외된 사회계층의 구조적인 문제까지도 개인이 게으르고 노력하지 않은 탓이라고 생각할 수 있다.

만일 3유형의 생산부장이 공장에서 하루에 일정한 양의 물건을 만들어 내는 것을 성공으로 여길 때, 그는 부하들의 연장근무뿐만 아니라 주말에도 일을 강행하도록 하고, 몸이 아픈 직원이 있으면 병원에 가면 되고 수당을 많이 주면 된다고 생각한다. 이들에게 돈이 성공일 때는 거액의 수당이 있으면 쓰러질 때까지 일을 한다.

---

22 김영운, 앞의 책(주 1), p. 316.

② 일벌레가 됨

3유형은 자신의 일에 지나치게 열중하는 경향이 있어서 삶의 다른 면들은 일보다 중요하지 않다고 여긴다. 이들은 긴장을 풀고 쉬는 것을 두려워하며 휴가기간에도 일에 대한 생각을 많이 한다.23 따라서 이들은 능률을 위해 가정과 건강을 돌보지 않고 일에 몰두한다. 이 경쟁심에 사로잡혀 늘 시간에 쫓기기 때문에 정신적으로 항상 피로감을 느낀다. 또한 끊임없이 결과물을 추구하고 또 성취하고자 노력하기 때문에, 나중에는 자신이 진정으로 원하는 것이 무엇인지 모르게 된다.

3유형과 1유형은 일중독에 걸리는 공통점이 있다. 3유형은 성공을 하여 남들에게 인정받기 위함이고, 1유형은 일을 보다 완벽하게 하기 위한 것이 다른 점이다.

③ 생각한 것을 밀어붙임

이들이 성공에 집착하기 시작하면 자신의 생각을 집요하게 밀어붙인다. 이들은 일단 생각을 발설하면 철회하지 않는다. 철회 자체가 실패이고 체면이 깎인다고 생각하기 때문이다. 또한 객관적으로 옳지 않은 생각도 끝까지 주장하므로, 타인은 그들의 주장을 궤변이나 강변(強辯)으로 받아들인다.

3) 격정 – 기만

(가) 격정의 원인

3유형의 격정은 기만이다. 기만은 자신이 수용해야 할 진정한 현실, 곧 정당한 승부를 추진하는 행동이 아닌 성공을 통한 명예획득이라는 명목하에 자신의 목표를 달성하기 위해서라면 어떤 비열한 행동도 서슴지 않고 수단·방법을 가리지 않으며 목적을 성취하는 이기적인 모습이다.24 잠재능력이 과잉소모되면서 격정으로 나타날 때, 그 힘은 자기기만에서 시작하여 남을 속이는 데로 뻗친다.

23 Don Richard Riso·Russ Hudson/주혜명 역, 『에니어그램의 지혜』(서울: 한문화멀티미디어, 2008), p. 202.
24 김정선·이정섭, "에니어그램 3번유형의 격정 '기만'에 대한 개념분석", 『JKASES』 제3권 2014. 8., p. 52. "에니어그램 3유형의 기만 개념의 속성은 표현에 초점 맞추기, 성공으로 몰아가기, 자신을 외면하기, 심리 방파제, 참 본성의 인식이다. 기만의 부정적 결과는 자아이미지의 혼란, 왜곡된 신념이며, 긍정적 의식변화로 나타난 결과는 자기확신이다."

　3유형은 이미지를 개발하려는 성향이 강해 진실된 자아보다는 자기포장을 완전하게 하려고 한다. 하지만 외형적으로 완전해 보이는 그들의 내면에는 불완전함이 내재되어 있다. 왜냐하면 그들은 순진한 자아나 재능을 개발하기보다는 무엇을 어떻게 해야 일을 성취할 수 있는가 하는 요령을 터득하고자 하기 때문이다.

　자기기만은 남들이 주목하는 사람이 되겠다든지, 아니면 무엇을 성취시켜 보겠다는 충동이 있을 때 시작된다. 자기기만은 일반적으로 독이 되지만 약이 되는 경우도 있다. 즉 ① 위기상황에 처해 있고, ② 상대를 자신의 힘으로 극복할 수 없으며, ③ 위기상황을 초래한 대상이 사람인 경우와 같이, 세 가지 조건을 충족한 경우라면 자기기만이 약이 된다.

(나) 격정의 결과

① 감정을 잘 드러내지 않음

　이들은 성공에 대한 집착으로 자기와 남을 쉽게 속이지만, 자기 자신의 감정을 잘 드러내지 않는다. 한편 이들은 의도적으로 거짓말은 안 하나 결과적으로 허위의 행동을 하는 경향이 있다. 즉 교사가 명문대학에 입학한 제자를 자랑하면서 거기에 자기가 보냈다고 하든가, 과제물 겉표지가 예뻐서 누가 만들었냐고 물어보면, 다른 사람이 만들어 주었는데도 자기가 만들었다고 한다.

　자기기만의 사람은 거짓말쟁이는 아니지만, 타인에게도 기만의 묘수를 잘 부린다. 이러한 사람들 중에는 수단·방법을 가리지 않는 임기응변에 능한 사람이 많다.

② 가면을 씀

　이들은 가면을 쓰고 있기 때문에 잔칫집에 가면 기쁘지 않으면서도 기쁜 척하고, 장례식에 가면 슬프지 않으면서도 슬픈 척한다. 이러한 가면이 과도하면 허영에 빠지게 되는데, 월급보다 비싼 코트를 사 입는다든지, 빚에 시달리면서도 자식을 사립초등학교에 보낸다.

4) 방향지시등 – 비움

성취주의자인 3유형의 '신실'이라는 덕목으로 가기 위한 방향지시등은 다음과 같다.[25]

포기해야 할 내용은 ① 경쟁에서 이기는 것이 늘 중요하다는 생각, ② 실수하는 것을 싫어하고 체면이 깎이는 것을 두려워하는 생각, ③ 타인의 시선과 평가를 지나치게 의식하는 것, ④ 성공을 위해 자신의 소소한 감정 따위는 돌아보지 말아야 한다는 생각, ⑤ 최고가 되기 위해 언제나 자신을 다그치고 몰아치는 태도 등이다.

확인해야 할 사항은 ① 자신을 있는 그대로 인정하고 받아들이는 자세, ② 성공도 자기만족을 위한 것이므로, 자기감정을 존중하면서 성공을 지향하는 자세, ③ 타인이 영혼의 양식까지 챙겨 주는 것이 아니므로, 자신 스스로 돌보려는 자세, ④ 타인의 성공과 성취를 진심으로 받아들이고 축하하는 자세, ⑤ 타인을 보살피는 따뜻한 마음씨를 가지고, 선한 마음으로 세상의 발전을 위해 헌신하는 자세 등이다.

위 내용을 종합하면 마음을 비워야 한다는 것을 알 수 있다. 따라서 3유형의 방향지시등은 '비움'이다.

5) 덕목 – 신실

(가) 신실의 길

3유형의 덕목은 신실이다. 따라서 결과에 집착하는 것이 아니라 과정을 중시하는 태도, 즉 "아무리 바빠도 바늘허리에 매어 쓰지 못한다"는 속담을 새겨야 하고, 또 솔직한 자세가 이들에게는 중요하다.

---

25 대한에니어그램영성학회, 『KASES 에니어그램 영성수련 — 심화과정 Ⅲ』, 한양대학교 정신간호학교실, pp. 52–53.

(나) 신실의 실천사항

① 과정을 중시함

이들은 신실해지기 위해 과정을 중시하는 '진인사대천명(盡人事待天命)'의 자세를 견지해야 한다.26 즉 사람으로서 자신이 할 수 있는 어떤 일이든지 노력하여 최선을 다한 뒤에는 하늘의 뜻을 받아들여야 한다. 3유형은 특히 실패를 인정할 줄 알아야 한다. 성취와 성공만이 인생의 척도가 아니며, 실패는 성공을 위한 준비와 성숙된 의식을 불러일으키기 때문이다.

② 정직함

자신의 모습에 정직을 실천할 뿐만 아니라, 기만으로 살아가고 있는 것은 아닌지를 통찰하는 지혜가 필요하다. 이들의 성장방향은 자기기만으로부터 정직을 향해 나아가는 것이다. 이들이 진실을 외면하면 두려움이 커지지만, 자기 자신에게 진실하면 남들에게도 솔직해지기 쉽다.27 따라서 이들은 자신에게 진실하고 솔직해야 하며, 자신을 유익한 존재로 만드는 데에만 집중하는 거짓된 내면의 세계를 직시할 줄 알아야 한다. 이들은 다른 사람에게 보여 주기 위해 자신을 포장하는 외식을 벗어던지고, 자신의 감정에 귀를 기울이면서 진솔하게 받아들일 수 있을 때 자아를 실현해 나갈 수 있다.

어느 특수부대의 훈련은 이른 아침부터 늦은 밤까지 한 치의 오차도 없이 짜여진 일과표에 따라 진행되었다. 그런데 유독 장거리 구보만 하면 대열에서 떨어져 외롭게 달리는 꼴찌 훈련병이 있었다. 어느 날 모두가 일사불란하게 움직이는데, 그 병사만이 혼자 뒤처진 채 비틀거렸다. 그렇다고 주저앉아 낙오자가 될 수는 없었으므로 그는 이를 악물고 달렸다.

한참을 갔을 때 눈앞에 갈림길이 나타났다. 길 앞에는 이정표가 서 있었는데, 오

---

26 "삼국지의 수인사대천명(修人事待天命)에서 유래한 말로, 자기 할 일을 다하고 하늘의 명을 기다리라는 말이다. 하늘은 스스로 돕는 자를 돕는다는 속담과 비슷한 말이다." (http://terms.naver.com/entry.nhn?docId)

27 Spencer Johnson/형선호 역, 『선택』 (서울: 청림출판, 2005), p. 136.

른쪽은 사병이 달리는 길, 왼쪽은 장교가 달리는 길이었다. 그는 장교가 달리는 길이 더 짧거나 편하겠다는 생각을 했다. 그는 보는 사람도 없는데 편할 길로 달릴까 하고 망설이다가, 사병이 달리는 길로 들어섰다. 특수부대원으로서의 양심을 저버릴 수 없었기 때문이다. 그런데 그는 뜻밖에도 30분이 채 안 돼 결승점에 도착했고 놀랍게도 1등을 했다. 50등 안에도 들어본 적이 없는 그였기에 분명 뭔가 잘못 됐구나 생각했다.

그때 훈련교관이 물병을 건네며 마시라고 했다. 어찌된 영문인지 몰라 어리둥절해하고 있을 때, 탈진한 병사들이 결승점에 들어서기 시작했다. 모두가 사병이 달리는 길보다 두 배가 긴 장교가 달리는 길을 선택했기 때문이었다. 갈림길에서 자신을 속이지 않았던 정직함이 느림보 훈련병을 1등으로 만들었다. 아무도 보지 않는 곳에서 양심을 지킨 그는 이제 더 이상 나약한 꼴찌가 아니었다. 이처럼 3유형이 실천해야 할 과제는 '정직은 최상의 방법'이라는 덕목이다.

④ 4유형(감정주의자)

1) 기피 – 평범

(가) 평범한 것을 회피함

4유형은 남들과 차별화되는 독특함을 지녀야 한다는 강박관념에 시달려 평범한 것을 기피한다. 이들은 관례적이고 품위가 없고 진부하고 피상적인 대화를 싫어하므로, 평범한 것들로 둘러싸인 세상을 피해 끊임없이 환상에 빠진다.

남녀가 미팅할 때 4유형인 여성에게 남성이 "몇 살이에요? 어디 사세요? 오늘 날씨가 너무 좋아요" 등과 같이 진부한 이야기를 하면 여성은 지루해한다. 그러나 남성이 여성의 의상에 대한 세련미나 고상한 취미에 관해 이야기하면 좋아한다.

(나) 기피로 나타나는 현상

① 일상의 재미를 못 느낌

이들은 평범함과 일상적인 것으로 가득 찬 현재를 누리지 못하므로, 생활 속의 잔잔한 기쁨과 삶의 소중함을 놓칠 수 있다.

② 공동생활에 적응하지 못함

이들은 사회규칙을 지키지 않고 다른 사람들이 강제로 시키는 일에 저항감을 가진다. 생계를 유지하는 일이나 평범한 사람들이 하는 일, 미적 수준이 떨어지는 일들을 못 견뎌해 공동체생활을 어려워하는데, 이는 공동체생활이 획일적 규칙에 얽매이기 때문이다.

이들은 남에게 협조할 줄 모르고 적개심을 품어 친구 사귀는 것을 어려워한다. 또 자신은 과거에 고통을 겪은 비극의 주인공이므로 남들과 다르다고 생각하기 때문에, 아무도 자신을 이해하고 사랑하지 않는다고 생각한다. 그러나 이들이 다른 사람들에게서 사랑받지 못하는 진짜 원인은 자신에게 있음을 알아야 한다. 이들은 아무도 자기를 이해하지 못한다고 느끼는 대신, 자연과 친화력이 있어 여행을 잘한다.

2) 함정 - 독특함

(가) 독특함에 집착함

4유형은 특별하고 남과 다른 차별화에 유혹을 받아 독특함이라는 함정에 빠진다. 이를 위해 상상 속에서 시나리오를 만들어 자신의 감정을 지속시키고 강화한다. 또한 떠나간 사람을 떠올릴 수 있는 음악을 골라 반복적으로 들어 옛 감정을 되새기거나, 미적이고 감각적인 것을 통해서 자신의 감정을 유지하기도 한다. 그 결과 현실이 아닌 상상 속으로 빠져든다.

이들은 자신의 환경과 사용하는 물건에 대해서도 까다롭고 강박적이므로, 자신이 사용하는 펜이나 침실조명, 커튼 등이 마음에 들지 않으면 불편해한다. 또한 상실·이별·고통 등과 같은 인간의 어두운 부분에 흥미를 느낄 뿐만 아니라 어두운 감정과 친숙한데, 특히 죽음과 친화력이 있다. 이들은 깊은 감동을 갈망하고 희로애락의 모든 감정을 강하게 느낄 때 살아 있다는 생각을 한다. 따라서 감동이 없는 무미건조한 일이나, 누구라도 할 수 있는 일을 부탁하면 따분하고 견디기 어려워한다.

(나) 함정의 문제점

① 의기소침함

4유형은 독특함에 집착하기 때문에 공상 속에서 부정적 비교로 과장된 감정과 기분에 빠져 작은 일에도 상처받고 의기소침해지며 분노한다. 여고 동창생이 "살이 빠졌다"고 하면 4유형인 친구는 "평소에 내가 뚱보였다고 생각한 것이 틀림없다"라고 곡해를 한다. 또 "너의 오빠는 재능이 많다"라고 하면, "오빠에 비해 나는 재능이 없는 사람"이라고 생각하므로 의기소침해한다.

이들은 자신의 인생에는 많은 것이 결핍되어 있다고 느껴 대단치 않은 장벽에도 쉽게 상실감에 빠지고 자존심이 꺾이며 움츠러든다. 예민한 감수성 때문에 섬세하고 민감한 부분을 알아 주지 않으면 분노하며 상처를 받아 의기소침해지고 우울해지기 쉽다.

② 자학함

이들은 행복하기 위해서 때때로 절망과 고통을 겪어야 한다고 여기고, 불행은 창조의 원천이라고 생각한다. 4유형인 승려는 삼보일배(三步一拜)로 수행하면 자기 몸은 힘들지라도 부처님께 귀의할 수 있다고 여긴다.

이들은 감정이 가라앉거나 우울할 때는 자기 방종에 빠져들고, 감정의 양극단을 넘나들며 자신의 변덕스러운 기분대로 행동을 한다. 재력 있는 의사 부인이 어느 날 머리가 엉켜진 채 치장도 안 하고 우수에 젖어 있는 모습이나, 이유 없이 슬퍼하여 한없이 슬픈 감정에 젖어 있는 것에 익숙하다. 이들이 특별해지려고 할수록 개성이 강해지고 엉뚱해져 이방인 같이 보일 수 있다.

③ 정체성이 강화됨

이들은 주변 환경과 대조적인 감정을 가지게 되어 정체성이 강화된다. 다른 사람이 행복하면 슬프고, 다른 사람이 슬프면 웃음이 난다. 자존감이 낮아 자신의 능력을 개발하지 않고 환상 속의 자아를 개발함으로써 보상받으려고 한다. 따라서 이들은 클래식 음악을 들으면서 자신이 멋진 피아니스트가 되는 상상으로 많은 시간을 보내기도 한다. 그러나 이들의 실제 피아노 실력이 환상 속처럼 자기를 만족시키지 못하므로 실망한다. 누가 연주를 부탁하면 자신이 없어 피하거나 미루고 당황해한다. 자신의 실제능력이 수치심의 원천이 되기도 한다.

3) 격정 – 시기

(가) 격정의 원인

시기는 부족감을 처절하게 느낄 때 나타나는 감정의 상태이다. 시기는 선망에서 나온다. 자기에게 없는 것을 갈망할 때에 부러움에서 선망으로, 더 나아가 시기가 된다. 또 평범한 것을 기피하여 독특한 것을 찾는 과정에서도 시기가 나타난다. 갖고 싶지만 자기에게는 없는 것을 누군가 갖고 있으면, 그것에 대한 갈망이 시기심으로 나타난다.

이들이 시기하는 이유는 다른 사람들은 자기보다 세상을 용이하게 살아간다고 생각하기 때문이다. 남들은 언제나 매사가 잘 풀리는 것처럼 보일 뿐만 아니라, 사회생활도 수월하게 하는 듯 보인다. 이에 반해 자신은 타인들보다 자의식이 높은데도 불구하고 이와 반대라고 생각한다. 또한 이들은 스스로 어떤 집단에도 속하지 않은 국외자처럼 느끼기 때문에, 어딘가에 속해 있는 사람들을 시기한다. 이처럼 4유형은 자신의 삶이 다른 사람들에 비해 늘 부족하다는 느낌 때문에, 자신이 갖지 못한 것을 가지고 있는 사람들을 시기하는 것이다. 그러나 이러한 시기는 독창성을 낳는 요인이 되기도 한다.

시기와 질투는 구별된다. 질투는 자기 것을 남에게 빼앗길까 봐 생기는 부정적 감정이고, 시기는 자기에게 없는 것을 남에게서 발견했을 때 생기는 부정적 감정이다.

(나) 격정의 결과

① 두려움 속에서 삶

4유형은 시기심 때문에 누군가 나보다 더 두각을 나타낼지 모른다는 두려움 속에서 산다. 어릴 때부터 가족이나 친구들이 자기보다 더 가치 있고 완전하다고 느끼며 생활했기 때문에, 만성적인 외로움과 시기심을 갖게 되는 경우도 있다. 성인이 되어 타인의 안정적인 삶의 모습을 보고 부러워한다. 이들은 성공을 하면 애정을 원하고, 애정을 얻으면 고독을 얻고 싶어 한다.

② 좌절감을 느낌

이들은 현실에 잘 만족하지 못하므로, 삶에 주어진 축복들을 잘 알아차리지 못할 때가 많다. 갈망하던 것을 얻지 못하면 좌절감을 느끼고 심하면 절망감에 빠진다.

4) 방향지시등 – 자애

감정주의자인 4유형이 '침착'이라는 덕목으로 가기위한 여정은 다음과 같다.[28]
이들이 포기해야 할 내용은 ① 타인들보다 자신이 늘 특별하다는 생각, ② 다른 사람들과 어울리더라도 자신은 늘 외톨이가 되어 겉돈다는 생각, ③ 현실과 동떨어진 자신만의 환상과 로맨틱한 공상에 빠져 지내는 태도, ④ 타인의 관심을 끌기 위해 모든 사람이 선택하는 방향을 일부러 거스르겠다는 생각, ⑤ 세상에 대해 절망하고 죽고 싶다는 생각 등이다.

확인해야 할 사항은 ① 독특한 사람이 되기 위해 더 이상 노력하지 않는, 있는 그대로의 자신을 사랑하는 자세, ② 과거에서 벗어나 현재의 생각과 행동에 집중하면서 살아간다는 자세, ③ 주변사람들과 세상을 있는 그대로 사랑하는 자세, ④ 자신에게 잠재되어 있는 소질을 계발하겠다는 자세, ⑤ 내면을 고요하게 하고 하늘의 소리를 듣고자 하는 자세 등이다.

위 내용을 종합하면 4유형의 방향지시등은 스스로를 사랑해야 하는 '자애'이다.

---

28 http//skyyoori0112.blog.me/150164072747 (검색일: 2016. 5. 10.)

5) 덕목 – 침착

(가) 침착함을 견지함

4유형의 덕목은 침착이다. 따라서 이들은 독특한 존재가 되려고 애쓰지 말아야 하고 또 위축되지 말아야 한다. 이들의 성장은 그들이 평온을 경험할 수 있을 때 일어나기 때문이다.

(나) 침착의 실천사항

① 내면을 통찰함

이들은 특별한 존재가 되려고 하는 집착에서 자유로워져야 하고, 느긋한 마음을 가져야 한다. 자신의 고유한 재능을 개발하고 자신의 내면에 충실하면, 타인의 숨겨진 감정에 깊이 공감하고 위로할 수 있는 통찰력을 지닐 뿐만 아니라 실제로 타인을 위로해 줄 수 있다.

세잎 클로버의 꽃말은 '행복'이고 네잎 클로버의 꽃말은 '행운'이다. 4유형이 독특함을 추구하는 것은 마치 네잎 클로버를 찾기 위해 수많은 세잎 클로버를 짓밟는 것과 같다. 이들은 독특함이라는 행운을 잡기 위해 바로 옆에 있는 평범한 일상의 소중한 행복을 놓칠 수 있기 때문이다.

② 위축되지 않음

이들은 위축되지 말고 자신감을 가져야 한다. 모든 일은 마음먹기에 달려 있다. "뜻이 있는 자는 반드시 성공한다(지자필성: 志者必成)"는 말을 되새기며29 자아발견을 위해 힘찬 날갯짓을 쉼 없이 해 나가야 한다. 그리고 위축될 때마다 "포기하는 자는 승리할 수 없고, 승자는 결코 포기하지 않는다"는 말을 원동력으로 삼아야 한다. 나아가 "세상에 가장 강한 사람은 자기 자신을 이기는 사람(자승자강: 自勝自強)"이라는 것을 명심해야 한다.30

---

29 http://blog.naver.com/a9837513/50100494541 (검색일 2016. 6. 10.)
30 "남을 아는 것을 지(智)라 하고, 자신을 아는 것을 명(明)이라 한다. 남을 이기는 것을 유력(有力)이라 하고, 자신을 이기는 것을 강(强)이라 한다(知人者智 自知者明 勝人者有力 自勝自強). 여기서 智는

5 5유형(분석주의자)

1) 기피 – 공허(무능)

(가) 텅 빈 것을 회피함

정보에 대한 욕망이 강한 5유형은 공허를 기피한다. 무능해질까 봐 두렵기 때문이다. 웬만큼 채워졌으면서도 더 채워야 한다는 생각에 사로잡히면, 현재 아는 것을 행동에 옮기보다는 행동하기를 뒤로 미루고 채우는 데 집중한다.

(나) 기피로 나타나는 현상

① 만족을 못함

이들은 '반씩'이나 채워졌는데도 '반 밖'에 채워지지 않았다고 생각하는 경향이 있다. 따라서 이들은 내적 공허감을 피하고, 공허감을 채우기 위한 훌륭한 도구는 지식이라고 생각한다. 신혼 때 다른 방 쓰는 5유형인 남편에게 가 보면 문을 잠그고 책 속에 파묻혀 자료를 수집한다. 또 대낮인데도 커튼을 치고 빛을 차단한 채, 스탠드 불빛에 의지하여 공부에 열중한다.

② 수집욕이 강함

이들은 지식, 신문, 잡지, 레코드, 관심분야에 대한 노트나 책 등을 차곡차곡 모으며, 신문도 수십 년 된 것들이 수두룩하다.

2) 함정 – 지식(유능)

(가) 지식에 대한 탐욕

5유형은 이미 충분한 지식을 갖추고 있지만, 더 많은 지식을 갖추어야 한다고 생각하기 때문에 지식의 함정에 빠진다. 지식에 대한 탐욕이 있고 지식은 공허함을

외향적으로 현상계를 보는 것을 말하고, 明은 내성적으로 근원인 도를 살리는 것이다." (http://terms.naver.com/entry.nhn?docId (검색일 2016. 6. 10.))

채워 주는 훌륭한 도구라고 생각하기 때문에 '지식은 힘'이라는 신념을 가진다. 또 이들은 모든 것을 알면 행복한 삶을 보장받으리라 생각한다. 5유형인 회사원은 뭔가를 배우지 않는 날은 햇빛이 없는 날과 같다고 생각하는가 하면, 회의에 참석하면 맨 뒤에 앉아 모든 상황을 관찰하고 끝날 무렵에 한마디로 요약정리해서 이야기를 한다.

또한 이들은 끊임없이 지식을 모으고 정보를 수집하여 내면에 축적하고자 가지고 있는 학위 외의 또 다른 학위를 취득하거나 세미나 등을 쫓아다니는 등 시간과 에너지와 자원에 대해서 탐욕적이다. 이들은 항상 미래를 예측하고 대비하고자 한다. 따라서 예기치 못한 사태를 두려워하여 미리 정보를 입수하고, 회의에서 이야기할 내용과 소요될 시간을 미리 생각해 준비한다.

(나) 함정의 문제점

① 혼자 있는 것을 좋아함

5유형은 지적 활동에는 시간과 노력을 아끼지 않으나 타인을 위해 활동하는 것을 싫어한다. 50대 아저씨가 성서공부는 열심히 쫓아다니나 교회봉사활동을 안 한다. 이들은 아는 것이 부족하다는 생각으로 현실에 뛰어들지 못하고 관찰자로서 모든 것을 알고 싶어 한다. 이들이 어떤 일에 몰두하면 잘 빠져나오지를 못하는데, 공허감에 대한 두려움이 있기 때문이다. 이들은 한 공동체 안에서도 이방인으로 살아가는 것이 가능할 만큼 고독과 친근한 개인주의자들이며, 은둔자적인 기질이 강하다.

이들은 현실에서 얻은 정보를 정리하기 위해 시간과 공간이 필요하다고 생각한다. 따라서 구석진 다락방을 선호하고, 자기 공간이 없으면 힘들어해 결혼하여 자기 방이 따로 없으면 속상해하며, 회사에서 틈만 나면 추운 휴게실에서 혼자 바둑책이나 낚시책 등을 본다.

또한 남들이 알지 못하는 분야라든지 독특한 것이라든지 환상적이거나 신비한 것에 관심을 많이 갖는다. 따라서 이들은 정신세계에 관한 책을 많이 읽고 점성술 등에 관심이 많으며 에니어그램 모임에 잘 나온다.

② 비사교적임

이들은 사교적이지 않으므로 사람 앞에 나서는 것이나 사람들에게 주목받는 것을 별로 좋아하지 않는다. 또 말을 하는 것보다 남의 말을 듣기를 좋아한다. 그리고 사생활이 공개되는 것을 두려워해 이사 와서 반상회에 거의 참석하지 않는다. 그러나 이들은 현실에 개입하지 않으면서도 모든 것을 알고 싶어 한다.

3) 격정 – 인색

(가) 격정의 원인

이들의 격정은 인색한 것이다. 이들은 박학다식한 사람이 되려는 욕구가 강해 절대적인 해답을 얻고자 하므로, 다른 사람들과 나누는 과정에서 마음이 텅 빌 것을 염려한다. 이들은 자신을 드러내는 것에 인색해서 사생활과 사적인 말을 거의 하지 않는다. 또한 시간·지식·정보·금전 등을 절제한다.

(나) 격정의 결과

① 베풀지 못함

이들은 인색하므로 맛있는 식당이라든지 피부 관리정보 등을 사람들에게 잘 알려 주지 않는다. 이들은 선물받은 많은 사과가 썩어도 나누어 줄줄 모른다. 타인에게 인색할 뿐만 아니라 자신의 욕구에도 인색해서 자신의 필요를 최소한으로 줄인다. 따라서 맛있는 것이라도 조금만 사고 옷도 잘 사 입지 않는다.

② 정리정돈이 안 됨

이들은 인색하기 때문에 불필요한 물건이나 쓰레기도 잘 버리지 못하므로, 집안 구석구석에 잡다한 물건들이 쌓여 있다.

4) 방향지시등 – 현실직시

분석가인 5유형이 '초연'이라는 덕목으로 향하기 위해서는 방향설정을 다음과

같이 해야 한다.31

포기해야 할 내용으로 ① 자신을 에워싼 주변 세상이 무섭고 그 속에서 살아가는 것이 두렵다는 생각, ② 다른 사람들이 이용하고 착취할 것 같다는 생각에 사로잡혀 두려워하는 태도, ③ 주변 사람들을 거부함으로써 스스로를 고립시켜 왔다는 생각, ④ 모든 것을 다 안다고 확신하기 전까지는 실천을 뒤로 미루겠다는 생각, ⑤ 현실과 직면하고 싶지 않아서 책과 이론 속으로 도망치려고 하는 생각 등이 있다.

확인해야 할 사항은 ① 인생에는 도저히 풀 수 없는 모순이 있으므로, 인생을 그 자체로 놓아두겠다는 자세, ② 삶의 현실은 이론이나 개념의 틀에 집어넣을 수 없으므로, 현실을 인정하고 수용하겠다는 자세, ③ 만물의 본질은 아무리 노력해도 다 밝혀낼 수 없으므로, 지식 너머의 신비한 세계도 살 만한 가치가 있다고 믿는 자세, ④ 자신만의 세계를 인정하고 수용함으로써 오늘에 이르기까지 자신을 가능하게 만들어 주었던 사람들에게 감사하는 자세, ⑤ 주변 사람들의 자유와 개성을 인정하고 수용하여 그들이 주어진 길을 가도록 돕겠다는 봉사자세 등이다.

위 내용을 종합하면 5유형의 방향지시등은 '현실직시'이다.

5) 덕목 – 초연

(가) 초연함의 견지

5유형의 덕목은 초연함이다. 자신의 풍부한 지식을 더 이상 분석하지 않고 도움이 필요한 사람에게 나누어 주면 그들에게서 좋은 평판을 받게 된다. 따라서 자신의 감정을 느끼고 생각 속에서 나와 행동해야 하고, 생활에 적극적으로 개입하여 관계 속에서 사랑을 체험해야 하며, 내부로 움츠리지 말고 외부로 향해 나아가서 함께 참여해야 한다.

---

31 대한에니어그램영성학회, 앞의 책(주 12), p. 55.

(나) 초연의 실천사항

① 관계의 미학을 깨달음

이들은 자신만의 세계 속에서 찾아낸 여러 가지 지식을 공동체 안에서 함께 공유함으로써 내적인 공허감이 충만함으로 바뀐다는 사실을 인식하여야 한다. 그렇게 하면 더욱 더 창의적으로 자신의 물음에 답을 찾을 수 있고 스스로 해결하는 힘을 발휘할 수 있기 때문이다.

하버드 대학교의 연구결과에서 해직자 중 업무능력의 부족보다 관계능력이 부족한 사람이 두 배 더 많은 것으로 나타났다. 이 결과에서 관계능력은 사회생활의 승리의 비결로 나타났다. 관계란 자신이 한 만큼 돌아오는 것이며, 관계의 비결은 남을 먼저 배려하고 남에게 먼저 주는 것이다. 남을 먼저 배려하는 사람에게는 그 혜택이 다양한 방법으로 부메랑이 되어 돌아오게 된다. 먼저 양보하고 먼저 배려하는 사람이 결국 더 많은 것을 얻게 된다.

② 버림의 미학을 깨달음

버림의 미학을 깨닫는 자세가 필요하다. 깨달은 자는 빛나지 않으려 하기 때문에 빛나고, 자신을 돌보지 않기 때문에 존경받으며, 자신을 위해 아무것도 원치 않기 때문에 성공을 거두고, 내세우지 않기 때문에 권력이 있고, 대항하지 않기 때문에 그 누구도 그에게 맞서지 않는다(노자).[32]

⑥ 6유형(수호주의자)

1) 기피 - 일탈(불안)

(가) 일탈을 회피함

6유형은 일정한 틀 안에서 생활하려는 성향이 강해서 질서나 규칙을 어길까 봐

---

[32] http://cafe.naver.com/hongonesig/42 (검색일: 2016. 7. 1.)

걱정할 뿐만 아니라, 어겼을 때 버림받을까 봐 충실해야 한다는 강박으로 일탈을 기피한다. 이들은 안전하지 않을까 봐 두려워서 생활에서의 일탈과 불순종과 불확실성과 특별함을 피하고자 한다. 이들은 조직이나 틀이나 사람 등과 같은 우산 속에 있을 때 안정감을 느낀다. 이들은 약속은 반드시 지켜야 한다고 생각한다.

(나) 기피로 나타나는 현상

① 융통성이 없음

이들은 상황변화에도 불구하고 고집이 있어 벽창호라는 소리를 듣는다. 준법정신이 투철하기 때문에 샛길로 빠질 위험이 전혀 없다. 새벽에 지나가는 사람 없어도 신호등을 지킨다. 그냥 지나치면 과태료를 내야 한다고 생각하기 때문이다.

이들은 다른 사람이 조금만 정도에서 벗어나도 극단적으로 대처하는 경우가 많아 고발정신 또한 투철한 편이다. 별명이 독일병정인 6유형의 감사과장이 교육원장으로부터 각 부서에 전화 받는 태도를 점검하라고 지시한 경우, 전화벨이 두 번 내지 세 번 울릴 때까지 받지 않으면 불량으로 체크해 보고한다. 또 6유형인 식당 주인은 위생관리 검사하러 나온 사람이 은근히 뇌물을 요구하면 경찰에 고발하여 한바탕 소동을 벌이기도 한다.

② 변화를 싫어함

이들은 갑작스런 변화와 모험과 도전을 좋아하지 않는다. 부동산에 투자해서 일확천금을 버느니 오히려 안 벌겠다고 생각한다.

2) 함정 – 안전

(가) 안전에 집착함

6유형은 안전이라는 함정에 빠진다. 따라서 이들은 지나치게 신중하므로 전통을 고수하고 폐쇄적인 체계와 관습을 선호한다. 이들은 불안하기 때문에 안전조치를 미리해 놓으려 하고, 위험을 감지하는 데 민감하여 끊임없이 문제가 없는지 찾는다. 극장이나 백화점 등 공공장소에 가면 이들은 비상구는 어디 있는지, 그곳으로 가는 곳에 무엇이 놓여 있는지를 재빨리 알아차린다. 이처럼 이들은 안전하고 확실한 것에 집착하므로, 땅 짚고 헤엄치는 것도 두려워서 못하고 돌다리를 두드려 보고도 건너지 않는다.

(나) 함정의 문제점

① 자기의지에 의한 행동이 어려움

6유형은 자신감이 없어서 의지대로 행동하는 것을 두려워한다(1유형은 자기 확신이 있음). 이들은 외적인 권위(조직, 법, 자기를 옹호해 주는 사람 등)에 의존하므로, 시키는 사람의 의지대로만 실행하고 스스로 찾아서 하지 않는다.

② 경계심이 많음

이들은 소속집단에 충실하나 경계심이 많다. 내 편, 네 편을 잘 따지나(집단이기주의), 가족을 따뜻하게 보살피고 살림을 잘 꾸려 나간다.

③ 과도하게 충실함

이들은 지나치게 충실하고 책임 있는 사람이 되려고 한다. 6유형인 남편이 근무 중에 아내에게서 저녁에 외식하자는 전화를 받고 약속했는데, 잠시 후 신뢰하는 상사가 오늘 야근할 수 있느냐고 물어보면 할 수 있다고 대답한다.

④ 너무 신중함

이들은 너무 신중해서 중요한 결정을 쉽게 내리지 못하고 우유부단하다. 이들이 안전이라는 함정에 빠지면 스스로 결단하고 행동하는 것이 불가능하다. 지나치게 신중하면 두려움 때문에 큰일을 이루지 못한다.

3) 격정 – 공포

(가) 격정의 원인

6유형의 격정은 공포이다. 이들은 아버지를 너무 좋아해 아버지에게 인정받지 못할까 봐 걱정하던 버릇이 공포라는 격정으로 나타난다.[33] 즉 유아기 때 자주정신

---

33 윤명선 외, 『에니어그램』 (서울: 도서출판 동연, 2017), p. 131.

을 발달시키지 못했기 때문에, 자존감을 형성하거나 자신을 신뢰하는 일에 관심을 집중하지 못한다. 이들은 자신을 보호해 줄 권위자에게 의지하는 편이 더 편하다는 생각을 한다. 미래에 대한 걱정이 많으므로 안전을 보장해 줄 확실한 것을 찾는다. 이들은 안전을 위해 보험을 여러 개 들거나 보험회사를 믿지 못해 은행을 선호한다. 또 오랜 역사를 지닌 곳에서 일하고 싶어 하므로 공무원 등을 선호한다.

6유형이 공포에 사로잡혔을 때 두 가지 반응으로 나타난다. 공포순응형은 공포를 피하기 위해 강력한 권력자에게 붙어 규범을 준수하고 의무와 충성을 다하며, 권위 있는 자가 시키는 대로 한다. 공포대항형은 공포에 저항하기 위해 부당한 권력자에게 대항하고 위험을 감수하며 무모한 행동을 하기도 한다.

(나) 걱정의 결과

① 불필요한 두려움에 시달림

사소한 근심과 불필요한 의심으로 두려움에 시달린다. 이들은 미래에 발생할지, 안 할지 그 여부도 알 수 없는 모든 문제를 잘 생각하며 다른 사람의 말속에서 모순점을 발견하고 지적한다. 또한 자신의 평화를 위협할 수 있는 것에 대해 상상을 잘하고 상상에 의한 위기상황을 실제인 것 같이 느껴 두려움을 체험하기도 한다.

6유형의 엄마는 아이가 늦으면 혹시 유괴당했나 하고 걱정하고, 6유형의 남편은 아내에게 운전대를 잘 안 맡기며, 환자의 경우 다쳐서 병원에 누워 있는데 급히 달려온 어머니에게 문단속 잘하고 왔는지 묻는다. 나막신을 파는 아들과 짚신을 파는 아들을 둔 나이가 든 6유형의 어머니는 비 오는 날이면 짚신장사를 하는 아들을 걱정하고, 볕이 나면 나막신장사를 하는 아들이 걱정되어 단 하루도 마음 편할 날이 없다. 그러나 이런 상황에서 생각을 달리하면 문제될 것이 없다. 비가 오면 나막신장사에게 유리하고, 볕이 나면 짚신장사에게 유리하므로 걱정을 할 필요가 없는 것이다.[34]

---

34 http://blog.naver.com/jaun000/70119903459 (검색일 2016. 7. 2.)

② 과민반응을 함

이들은 격정의 결과로 과민하게 반응을 하는 경향이 많다. 한 예로, 6유형인 며느리가 집을 비운 사이 시어머니에게 전화가 왔었다는 이야기를 들은 후 매일 나돌아 다닌다고 생각하시지 않을까 걱정하다가 먼저 전화해서 변명부터 했으나 정작 시어머니는 김장김치를 가져가라고 전화했었다고 하는 경우다. 이처럼 이들은 안전을 얻기 위해 과민하게 반응한다.

4) 방향지시등 – 자신감

수호자인 6유형이 '용기'라는 덕목으로 가기 위한 방향지시등의 돌다리는 다음과 같다.35 방향지시등을 구현하기 위해 이들이 포기해야 할 사항은 ① 불확실한 미래에 대해 걱정하고 두려워하는 생각, ② 이들 스스로에게 문제와 과오가 있는데도 불구하고, 이를 남의 탓으로 돌리려는 생각, ③ 이들을 필요로 하는 사람들에게 이들 스스로를 선뜻 내어 주지 못하고 도움을 주지 않겠다는 생각, ④ 타인이 자신을 해칠까 두려워해 그들의 눈치를 살피는 것, ⑤ 스스로의 힘으로는 아무런 구실을 할 수 없다는 자포자기의 사고 등이다.

6유형이 확인해야 할 사항은 ① 가족이나 친구들과 의논을 하지만, 이는 어디까지나 그들의 의견을 참고하는 것일 뿐 자신의 문제는 스스로 결정한다는 자세, ② 자신의 과오를 솔직하게 인정하고 수용하는 자세, ③ 자신의 재능을 확신하고 자신의 재능이 사회에 가치 있게 쓰일 날이 오리라고 믿는 확신의 자세, ④ 쓸데없는 걱정은 날려 버리고 현재에 충실하겠다는 자세, ⑤ 죽음을 각오하면 위험한 일은 아무것도 없으므로, 누구의 눈치도 보지 않고 자신이 하고 싶은 일을 하면서 살겠다는 각오 등이다.

위 내용을 종합하면 6유형의 방향지시등은 '자신감'이다.

---

35 윤명선 외, 앞의 책(주 33), pp. 58-59.

02   아홉 가지 성격유형 **73**

5) 덕목 – 용기

(가) 용기를 가짐

6유형의 덕목은 용기이다. 따라서 이들은 자기 확신을 가지고 적극적으로 행동하고 자신의 감정을 신뢰해야 한다.

(나) 용기의 실천사항

① 내면의 실체를 바라봄

이들은 내면의 공포와 두려움의 실체를 바라보아야 한다. 세상에는 믿지 못할 부분이 많지만 그럼에도 내면적 자신감을 되찾아야 한다. 그렇게 되면 다른 사람에게 성실함과 자상함을 줄 수 있기 때문이다. 또한 이들이 느끼는 공포는 실제적인 것이 아니라 머릿속에 있는 공포라는 것을 알아차리고, 지나친 충성심과 독단을 근절하며 조화된 삶과 감정에 충실해야 한다.

"위험이 있는 곳에 기회가 있다(Where there is the danger, there is the opportunity)"는 말을 이들은 명심할 필요가 있다. 즉 위험이 있는 곳에 기회가 있고 기회가 있는 곳에 위험도 있으며, 위험과 기회는 분리될 수 없고 함께한다는 것이다. 또한 모험을 할 수 있어야 한다. 왜냐하면 희망을 갖는 것은 실망이라는 위험을 감수하는 일이고 시도를 하는 것은 실패라는 위험을 감수하는 일이며, 가장 큰 모험은 바로 아무런 모험도 하지 않는 것이기 때문이다.

② 확고한 신념을 가짐

이들에게는 과감한 행동이 필요하다. 일을 처리할 때 망설이거나 주저하기보다는 능동적이고 적극적이고 긍정적으로 임해야 한다. 이들은 "살고자 하면 죽고, 죽고자 하면 산다(필생즉사 필사즉생: 必生卽死 必死卽生)"는 신념을 가져야 한다. 인간의 힘은 눈에 보이지 않는 믿음에 기인하여 믿는 자는 강하고, 강한 확신은 위대한 행동을 초래하기 때문이다. 그러므로 이들이 '필사즉생(必死卽生)'의 각오를 가지고 생활한다면, 내면에 안정감을 가지게 되어 공포가 사라지고 무한한 능력을 발휘할 수 있다.

7 7유형(만능주의자)

1) 기피 – 고통

(가) 고통을 회피함

7유형은 지루한 것을 못 견뎌 하므로, 꾸중이나 반복되는 말 등과 같이 고통의 원인이 될 가능성이 있는 것은 무엇이든지 기피하고, 흥미 있는 것들로 채움으로써 고통스러운 감정(상실감, 슬픔 등)을 마주하려고 하지 않는다. 또한 즐겁지 않은 이야기를 듣지 않으려고 농담을 하거나 웃는다(험담을 싫어함). 초등학교 때 학교에서 예방주사를 맞는 날이면 선생님과 숨바꼭질하며 끝내 맞지 않는다.

(나) 기피로 나타나는 현상

① 감정적인 문제를 잘 처리하지 못함

이들은 고통을 기피하기 때문에 환자를 돌보는 봉사를 하지 못한다. 타인의 고통과 괴로움을 보는 것조차 끔찍하다고 생각하기 때문이다. 부도가 나서 집안의 모든 물건에 딱지가 붙기 직전인데도, 7유형인 아빠는 늦게까지 술 먹고 들어와 막내딸과 손잡고 춤추고 노래를 부른다. 그러면 부인은 자기 혼자 힘든 것 같은 외로움을 느껴 대성통곡한다. 이들은 어려울 때 의논상대가 되기 힘들다.

② 참을성이 없음

이들은 어두운 현실을 덮어 두고서라도 즐겁게 지내고 싶어 한다. 따라서 부정적 감정에서 벗어나기 위해 쾌락에 빠져들기도 한다. 또 모험과 같은 강한 자극과 흥분을 지나치게 추구하다 중독에 빠질 수도 있다. 이들은 참을성이 없으므로 훌륭한 아이디어를 실현하기가 힘들다.

2) 함정 – 만족(쾌락)

(가) 쾌락에 집착함

7유형은 쾌락이라는 함정에 빠져 모든 일에 흥분과 재미를 추구하는 데에 사로잡혀 있다. 이들의 쾌락추구는 고통과 두려움에 대한 공포 때문이다. 쾌락을 추구하고자 하는 것은 자신을 지탱하는 내면의 안정성이 결여되어 이를 얻으려는 시도이다. 또한 자기 두려움의 원천을 재구성하기 위해 긍정적인 측면에 매달린다. 그런데 매사에 긍정적인 시각을 부여하려면 엄청난 합리화와 정당화가 필요하다.

이들은 인생을 즐겨야 한다고 생각하기 때문에 괴로운 일을 회피하고 부정한다. 쾌락의 함정에 빠지면 현재 시점에서 살아가지 못하고 과거의 좋았던 기억이나 미래의 즐거운 계획으로만 의식이 향하게 된다. 따라서 혼자 있을 때라도 머릿속은 재미있는 일과 아이디어로 가득 차 있다. 7유형인 수녀는 성당 일이 태산 같은데도 신자가 재미있는 영화구경을 가자고 하면 모든 일을 내팽개치고 따라가기도 한다.

(나) 함정의 문제점

① 산만함

고통을 피하기 위해 쾌락에 집착하는 이들은 한 가지 일에 집중하기보다는 이일 저 일 옮겨 다니며 새로운 것을 배우기 좋아한다. 이들이 주위가 산만하고 집중력이 부족한 것은 내면에 두려움에 대한 공포가 있기 때문이다. 이들은 지구력이 부족하므로 무슨 일을 끝까지 하기가 어렵다. 요리를 배우다가 재미없으면 에어로빅을 배우고 곧 싫증을 내 볼링을 배운다. 또 한 직장에 오래 다니는 것을 어려워할 수 있기 때문에 무책임하다는 평가를 받기도 하며, 어떤 일을 끝까지 해내지 못하기 때문에 전문가가 되기 어렵다.

이들은 두려움에 대한 공포를 없애기 위해 끊임없이 재미있는 일을 찾아다닌다. 일이 제대로 풀리지 않을 때는 잔소리를 심하게 하고 공격적인 태도를 보인다. 비싸게 구입해서 친구와 뮤지컬을 보러 갔는데, 갑자기 해야 할 일이 떠오르면 나와 버리는 경우가 있는데 이럴 때 같이 간 친구는 몹시 화가 난다.

② 현실감이 떨어짐

이들은 쾌락에 집착하기 때문에 아이가 공부를 못해도 상관하지 않는 경향이 있는데, 돈도 안 들고 대학선택의 고민을 안 해도 좋다고 생각하기 때문이다. 또 삶의 많은 영역에서 지나치게 많은 활동에 빠지고 끊임없이 쇼핑을 즐겨 돈을 낭비하기도 하는 등 대체로 현실감이 결여되어 있다.

이들은 흥분과 강렬한 자극을 추구하거나 지루한 것을 싫어하므로, 오락이 재미있으면 밤새도록 한다. 공부도 재미가 있으면 강한 집중력을 보이나 반대면 내팽개친다. 이들의 마음은 항상 바쁘고 여러 가지 생각으로 가득 차 있다.

③ 삶의 깊이가 없음

이들은 매사에 밝은 면만 보려 하므로 삶의 깊이와 진지함 부족하다. 인간관계도 가볍고 즐겁게 유지하려 하며, 진지한 관계를 회피하려는 경향이 있다. 타인의 감정을 무시하고 멋있는 자기만을 추구하므로, 타인에게 상처를 주고 오해받을 수 있고 또 타인과 깊이 사귀지 않고 표면적으로 사귀려는 경향이 있다.

이들은 강한 자기애와 낙천주의적이고 자기도취적인 성향이 강한데, 자신은 뛰어난 사람이고 재능이 많다고 생각하기 때문이다.

④ 현실을 도피함

이들에게 현실도피의 경향이 있는데, 현재의 삶은 실망과 고통뿐이므로 현재 생활에 만족을 느끼지 못하기 때문이다. 이들은 과거의 좋은 기억과 미래의 계획세우기와 아이디어 자체에 열중하지만 이를 실현하지 못하고 공상으로 끝낸다. 이들은 복권을 사자마자 복권이 당첨되는 생각을 하고 그 돈을 어떻게 쓸 것인가 계획을 세운다. 또 과거의 고통스런 체험으로부터 고상한 생각이나 이상을 전개한다. 즉 고통스런 과거를 낭만화하여 좋은 옷과 좋은 구두를 신고 춤추러 가며, 피난지 행렬에서도 노래 부르며 즐겁게 걸어가는 공상을 한다.

이들은 주초, 월초, 연초에 수첩에 계획을 세우고 난 후 즐거움에 겨운 채로 잠을 잔다. 그러나 계획을 실천하지 못해서 다시 계획을 세운다.

3) 격정 – 탐닉(무절제)

7유형의 격정은 쾌락에 탐닉하는 것이다. 이들은 세상을 호기심 가득하게 바라보면서 자신이 하는 모든 일에서 쾌락과 즐거움을 쫓는다. 자신의 가치는 삶을 얼마만큼 즐기느냐에 달려 있기라도 한 것처럼 즐겁고 재미있는 것에 자신도 모르게 빠져들고 흥분과 강력한 자극을 추구한다.

따라서 이러한 것들을 추구하기 위해 폭음과 폭식과 방종 등으로 무절제한 생활을 하게 된다. 이들이 탐닉에 빠져드는 것은 내면의 두려움과 공허함 때문에 외부의 것으로 자신의 욕망을 채우려고 하기 때문이다. 탐닉에 빠지면 절제개념이 없으므로, 어느 모임에서 노래를 부를 경우 4절까지 다 불러 버린다. 또한 이들은 흥분과 도취감을 유지하기 위해 쾌락을 더 많이 추구하게 되어 더 많이 먹고, 더 일하고, 더 많이 사고, 더 소유하려고 한다.

4) 방향지시등 – 집중력

만능주의자인 7유형이 '맑은 정신'이라는 덕목으로 가기 위한 방향지시등은 다음과 같다.[36]

포기해야 할 사항은 ① 좌충우돌하며 호기심이 이끄는 대로 살아왔다는 생각, ② 무모한 행동이 초래한 결과에서 도망치려고 했던 생각, ③ 늘 초조해하면서 자신에게서 도망치고자 끊임없이 무슨 일인가를 벌여야 한다는 생각, ④ 외부의 무엇인가가 자신을 행복하게 해 주리라 생각하고 끊임없이 그것을 쫓으려는 생각, ⑤ 자신의 만족을 위해서라면 다른 사람들이 상처를 입든 말든 상관하지 않겠다는 생각 등이다.

확인해야 할 사항은 ① 한 번 정한 목표를 이루기까지는 한눈팔지 않고 매진한다는 자세, ② 더 이상 흥미를 느낄 거리를 찾아 헤매지 않겠다는 자세, ③ 자신의 중심을 잡을 때, 사랑과 행복도 그들 자신의 것이 될 수 있음을 믿는 자세, ④ 더

---

36 대한에니어그램영성학회, 『KASES 에니어그램 영성수련 — 전문가과정』, 한양대학교 정신간호학교실, pp. 100–101.

이상 기이한 것만을 찾아 헤매지 않고, 단순하고 평범한 것 속에서도 행복을 느낄 수 있다는 자신감, ⑤ 주변 사람들에게 깊은 관심을 갖고, 그들의 행복을 위해 도움을 주겠다는 자세 등이다.

위 내용을 종합하면 7유형의 방향지시등은 '집중력'이다.

5) 덕목 – 맑은 정신

(가) 맑은 정신을 가짐

7유형의 덕목은 맑은 정신이다. 따라서 끊임없이 솟아나는 에너지를 나누는 지혜가 필요하다.

(나) 맑은 정신의 실천사항

① 고통을 직면함

이들은 고통을 피하지 말고 직면하고 받아들여야만 한다. 고통의 직면은 진정한 행복을 위해서 필요한 것이고, 인생을 헛되이 살지 않기 위해 필요한 것이기 때문이다. 고통은 사람을 깨어나게 하고 성숙하게 한다.

하지만 쾌락이 곧 행복은 아니며 진정한 행복은 내면의 고통을 인내로써 극복했을 때, 비로소 얻을 수 있다는 사실을 깨우쳐야 한다. 그렇게 되려면 이들은 자신의 기발한 아이디어를 현실에서 이루어 낼 힘과 능력으로 진정한 삶의 행복을 느낄 수 있는 힘을 키워야 한다. 바람이 강하게 불면 불수록 연은 하늘로 더 높이 올라간다. 이와 마찬가지로 고통이 크면 클수록 사람은 더 완전한 단계로 올라가서 오히려 고통에서 초연해질 수 있다.

② 참을성을 키움

이들은 끈기를 가지고 자신의 능력이 결실을 맺도록 하는 데에서 즐거움을 찾아야 한다. 목표달성을 향해 나아감에 있어서 장애물이 없다면, 그것은 이미 목표가 아니라 일상적인 일일 뿐이다. 목표는 바람으로 시작해서 끈기로 완성된다.[37]

---

37 차동엽, 『무지개 원리』 (서울: 워즈앤비즈, 2009), p. 249.

투박한 돌에서 아름다운 옥을 얻기 위해서는 원석에서 쓸 수 있는 옥돌을 톱으로 자르고(切: 자를 절), 불필요한 부분을 줄로 문질러 없애고 (磋: 문지를 차), 끌로 쪼아 마음에 맞는 모양으로 바꾸고(琢: 쪼을 탁), 윤이 나도록 숫돌로 갈아야 한다 (磨: 갈 마). 이 중에서 한 과정이라도 소홀히 하면 제대로 된 옥돌이 나오지 않으므로, 갈고 닦는 등 힘들고 괴로운 여정, 즉 '절차탁마(切磋琢磨)'의 과정을 거쳐야 한다.38

⑧ 8유형(주장주의자)

1) 기피 – 약함

(가) 연약함을 회피함

8유형은 꿀릴지 모른다는 두려움이 있어 다른 사람을 제압해야 한다는 생각 때문에 약한 모습을 보이는 것을 기피한다. 이들은 자신의 연약함을 드러내는 것이 자신의 존엄성을 손상시킨다고 생각한다. 따라서 8유형 남동생에게 누나가 팔짱을 끼면 순식간에 뿌리친다. 이들은 사교적인 대화에 끼는 것을 거부하고 함께 있는 것을 불편해한다. 회사에서 8유형 상사와 함께 있으면 사무실에 무거운 침묵만 흐른다. 맞벌이 하는 부인이 후배를 집에 초대하여 함께 식사할 때에 8유형 남편은 한마디도 안 하고 부인 혼자만 떠드는데, 남편은 나약하면 쓸모없고 감정적으로 상처를 받는다고 생각하기 때문이다.

---

38 "언변과 재기가 뛰어난 자공(子貢)이 어느 날 스승인 공자(孔子)에게 《시경(詩經)에 '선명하고 아름다운 군자는 뼈나 상아를 잘라서 줄로 간 것처럼 또한 옥이나 돌을 쪼아서 모래를 닦은 것처럼 빛나는 것 같다'고 나와 있는 데, 이는 선생님이 말씀하신 '수양에 수양을 쌓아야 한다'는 것을 의미하는 것이냐》고 물은 것에서 절차탁마라는 말이 유래하였다." (http://anja.naver.com/word?query=切磋琢磨 (검색일 2016. 7. 12.))

(나) 기피로 나타나는 현상

① 자기투사

힘이 없고 약한 사람을 경멸하고 무시한다(자기투사). 또한 남과 친밀한 관계를 맺어 사랑을 나누지도 못한다.

② 부드러움이 있음

강하고 거친 모습 이면에는 연약함과 부드러움이 숨어 있다. 8유형의 남자가 혼자 있을 때는 잔잔한 클래식 음악을 틀어 놓는다.

2) 함정 – 정의(강함)

(가) 힘에 집착함

8유형의 함정은 정의이다. 힘에 집착하는 이들은 언제나 자기존재를 강하게 표현하기 위해 에너지를 집중시킨다. 이들은 세상을 약육강식의 장으로 보기 때문에 강하지 않으면 상대방에게 당한다고 믿으므로, 타인에게 약하게 보이면 밀린다는 생각에 정의를 주장하며 상대방의 약점을 공격하는 함정에 빠진다. 이들은 부정을 발견하고 그것을 바로잡는 것이 자신의 사명이라고 여기며, 옳고 그름을 판단하는 사람은 자신이라고 확신한다. 또한 상대방을 제압함으로써 자기존재에 대한 강한 회열을 느낀다. 이들은 자신의 의사가 무시된 결정은 인정하지 않고 거부한다. 설사 그 결정이 최선이라 하더라도, 자신의 존재가 무시된 상황에서 결정된 내용은 인정하지 않는다.

그러므로 이들은 항상 타인의 시시비비를 가리려고 하며, 자기 생각과 다른 의견에는 귀를 기울이지 않는다. 또 타인을 누르고자 싸움을 걸고 제압하려 하기 때문에 불필요한 압력을 행사할 뿐만 아니라, 주위 사람들에게 무섭고 엄격한 인상을 주기 쉽다. 이들은 완고함 때문에 절대군주가 될 소지가 있다.

(나) 함정의 문제점

① 주도권을 잡으려 함

이들은 강한 것에 집착하므로 주도권을 잡으려고 하여 다른 사람에게 자신의 의견을 강요하므로, 순수함이 사라진다. 이들은 주도권을 잡기 위해 집 안팎에서 통제하려 들면서 모든 일이 자기 책임 아래 놓여 있기를 원한다. 집안 식구를 쥐고 흔들기를 원해 아이들에게 몇 시까지 기상해야 한다고 강조하는가 하면, 아내에 생활비를 조금 주면서 돈을 마음대로 쓰지 못하게도 한다. 8유형인 어떤 할아버지는 젊었을 때 창고열쇠를 쥐고 끼니 때마다 필요한 양만큼만 할머니에게 쌀을 내주기도 했다. 이는 남에게 의존하고 통제당하는 것을 두려워하며 모든 것을 나의 소유물이라고 생각하기 때문이다.

② 공격적임

자기주장이 강하고 직설적이므로 남에게 겁을 주며 맞선다. 낯선 곳에 가면 누가 더 강한지 대결하고 싶어 하며, 위협을 받거나 스트레스가 많을수록 더 공격적으로 변한다. 또한 도전이 주는 강렬함과 흥분을 즐기고 무모하게 덤비는 면이 있으며 경고문구를 무시하기도 한다.

3) 격정 – 오만(정욕)

(가) 격정의 원인

8유형의 격정은 오만이다. 이들은 타인을 제압하고 통제하려는 강한 욕망을 가지고 있다. 따라서 자신의 강함을 과시하여 자신의 가치를 증명하고자 하며, 자신의 존엄성을 지켜주는 것은 오로지 힘이라고 믿는다. 항상 싸울 준비가 되어 있고 싸움을 거리끼지 않기 때문에 주변 사람들을 종종 겁먹게 한다. 자신은 정의를 행사해야 할 사명이 있다고 믿으며, 주위 사람들을 타협적인 겁쟁이라고 생각하므로 협조적이지 못하고 유연하지 못하다.

(나) 격정의 결과

① 폭로성 발언을 함

오만의 결과로 폭로성 발언을 하는데, 이는 상대방을 제압하기 위함이다. 타인의 약점을 재빠르게 파악하여 타인이 도전해 오면 상대방의 약점을 가차 없이 공격한다.

② 대결을 좋아함

이들은 상냥한 감정을 잘 표현하지 못해 종종 타인을 무섭게 할 뿐만 아니라, 대립을 피하고 타협하고자 하는 사람을 경멸한다. 싸움은 즐거운 일이고 쉽게 이기는 상대보다는 자기와 팽팽하게 맞설 수 있는 상대와 싸우기를 좋아하므로, 강적과 맞서면서 솟아오르는 힘을 느낀다. 분노는 사물의 진상에 접근하는 힘이며, 일을 성취하기 위해 필수적인 요소라고 이들은 믿는다.

4) 방향지시등 – 역지사지

주장자인 8유형이 '소박함'이라는 덕목으로 가기 위한 방향지시등은 다음과 같다.[39]

포기해야 할 사항은 ① 다른 사람을 지배하고자 본인 뜻대로 되지 않으면 폭력을 행사하기도 했던 일, ② 다른 사람을 적군과 아군으로 나누어 판단했던 일, ③ 스스로 모든 것을 감당할 수 있다고 믿고, 다른 사람들이 필요치 않다고 믿었던 생각, ④ 자신이 약한 존재로 보이는 것을 두려워하고 싫어했던 생각, ⑤ 다른 사람들의 보살핌이나 애정이 필요치 않다는 생각 등이다.

확인해야 할 사항은 ① 다른 사람들을 신뢰하며 그들이 진정 행복해지기를 바라는 마음, ② 너그러운 사람으로서 다른 사람들도 자신과 마찬가지로 영예를 누릴 자격이 있음을 인정하고 수용하는 자세, ③ 자신보다 더 위대한 권위가 존재한다는 것을 인정하고 수용한다는 자세, ④ 자신과 자신의 열정을 충분히 다스리고

---

39 차동엽, 앞의 책(주 37), pp. 102–103.

절제하는 자세, ⑤ 다른 사람들을 사랑하며, 다른 사람들의 사랑을 필요로 하는 경우에는 그들에게 사랑해 달라고 요구할 수 있는 용기 등이다.

위 내용을 종합하여 분석하면 이들은 타인의 입장에서 생각하고 사물을 바라보아야 한다. 따라서 8유형의 방향지시등은 '역지사지(易地思之)'이다.

5) 덕목 – 소박함

(가) 소박함(소탈)을 배움

8유형의 덕목은 소박해지는 것, 즉 천진난만함과 순수함을 회복하는 것이다. 그러므로 유한 자세를 견지하고 연약한 모습이 몸에 배도록 하여야 한다.

(나) 소박함의 실천사항

① 상대방을 배려함

8유형이 소박하면 부드러움을 얻게 된다. 사회생활에 있어서 상대방에게 원하는 말을 듣거나 행동을 이끌어 내기 위해서는 상대방을 윽박지르거나 힘으로 꺾으려 해서는 안 된다. 상대방을 꺾으려 하면 할수록 더욱 더 반발하기 때문이다. 원하는 바를 얻기 위해서는 상대방으로 하여금 스스로 그런 말이나 행동을 하게끔 마음을 열게 만들어야 한다.

이처럼 이들은 진정한 힘은 순수한 사랑에서 비롯된다는 사실을 터득해야 한다. 그리고 본능적인 직관력으로 현실을 파악하고 정의를 구현하여 관대함으로 다른 사람을 수용할 수 있다는 사실을 깨달아야 한다.

② 연약함을 드러냄

연약함을 피하기보다는 다른 사람에게 연약을 보이는 자세가 필요하므로, "지는 것이 이기는 것"이라는 속담의 의미를 되새겨야 한다. 또한 자신의 연약함을 아는 사람이 진정한 강자가 될 수 있다는 역설을 깨달아야 한다. 도덕경에 나오는 '유승강 약승강(柔勝剛 弱勝强)', 즉 "부드러움이 뻣뻣함을 이기고 연약함이 강함을 이긴다"[40]는 말을 가슴에 새겨야 한다. 또한 강한 것에 집착하는 이들은 '부드러운 입술이 사자의 이빨보다 더 강하다'는 사실을 유념해야 한다.

태양과 바람이 누가 더 힘이 센지 겨루기를 하고, 나그네의 외투 벗기기 시합을 했다. 바람이 먼저 나그네를 향해 강풍을 힘차게 불기 시작했다. 나그네는 바람이 세면 셀수록 외투를 단단히 붙잡고 견뎠다. 이번에는 태양이 따스한 햇볕을 뿜어내기 시작했다. 햇볕의 열기가 더해지자 땀을 뻘뻘 흘리던 나그네가 외투를 벗고 그늘을 찾아 더위를 식혔다.41 이솝우화 '태양과 바람'의 이야기다.

⑨ 9유형(평화주의자)

1) 기피 – 갈등(고립)

(가) 갈등을 회피함

9유형은 갈등을 회피한다. 이들은 갈등을 피하기 위해 주변 사람들의 의견을 적극 수용한다.42 어려서부터 갈등을 모르고 자랐기 때문에 갈등을 경험하면 다른 사람들과 분리되는 것을 두려워하고, 평화로운 분위기를 깨는 것을 원하지 않기 때문이다. 이들은 고립되는 것에 대한 두려움이 있어서 다른 사람의 요구를 잘 받아준다. 평온한 삶을 제일 중요하게 생각하므로, 무기력하고 나태해지기 쉽다. 그리고 이들은 새로운 지식을 받아들이려고 하지 않으며, 자신의 의사를 분명하게 표현하지 못한다.

(나) 기피로 나타나는 현상

① 타인에게 자신을 맞춤

이들은 갈등을 회피하려고 하기 때문에 다른 사람의 생각에 자신을 맞추며, 타인의 관심을 자신의 관심이라고 생각한다. 어떤 팀 프로젝트를 시작할 때 자신의

---

40 윤재근, 『노자—크고 싶다면 먼저 작게 하라』 (서울: 나들목, 2014), p. 254.
41 강상구, 『내 나이 마흔, 이솝 우화에서 길을 찾다』 (서울: 원앤원북스, 2013), p. 66.
42 박상하, 『에니어그램 리더십』 (서울: 고수출판, 2006), p. 28.

의사를 결정하지 못하고 타인이 결정하는 대로 맡겨 둔다. 중간단계에서 프로젝트 내용이 자기 뜻과 다르다는 사실을 알아도 그게 아니라고 좀처럼 말을 하지 못한다.

또한 결단이나 선택을 못 하고 일의 우선순위도 제대로 정하지 못한다. 식당에 가서 친구가 무엇을 먹겠느냐고 물으면, 상대방이 원하는 것이면 무엇이든 좋다고 대답한다. 어떤 요구를 받거나 선택할 때, 이들은 마음대로 하라는 말을 자주 한다.

② 자기주관이 없음

이들은 갈등을 피하려고 하기 때문에 자기주관이 없는 편이다. 집안에서 대소사를 결정하기 위해 형제자매들이 가족회의를 하면 슬쩍 빠져나가 설거지를 한다. 문제발생 시에 이들은 어떠한 반응도 보이지 않고 무시하거나 해결될 때까지 견딘다. 집안일로 형제가 싸우면 말리지 않고 방으로 들어가 신경 끄고 잠을 자 버린다.

2) 함정 - 평화

(가) 평화에 집착함

9유형의 함정은 평화이다. 이들이 생각하는 평화란 그저 아무 생각 없이 갈등이 없는 마음의 평안한 상태를 말한다. 이러한 상태를 유지하기 위하여 자기 앞에 놓인 수많은 문제를 방치하면서 뒤로 물러나 있으려고 한다. 편안하고 익숙한 삶을 유지하기 위하여 도전과 모험보다는 몸에 익숙한 습관적인 행위에서 벗어나지 않으려고 한다.

이들은 이러한 평화를 추구하므로 무사안일에 빠져, 인생사에 있어서 심각하거나 흥분할 일이 없다고 생각하기 때문에 극단적으로 태평하다. 귀중한 물건이 깨져도 이들은 개의치 않고 차분하다. 물건은 언젠가 없어지기 마련이라고 생각하기 때문이다. 또 지구가 멸망한다 해도 침착하다. 하늘이 무너져도 솟아날 구멍이 있다고 생각하기 때문이다. 이들은 위급한 상황인데도 잘 해결되리라고 느긋하게 생각한다. 그런데 나중에 알고 보면 손 쓸 수 없을 정도로 일이 꼬여 있는 것이 문제이다.

(나) 함정의 문제점

① 평화를 위해 사서 고생함

이들은 평화라는 유혹에 빠지기 때문에 말과 동작이 느려서 '거북이'라는 별명을 얻는다. 운전하면서 차선을 좀처럼 변경하지 않으며, 전철을 타면 멀리 돌아가더라도 갈아타려 하지 않는다. 한편 이들은 타인의 말을 잘 따라주기는 하나, 내면에 고집스러움과 저항하는 마음이 있다. 이들은 화가 나면 수동적 공격을 하는데, 말은 상대방에게 동의하지만 행동은 그 반대로 한다.

② 자기비하를 함

다른 사람들과 갈등 없이 지내기 위해 이들은 자기비하를 하는 경향이 크다. 자기비하는 자기를 과소평가하는 것으로써, 자기 스스로를 중요한 존재가 아니라는 생각에서 나온다. 이들은 자신을 별 볼일 없는 사람으로 여김으로 뒤로 물러나 있다. 이들은 자기비하로 인해 자신을 내세우지 않으며 자신에 대해 애정을 갖지 못한다. 자신감을 갖지 못하므로, 자신을 움직이게 하는 활력을 타인에게서 구한다.

③ 타인의 욕구를 중시함

이들은 평화를 위해 타인을 더 중요하다고 생각하여 자신의 욕구보다는 타인의 욕구를 중시한다. 자신이 몸이 아프면 병원에 가지 않고 버티지만 아이가 아프면 당장 병원에 간다. 이들은 자신의 의견을 말해야 할 때도 타인에게 맡긴다. 따라서 주위사람들은 9유형의 생각을 잘 몰라서 문제가 발생할 소지가 많다.

3) 격정 – 나태

(가) 격정의 원인

9유형의 격정은 나태이다. 나태는 외적인 갈등을 피하기 위해 최소한의 자기주장과 자기요구를 하면서 드러나는 모습이다. 이러한 나태는 세상에 뛰어들어 활기차게 살려고 하지 않고 안일하게 살려고 하는 데서 온다. 이들은 현재 있는 상태에 만족하고 변화를 싫어하므로, 새로운 지식과 기술습득에 게으르고 엉덩이가 무겁다.

(나) 격정의 결과

① 할 일을 미룸

이들이 나태에 빠지면 할 일을 미루는 경우가 많다. 잠이 많아 근무시간에 없어져서 찾으면 구석진 곳에서 낮잠을 자고 있다. 직장에서 이들은 업무보고 날짜가 임박해서야 일을 한다.

② 무력감에 빠짐

이들은 나태해지면 무력감에 빠지고 아무도 자신을 도와주지 않으리라는 생각을 한다. 무력감에 빠지면 이들은 자신의 조절을 넘어서는 상황에 치달아 자율적인 선택이 불가능하게 된다.

4) 방향지시등 – 자치

평화주의자인 9유형이 '근면'이라는 덕목으로 가기 위한 방향지시등은 다음과 같은 내용을 담고 있다.[43]

포기해야 할 사항은 ① 어렵고 힘든 일이 있으면 그것을 늘 회피했던 일, ② 문제가 점점 커져서 도저히 어떻게 하지 않으면 안 될 때까지, 문제를 외면하고 무시해 왔던 일, ③ 자신의 삶을 전적으로 다른 사람들에게 의존해 왔던 일, ④ 어떤 문제가 생기면 빠르고 쉬운 해결책만을 찾고, 천천히 근본적으로 풀어야 할 문제가 있는데도 장기전에는 늘 자신감을 갖지 못한 일, ⑤ 늘 남을 위로하느라 바빴을 뿐만 아니라, 다른 사람들과 잘 지내느라 불평불만이나 하고 싶은 말을 참고 억눌러 온 일 등이다.

확인해야 할 사항은 ① 모든 일에 대충대충 넘어가지 않고 철두철미하게 프로정신을 발휘하는 자세, ② 자신감을 가지고 강하고 독립적인 사람이라는 것을 확신하는 일, ③ 어려울 때에도 늘 꿋꿋하게 스스로 헤쳐 나가므로, 주변 사람들이 이들을 믿고 따르게 하는 일, ④ 자신의 내면을 들여다보면서 자신의 느낌과 감정,

---

43 대한에니어그램영성학회, 『KASES 에니어그램 영성수련 — 기초과정 I 』, 한양대학교 정신간호학교실, pp. 58-59.

그리고 자신의 필요와 욕구를 확인하고 그것을 존중하는 일, ⑤ 주변과 세상 사람들의 진정한 평화를 위해 일하고, 그들의 아픈 마음을 달래고 치유하는 사람이 될 것을 확신하는 일 등이다.

위 내용을 종합하면 결과 9유형의 방향지시등은 '자치'이다.

5) 덕목 – 근면

(가) 근면의 길

9유형의 덕목은 근면이다. 자신의 직관을 바로 세울 필요가 있으며, 어떤 특정한 환경 속에서 무엇이 올바른 행동인가를 결정할 수 있어야 한다.[44] 그러므로 나태한 습관을 개선하고 자신의 가치를 인정해야 한다.

(나) 근면의 실천사항

① 마음을 다짐

오늘 할 일을 내일로 미루어서는 안 된다. 어떤 일을 다음에 한다든지, 천천히 해도 된다는지 하는 생각을 버려야 한다. 꾸준한 인내로써 타인을 수용하면서도 스스로 만족하고 유쾌하고 관대하며 평화가 무엇인지 알고 이를 실천해야 한다. 세상의 모든 상반된 가치, 사랑과 미움, 평화와 불안, 선과 악 조차도 우주적인 질서 중에 통합된 하나의 흐름임을 깨달아야 한다.

눈 덮인 히말라야 꼭대기에 전설의 새인 힐단새가 있다. 이 새는 집을 짓지 않는 묘한 습성이 있다. 만년설 산꼭대기는 밤이 되면 뼛속까지 파고드는 추위로 고통을 참기 어렵다. 힐단새는 마음속으로 오늘 밤만 참고 견디어 날이 밝으면, 어떤 추위도 막을 수 있는 튼튼하고 따뜻한 집을 짓겠다고 다짐을 한다. 다음 날 아침이 되어 따스한 햇살에 얼었던 몸이 풀어지자, 간밤의 굳은 결심은 희미해진다. 밝고 따뜻한 세상이 너무 아름답고 황홀하게 느껴져, 모든 것이 힐단새 자신만을 위해 존재하는 것으로 생각한다. 햇빛 속에서 아름다운 경치를 감상하며 맛있는 열매를

---

44 Janet Levine/윤운성 외 공역, 앞의 책(주 19), p. 350.

먹는 동안 지난 밤 고통이 기억에서 사라져 버려 행복감을 느낀다. 다시 추운 밤이 되자 낮에 집을 짓지 않은 힐단새는 고통에 시달려 또다시 굳은 결심을 하지만 아침이 되면 잊어버린다.45 힐단새의 교훈처럼 9유형이 "깨달음을 얻어도 게으름 때문에 행동하지 않는다"면 아무 소용이 없게 된다.

② 능동적 인식계발

현실을 도피하지 말고 생활에 적극적으로 뛰어들어 부지런해야 한다. 인생에는 많은 문제들이 쌓여 있고, 침묵을 지키는 자에게는 해결이 안 되는 법이다. 확고한 신념으로 목적을 설정하고 과감히 행동해야 한다. "어느 겨울날 눈이 수북이 쌓여 있을 때 길을 만들어 가는 사람은 승자이고, 눈이 녹기를 기다리면 패자가 될 것"이라는 말을 되새겨야 한다.

9유형은 '수동적 인식'보다는 '능동적 인식'에 높은 가치를 부여해야 한다. 수동적 인식은 남이 간 길을 따라 가는 것이다. 이런 인식을 가지면 새로운 기회를 만들어 낼 수 없으므로, 남이 가지 않는 길을 스스로 만들어 가는 능동적 인식을 계발하고 발전시켜야 한다.46

③ 자신의 가치를 인정함

어느 날 제자가 지혜로운 스승을 찾아갔다가 진열장에 있는 귀한 주발을 보고, 어디서 구하셨냐고 묻자, 얼마 전에 굶어 죽은 거지의 밥통이라고 스승이 대답했다. 제자는 의아하게 여겼다. 주발을 팔면 엄청난 돈을 받을 수 있기 때문이다. 그러나 스승은 주발을 파는 것이 간단하면서도 어려운 문제라고 했다. 왜냐하면 그 거지는 먹는 데만 신경을 쓰고 밥통의 진가를 몰랐기 때문이라고 했다.47 이와 마찬가지로 9유형은 자신이 가진 것의 진정한 가치를 잘 파악해야 한다.

---

45 http://blog.joins.com/media/folderlistslide.asp?uid (검색일: 2016. 8. 1.)
46 차동엽, 앞의 책(주 37), p. 22.
47 http://blog.daum.net/aws60/2449828 (검색일: 2016. 8. 1.)

표 2 성격유형별 덕목으로 가는 길

유형	성향	부모관계	기피 (두려움)	함정 (집착)	격정 (강박 충동)	방향지시 등	덕목 (격정 극복)
1	완전주의형	부 — 부정적	결함	완전	분노	아량	평정
2	협조주의형	부 — 양가적	필요 (욕구)	봉사	자랑	순수	겸손
3	성취주의형	모 — 긍정적	실패	능률 (성공)	기만	마음 비움	신실
4	감정주의형	부모 — 부정적	평범	비범 (독특함)	시기	자애	침착
5	관찰주의형	부모 — 양가적	공허 (무능)	지식 (유능)	인색	현실직시	초연
6	수호주의형	부 — 긍정적	일탈 (불안)	안전	공포	자신감	용기
7	만능주의형	모 — 부정적	고통	만족 (쾌락)	탐닉	집중력	맑은 정신 (절제)
8	대결주의형	모 — 양가적	약함	정의 (강함)	오만	역지사지	소박함 (소탈)
9	평화주의형	부모 — 긍정적	갈등 (고립)	평화 (자기 비하)	나태	자치	근면

'방향지시등' 작성: 조성민 · 이정섭(2017. 2. 19.)

Ⅲ 친교방법과 각 유형의 체크리스트

① 친교방법

1) 완전주의자와 잘 지내는 방법

1유형과 교제를 할 때 이들의 도덕관을 높이 평가해 주면 좋다. 1유형은 다른 사람들이 알아차리지 못하는 실수도 집어낸다는 것을 기억하고, 어쩌다가 실수를 했다면 이를 인정할 필요가 있다. 1유형은 사람들이 뉘우칠 때 너그러워지기 때문이다. 1유형과 잘 지내려면 모든 일을 질서 있게 조직적으로 처리하고 시간을 잘 지켜야 한다.

1유형이 다른 사람을 도우려 할 때는 이들을 칭찬해 주고, 불평할 때는 부드럽게 대하고 이들의 말을 잘 들어주어야 한다. 예의를 지키면서 이들에게 다른 사람의 잘못을 비판하기보다는 칭찬과 격려로 잘못을 저지른 사람들 스스로가 깨달을 수 있도록 하는 방법이 더 효과적이라는 점을 말해 줄 필요가 있다. 이러한 점을 유념하면 누구나 1유형과 잘 지낼 수 있다.[48]

2) 협조주의자와 잘 지내는 방법

2유형은 남을 도와주면 칭찬을 받고 싶어 하므로 이들의 도움과 통찰에 고마움을 표시하면 이들과 쉽게 가까워질 수 있다. 이들을 대할 때 '당신은 나에게 없어서는 안 될 특별한 존재'라는 점을 부각하면 이들은 매우 좋아하여 친근감을 강렬하게 표시한다. 2유형은 외모에 신경을 많이 쓰는 편이므로, 이들의 외모를 칭찬해 주면 관계가 아주 부드러워진다. 또한 세상이 아름다운 곳이 되기를 원하므로, 이들의 이상에 대해 훌륭하고 멋지다는 표현을 하면 친밀도가 높아진다.[49]

3) 성취주의자와 잘 지내는 방법

3유형은 결과와 효율성을 중시하는 성향이므로, 성공과 성취를 인정해 주면 이들이 오히려 적극성을 가지고 성심성의를 다한다. 또 이들은 자신감과 낙천주의, 효율적인 일처리 능력에 대해 대단한 자부심을 가지고 있으므로 이를 칭찬해 주면 좋다. 또한 이들은 일하는 것을 귀찮아하지 않고 즐기는 편이므로, 이들이 바쁠 때

---

48 Renee Baron · Elizabeth Wagele/주혜명 외 공역, 『나를 찾는 에니어그램, 상대를 찾는 에니어그램』 (서울: 연경미디어, 2008), p. 33.
49 Renee Baron · Elizabeth Wagele/주혜명 외 공역, 앞의 책(주 48), p. 52.

는 말리는 것보다 격려하고 그 일을 하도록 놔두어야 한다. 이들을 위한다고 쉬어 가면서 일하라고 하면 반감을 살 수 있다.

이들에게 조언할 때는 이들의 감정을 다치지 않도록 조심하면서 정직하고 객관적으로 해야 한다. 특히 과거의 잘못을 들춘다든지, 부정적인 것에 초점을 맞추는 것을 피해야 한다. 그리고 이들이 타인을 위해 노력과 공을 쏟고 있다는 것을 이해하고 고마움을 표시해야 한다.

4) 감정주의자와 잘 지내는 방법

4유형은 외로움을 즐기고 혼자서 일을 잘 해내는 성향이므로, 이들에게 사교성을 키우라고 강요해서는 안 된다. 오히려 이들의 창조성과 지각력, 감정의 깊이를 높이 평가해 주어야 한다. 이들의 감정은 기복이 심하므로 이들의 기분이 갑자기 바뀌었을 때는 그것이 상대방에게 어떠한 영향을 주는지를 솔직하게 말해야 한다. 또 이들이 모욕을 당했다고 느꼈을 때에는 이들 스스로가 뭔가 오해한 부분은 없는지 살피도록 도와주어야 한다.

4유형은 당당함과 우아함을 좋아하므로, 이들에 대한 비판은 이들의 수치심을 자극할 수 있다는 점을 유념해야 한다. 이들은 독특한 것을 추구하므로, 이들이 힘들어 할 때에도 쉬운 해결책을 제시하지 말아야 한다. 이들은 징징거리고 슬프고 고통을 즐김으로써 자신의 감정을 처리하고 표현하고자 하기 때문에, 이들의 이러한 욕구를 이해하고 수용해야 한다.

5) 분석주의자와 잘 지내는 방법

5유형과 교제를 잘하려면 이들의 객관성과 지성 그리고 재치에 대해 칭찬하고, 말할 때는 직설적이고 간결하게 말해야 한다. 이들은 사생활이 침해되는 것을 싫어하므로, 이들이 일을 할 때는 혼자 내버려 두어야 한다. 또한 이들에게 관심이 집중되는 상황을 만들지 말아야 한다. 자신에게 초점이 맞추어지는 것을 당황스러워하기 때문이다. 부탁하지도 않았는데 이들이 무언가를 해 주었다면 그것을 각별히 생각하고 감사한 마음을 표시해야 한다.

5유형에게 원하는 것이 있으면 강요하는 방식이 아니라 부탁하는 방식을 택해야 한다. 이들이 새로운 일을 하기 원한다면 이들에게 그 상황에 익숙해질 수 있도록 충분한 시간을 주어야 하고, 이들과 어떤 문제를 해결하고자 할 때는 객관성을 지녀야 한다. 이들에게 감정을 내세우면 해결이 안 되기 때문이다. 또 이들과의 관계에 문제가 있을 때는 구체적으로 지적해야 하고, 특별히 시간과 장소를 정해서 문제에 대해 논의를 하면 효율적으로 해결할 수 있다.

6) 수호주의자와 잘 지내는 방법

6유형과 교제할 때는 이들의 충실함과 재치와 위기상황을 극복하는 능력을 높이 평가해야 한다. 이들에게는 모든 것을 정직하게 털어놓아야 한다. 이들은 모든 카드가 테이블 위에 올라와 있을 때에 더 안전하게 느끼기 때문이다. 또 이들과 문제를 해결하고자 할 때는 명백하게 합의를 해서 의심의 여지를 남기지 않도록 해야 한다. 그리고 이들에게는 아첨하거나 지나치게 친절하게 대하지 말아야 한다. 이러한 것을 싫어하기 때문이다.

갈등이 생겼을 때는 이들에게 문제를 건설적인 방법으로 풀 수 있는 방법을 찾고 있다는 점을 알려 주어야 한다. 이들이 화가 났을 때는 한 발짝 물러나서 분노가 가라앉을 때까지 기다려야 한다. 이들과 같이 화를 내는 것은 불난 데에 기름을 끼얹는 것과 같기 때문이다. 이들이 가지고 있는 공포에 대해 이야기하도록 격려해야 한다. 이들을 괴롭히는 것이 무엇인지를 찾아 해결하기보다는 이들의 이야기를 잘 들어주는 편이 좋다. 그리고 이들의 불안 때문에 듣는 사람까지도 불안해질 때는 이를 정직하게 이야기해 주어야 한다.

7) 만능주의자와 잘 지내는 방법

7유형과 교제할 때는 이들의 낙천주의와 새로운 것에 대한 열정을 높이 평가해 주어야 한다. 이들은 자유분방한 것을 좋아하므로, 스케줄이나 똑같은 일상 속에 이들을 묶어 두려고 해서는 안 된다. 이들을 비판하고자 할 때는 짧게 하고 이들이 수세에 몰렸다는 느낌이 들지 않도록 신중을 기해야 한다. 이들이 혼자만 떠들어서 분위기를 썰렁하게 하면, 서로 대화가 이루어질 수 있도록 화제를 바꾸어 관심을 다른 곳으로 돌릴 수 있도록 노력해야 한다.

이들과 대화를 할 때 서로 간의 감정에 대해 이야기하고 분석하고자 하는 것을 자제해야 한다. 이들은 문제를 회피하려는 경향이 있기 때문이다. 그러나 해결하지 않는 한 같은 문제가 계속 생기게 되리라는 것을 이들에게 일깨워서 해결할 수 있도록 도와주어야 한다. 그리고 이들에게 어떤 일을 시작하면 끝까지 밀고 나가는 끈기를 익히도록 도와주어야 한다.

8) 주장주의자와 잘 지내는 방법

8유형과 교제할 때는 이들의 힘의 독립심과 정의감을 높이 평가해 주어야 한다. 이들은 에너지가 넘치는 관계를 좋아하므로, 이들을 만날 때는 열정적이어야 한다. 자신의 생각을 말할 때 이를 제지하지 말아야 하고, 이들과 정직하고 직선적인 태도로 마주해야 한다. 또한 자신감을 가지고 솔직하고 당당하게 주장을 밝혀야 이들은 좋아한다.

이들이 큰소리를 치고 성을 내더라도 그것은 단지 이들의 방식일 뿐이라는 것을 기억하고 이를 마음에 담고 있을 필요는 없다. 이들은 자신과 친밀한 관계를 맺는 것을 좋아하므로, 이들에 대한 뒷말을 하거나 이들을 배신하지 말아야 한다. 이들은 겉으로는 강한 척하지만 속은 여려서 상처받기 쉽다는 것을 알아야 한다. 그리고 이들이 행한 공로를 인정하되 아부는 하지 말아야 한다.

9) 평화주의자와 잘 지내는 방법

9유형과 교제할 때는 이들의 친절과 부드러움과 참을성을 인정해 주어야 한다. 이들은 어떤 일을 결정할 때 뜸을 들이는 성향이므로, 시간이 많이 걸리더라도 기다려 주어야 한다. 시간이 걸린다고 하여 이들을 압박하거나 잔소리하거나 불평하면 반발한다는 것을 명심하고, 이들의 스타일을 받아들이는 여유를 가져야 한다. 이들의 소극적인 점을 지적하기보다는 적극적으로 하는 일에 대해 감사를 표시하면, 이들은 고무되어 일 처리를 훨씬 잘한다.

이들에게 바라는 일이 있다면 명령이나 강요하는 투로 말하지 말아야 한다. 공손하게 부탁하면 받아들이지만, 명령조로 말하면 몹시 언짢아 하며 튀는 성질이 있기 때문이다. 또 이들에게 먼저 할 일과 나중에 할 일을 구분하고 목표를 정하도록 도와주어야 한다. 이들이 불만을 가지고 있을 때는 그것을 밖으로 표출할 수 있도록 도와주어야 한다.

② 체크리스트 사용법

1) 1유형 체크리스트

① 매사에 공정하기 위해 노력한다. ( )
② 질서정연하게 잘 짜인 것을 좋아한다. ( )
③ 시간약속을 잘 지키는 편이다. ( )
④ 세세한 부분까지도 완벽하게 하려고 한다. ( )
⑤ 모든 것을 선과 악으로 구분하려는 경향이 있다. ( )
⑥ 사물을 옳고 그름, 좋고 나쁨의 기준에서 보려는 경향이 있다. ( )
⑦ 기준치가 높다. ( )
⑧ 내게 있어 진실과 정의는 중요하다. ( )
⑨ 작은 실수에도 죄책감이 높다. ( )
⑩ 자신과 타인에게 비판적이다. ( )
⑪ 사람들에게서 평가받거나 비판받는 것을 질색한다. ( )
⑫ 맡은 일에 늘 열심을 낸다. ( )
⑬ 좋은 사람이 되고 올바른 행동을 하기 위해 노력한다. ( )

⑭ 말을 하거나 들을 때 문법(말의 규칙)을 신경 쓰고 고쳐 주고 싶어 한다. (　　)

⑮ 분노를 잘 드러내지 않는 경우가 있다. (　　)

⑯ 중요한 물건을 살 때에는 그와 관련된 것들을 철저히 분석한다. (　　)

⑰ 게임이나 놀이에서 다른 사람을 이긴다. (　　)

⑱ 사람들이 규칙을 어기는 것을 보면 기분이 좋지 않다. (　　)

⑲ 변명이나 꾸짖기를 잘한다. 반면 많이 웃기도 한다. (　　)

⑳ 일을 제대로 마무리 짓지 못하면 죄책감을 느낀다. (　　)

2) 2유형 체크리스트

① 다른 사람을 돕거나 상담해 주는 것을 좋아한다. (　　)

② 받는 것보다 주는 것이 더 편하다. (　　)

③ 관심받는 것을 좋아한다. (　　)

④ 쉽게 상처받는다. (　　)

⑤ 내가 누군가에게 의지한다는 인상을 주고 싶지 않다. (　　)

⑥ 다른 사람에게 잘 맞춰 준다. (　　)

⑦ 누군가에게 필요한 것을 요구하기가 참 어렵다. (　　)

⑧ 친구가 되는 요령을 잘 알고 있다. (　　)

⑨ 사람들이 나에게 의지하는 것이 때로는 매우 부담스럽다. (　　)

⑩ 학교생활을 잘하려고 노력한다. (　　)

⑪ 때로는 사람들을 돌보느라 아프거나 정서적으로 진이 빠질 때가 있다. (　　)

⑫ 나에게는 인간관계는 그 어떤 것보다도 중요하다. (　　)

⑬ 자신을 좋은 사람이라고 생각한다. (　　)

⑭ TV에서 폭력적인 장면을 보거나 고통당하는 사람들을 보면 참을 수가 없다. (　　)

⑮ 사람들에게 기쁨을 주려고 애쓴다. (　　)

⑯ 사람들이 우리 집을 방문했을 때 환영받는다는 인상을 받고 편안함을 느끼기를 바란다. (　　)

⑰ 사람과 만날 때 일대일 관계가 편하다. (   )

⑱ 고통받는 사람들이나 동물들을 걱정한다. (   )

⑲ 힘 있는 사람과 함께 있는 것에 끌린다. (   )

⑳ 제안을 잘한다. (   )

3) 3유형 체크리스트

① 사교적이다. (   )

② 낙관적이다. (   )

③ 유능하다. (   )

④ 거의 항상 바쁘다. (   )

⑤ 경쟁을 좋아하며 승부욕이 강하다. (   )

⑥ 일이 마무리될 때까지 온 힘을 다해 노력한다. (   )

⑦ 에너지가 넘치고 행동이 빠르다. (   )

⑧ 나의 사생활에 대해 이야기하는 것을 그다지 좋아하지 않는다. (   )

⑨ 나서기를 좋아하며 평판을 중요하게 여긴다. (   )

⑩ 관중 앞에 나서기를 좋아한다. (   )

⑪ 사람들에게 잘 보이고 싶고 첫인상을 좋게 남기고 싶다. (   )

⑫ 목표에 도달하기 위해서 지름길을 선택한다. (   )

⑬ 일이 제대로 되지 않을 때 질책한다. (   )

⑭ 문화에 쉽게 적응하고 유행에 민감하다. (   )

⑮ 연장근무를 하게 되어도 개의치 않는다. (   )

⑯ 자신만만하다. 해 본 적이 없는 일이라도 다른 사람이 하기 전에 그것을 어떻게 하는 것인지 배워서 해낼 수 있으리라고 자부한다. (   )

⑰ 내가 열심히 하는 이유는 우리 가족을 돌보고 부양하기 위해서다. (   )

⑱ 나는 꽤 괜찮은 사람이라고 생각한다. (   )

⑲ 설득을 잘한다. 듣는 사람의 주의를 끌기 위해 말의 완급을 조절하기도 한다. (   )

⑳ 다른 어떤 것보다도 일을 우선시한다. (　　)

4) 4유형 체크리스트

① 창의적이고 아름다움을 추구한다. (　　)

② 내 자신이 누구인지 늘 탐구한다. (　　)

③ 대부분의 사람들보다 더 감성적이다. (　　)

④ 자신과 다른 사람을 분석하기를 좋아한다. (　　)

⑤ 누군가에게 이해받는 것은 내게 매우 중요하다. (　　)

⑥ 시기심이 강하다. (　　)

⑦ 다른 사람이 가진 것을 간절히 갖고 싶어 한다. (　　)

⑧ 행동이 변덕스럽고 과장하는 경향이 있다. (　　)

⑨ 쉽게 상처받는다. (　　)

⑩ 감정표현이 풍부하다. (　　)

⑪ 현실세계보다는 과거나 미래의 세계에서 살고 있다. (　　)

⑫ 연민을 가지고 있다. (　　)

⑬ 신문에서 마음이 쓰이는 기사를 읽게 되면 감정적으로 매우 동요된다.

⑭ 자신은 특별하다고 생각한다. (　　)

⑮ 우울해지는 경향이 있다. 잃어버린 것들에 대한 아쉬움이 강하며 여느 사람들보다 더 고통스러워한다. (　　)

⑯ 위선적이거나 정직하지 않은 사람들을 싫어한다. (　　)

⑰ 예술가적인 기질을 가지고 있다. 때로는 격렬하고 때로는 온화하다. (　　)

⑱ 내 인생에 숭고한 사람이 찾아오리라는 기대를 가지고 수년을 보내 왔다. (　　)

⑲ 탄식을 잘하며 온화한 어조로 말하거나 때로는 극적으로 말한다. (　　)

⑳ 내 친구들을 지지해 주려고 애쓰며, 특히 그들이 위기에 처해 있을 때 더욱 그렇다. (　　)

5) 5유형 체크리스트

① 조용하거나 수줍음이 많다. (　　)

② 호기심이 많다. (　　)

③ 체험보다는 관찰이나 독서를 통해 배우는 편이다. (　　)

④ 갈등을 회피한다. (　　)

⑤ 강요받는 것을 싫어한다. (　　)

⑥ 호들갑이나 큰 소리로 떠드는 사람들을 보면 불쾌하다. (　　)

⑦ 감성적인 표현과 소음을 싫어한다. (　　)

⑧ 사교모임에 나가는 것보다는 혼자 있거나 잘 아는 몇몇 사람들과 함께 있는 편이 낫다. (　　)

⑨ 사물을 다양한 각도에서 본다. (　　)

⑩ 행복을 위해 물질적 소유를 추구하지 않는다. (　　)

⑪ 신중하고 자기 의견이 분명하다. (　　)

⑫ 나와 같은 분야의 전문가들과 어울리는 것을 좋아한다. (　　)

⑭ 긍지를 느낄 만한 어떤 직함을 갖는 것을 좋아한다. (　　)

⑮ 혼자서도 잘 해내며 스스로 흥미거리를 찾아낸다. (　　)

⑯ 사회규범에 무관심하거나 규범에 대항한다. (　　)

⑰ 가까운 친구가 적으며, 혼자 있는 것을 좋아한다. (　　)

⑱ 부정적이고 냉소적이며 의심이 많다는 소리를 듣는다. (　　)

⑲ 온화한 목소리로 이야기하나 말하는 것을 불편해하고, 강의하듯이 말한다. (　　)

⑳ 비판이나 판단에 예민하다는 것을 숨기기 위해 애쓴다. (　　)

6) 6유형 체크리스트

① 다른 사람의 생각을 알고 싶어 한다. (   )

② 문제가 생길 만한 것은 없는지 위험요소를 살핀다. (   )

③ 에너지가 넘친다. (   )

④ 매우 열심히 일한다. (   )

⑤ 무례하거나 불안해한다. (   )

⑥ 정돈되고 질서가 잡혀 있을 때 삶을 잘 통제하고 있다는 생각이 든다. (   )

⑦ 학업성취 능력이 우수하다. (   )

⑧ 예측 가능한 상황을 좋아한다. (   )

⑨ 때때로 다른 사람을 원망하거나 쉽게 화를 낸다. (   )

⑩ 논쟁과 언쟁을 좋아한다. (   )

⑪ 명료한 지침을 갖기 원하고 현재 자신의 위치를 알고 싶어 한다. (   )

⑫ 상냥함과 퉁명스러움, 지배적 성향과 협력적 성향 등과 같이 이중적인 성향을 지닌다. (   )

⑬ 친구에게 충실하며, 자신이 속한 그룹과 대의에 충성스럽다. (   )

⑭ 강하게 행동하거나 똑똑하거나 무기력하다. (   )

⑮ 약자의 편을 든다. (   )

⑯ 허세 부리는 사람을 싫어한다. (   )

⑰ 유머감각이 있다. 사람들을 웃기는 방법을 안다. (   )

⑱ 자주 말이 빠르고 더듬거린다(사고를 쫓아가지 못해서). (   )

⑲ 상대방이 무슨 생각을 하는지에 집착한다. (   )

⑳ 규칙을 잘 지키거나(공포순응형) 규칙을 깨뜨리기도 한다(공포대항형). (   )

7) 7유형 체크리스트

① 호기심이 많다. (   )

② 늘 바쁘고 에너지가 넘치며 하고 싶은 일을 할 때는 지루한 줄 모른다. (   )

③ 여행가는 것을 좋아한다. (   )

④ 사람을 좋아하고 파티를 즐긴다. (   )

⑤ 타고난 재능이나 능력이 많을 수 있다. (   )

⑥ 천성이 밝다. (   )

⑦ 다른 사람들에 비해 슬픔이나 상실감에서 빨리 벗어나는 편이다. (   )

⑧ 의무감을 느끼거나 신세 진다는 느낌을 받는 것을 싫어한다. (   )

⑨ 한 가지에 오래 집중하지 못하고, 반복되거나 느린 것을 싫어한다. (   )

⑩ 우호적이고 사교적이다. (   )

⑪ 재미있어 보이는 것은 무엇이든 시도한다. (   )

⑫ 대체로 내가 원하는 것은 어떻게든 얻어 낸다. (   )

⑬ 동시에 여러 일을 하고, 선택의 폭이 넓은 의견이나 계획을 좋아한다. (   )

⑭ 한 분야의 전문가는 아니지만 다방면에 능한 편이다. (   )

⑮ 낙천적이며, 분노와 실망과 같은 부정적인 감정에서 빨리 벗어난다. (   )

⑯ 스릴을 느낄 수 있는 문제 상황에 빠지는 것을 좋아한다. (   )

⑰ 나 자신을 좋아하며 나를 아끼는 편이다. (   )

⑱ 모험담을 좋아하며 말이 많다. (   )

⑲ 속에 있는 말을 있는 그대로 하는 편이며 그로 인해 곤경에 빠지기도 한다. (   )

⑳ 사람들의 기분이 좋지 않을 때 그들의 기분을 풀어 주고 그들이 밝은 면을 볼 수 있도록 노력한다. (   )

8) 8유형 체크리스트

① 독립적이고 경쟁심이 강하다. (　　)

② 누군가에게 이용당하거나 조종당하는 것은 참을 수 없다. (　　)

③ 진실과 정의를 사랑한다. (　　)

④ 새로운 집단에 들어가면 누가 가장 힘이 센지 금세 파악한다. (　　)

⑤ 쉽게 분노하고 그로 인해 문제에 빠질 때도 있다. (　　)

⑥ 필요하다면 내 생각을 주장하거나 공격적인 태도를 취할 수 있다. (　　)

⑦ 열정적이다. (　　)

⑧ 옳은 것을 위해 싸운다. (　　)

⑨ 자신감과 책임감이 있으며, 사람들이 따라오도록 규칙을 만든다. (　　)

⑩ 타고난 지도자이다. (　　)

⑪ 기운이 넘치고 존재감이 강하기 때문에 쉽게 눈에 띈다. (　　)

⑫ 체력이 좋아서 남들이 지친 후에도 더 놀고 싶어 한다. (　　)

⑬ 때로 상대를 툭툭 가볍게 치는 것을 좋아하는데, 편안한 사이일 때는 특히 더 그렇다. (　　)

⑭ 개인주의적이며 관행을 잘 따르지 않는다. (　　)

⑮ 자신을 지킬 수 없는 약자들을 보호해 준다. (　　)

⑯ 약한 모습을 보이기 싫어한다. (　　)

⑰ 믿을 수 있는 소수의 사람에게만 부드러운 면을 보인다. (　　)

⑱ 강하고 자신감 넘치는 목소리로 말한다. 저속한 말을 많이 사용한다. (　　)

⑲ 정직하게 말하는 것이 좋다고 생각하기 때문에 다른 사람들 앞에서 속내를 전부 드러낸다. (　　)

⑳ 지나치게 친절을 베풀거나 아부하는 사람들을 보면 신경이 거슬린다. (　　)

9) 9유형 체크리스트

① 사람들과 잘 어울리고 문제를 일으키지 않도록 노력한다. (   )

② 내게 있어 서로 도와주고 조화를 이루는 관계는 매우 중요하다. (   )

③ 쉽게 상처받는다. (   )

④ 상냥하고 관대하다. (   )

⑤ 갈등을 피하려는 경향이 있으며 피할 수 없을 때는 갈등을 해결하려고 노력한다.(   )

⑥ 누군가와 의견충돌이 생기면 보통 맞서지 않고 피하는 편이다. (   )

⑦ TV를 많이 보고 물건 수집하는 것을 좋아한다. (   )

⑧ 아주 드물게 분노를 폭발시킨다. (   )

⑨ 강요할수록 고집이 세어진다. (   )

⑩ 편안하고 안락한 상태를 좋아한다. (   )

⑪ 하루 중 휴식시간을 꼭 가지려고 한다. (   )

⑫ 사람들과 함께 있을 때는 종종 내가 무엇을 원하는지 잘 모를 때가 있다. (   )

⑬ 부정적인 면보다 긍정적인 면에 초점을 맞춘다. (   )

⑭ 결정을 내리기 힘들어 하고 꾸물거린다. (   )

⑮ 어떤 것을 선택하든 장단점이 있다는 것을 알고 있기에 무언가를 선택하는 것이 어렵다. (   )

⑯ 다른 사람의 입장에서 사물을 볼 수 있으며 공정하다. (   )

⑰ 꼭 해야 할 일을 뒤로 미루고 별로 중요하지 않은 일을 하곤 한다. (   )

⑱ 말이 약간 느리고 이야기가 길다. (   )

⑲ 장황하게 이야기하거나 쉽게 말을 끝내지 못한다. (   )

⑳ 종종 자연이나 사람들과 하나가 된 느낌을 받는다. (   )

장맛

햇살 받은
장독대에서
장들이 익어간다

간장에선 참을성이
고추장에선 부지런함이
된장에선 넉넉함이
배어난다.

이정섭, 『문예사조』, 2016년 3월호, p. 128

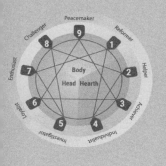

제3장

성격유형의 역동성

에니어그램에서 성취점과 스트레스점은 길잡이 역할을 한다. 스트레스점은 어떤 일에 압도되어 부정적인 에너지가 발생했을 때에 불건강한 상태로 나타나는 퇴화된 상태이다. 성취점은 마음이 편하여 순항상태에 돌입한 때에 건강한 상태로 나타나는 통합의 상태이다.

 I 퇴화와 통합

① 스트레스 상태인 퇴화

1) 퇴화의 의미

퇴화란 스트레스를 받는 상태를 말한다. 퇴화의 방향은 각 성격유형이 퇴행의 방향으로 움직여 나갈 때 나타나는 현상으로서 비통합의 방향 또는 분열의 방향이다. 퇴화의 방향은 각 유형의 사람들이 스트레스가 증가하여 심리적으로 건강상태가 좋지 않을 때에 나타난다. 퇴화방향으로 향하게 되면 각 유형이 전략을 세워 강력하게 추진하는 데도 불구하고, 상황을 개선하지 못하는 결과를 초래한다. 또 자신이 원하는 것을 이루지 못할 때, 무의식적으로 퇴화방향에 있는 유형처럼 행동을 하게 된다.[1]

퇴화의 방향은 1→4→2→8→5→7→1과 9→6→3→9로 나타난다.

2) 퇴화의 방향(Direction of Disintegration)

(가) 1유형이 4유형으로 퇴화(1→4)

1유형이 불건강하여 완벽함을 얻어 낼 수 있는 희망이 없을 때 4유형으로 퇴화하면, 이들은 자기이상에 대해 환멸과 죄의식을 느낀다. 그렇게 되면 1유형은 의기소침해져 방에 틀어박히고 자기 파괴적인 모습을 보이게 된다. 이들은 수치심과 질투심에 휩싸여 자신의 분노를 내적으로 돌리며 우울해지고 자살충동을 느낀다.[2] 또한 이들은 자신에 대한 신뢰를 잃어버리고, 자신이 사랑을 받지 못한다고 느낀다. 그리고 자신이 가지지 못한 것을 갈망하지만, 그것을 얻을 수 없으리라고 생각하여 절망하게 된다.

(나) 4유형이 2유형으로 퇴화(4→2)

4유형이 불건강하여 독특한 것을 얻지 못해 좌절감에 빠져 2유형으로 퇴화하면, 이들의 에너지가 비생산적으로 사용되거나 남용되어 신경쇠약에 걸리게 된다. 그렇게 되면 이들은 자신의 욕구를 억압하고 부정하며 자신을 미워하고 지나치게 의존적인 경향을 보일 수 있다. 이들은 타인의 사랑으로 공허함을 극복할 수 있다는 잘못된 믿음이 생겨, 타인이 자신을 사랑하도록 조종하려 든다. 또 이들은 특별해 보이거나 남들에게 관심을 끌기 위해 아플 수도 있다. 병세가 심하면 이들은 일

---

1 박현아, 「윌버의 의식스펙트럼 입장에서 본 에니어그램의 자아 초월적 의미 고찰」 (공주대학교 교육대학원 석사학위논문, 2008. 2.), p. 50.

2 Renee Baron · Elizabeth Wagele/에니어그램 코칭 인스티튜트 역, 『나와 만나는 에니어그램』 (서울: 마음살림, 2015), p. 153.

정한 시설에 수용될 수도 있다.

(다) 2유형이 8유형으로 퇴화(2 → 8)

2유형이 불건강하여 8유형으로 퇴화한 경우, 그들이 도와준 사람에게 사랑받기를 원하며 그렇지 않으면 배은망덕하다고 생각한다. 따라서 이들이 타인으로부터 달갑지 않은 대우를 받으면 분개한다. 또 자신이 원하는 방식대로 반응을 보이지 않으면 타인을 공격하고 우쭐대고 고압적이 된다. 이들은 남을 탓하고 상대에게 요구를 하고 자신의 기준을 제시해 상대방을 평가하려고 한다. 그리고 이들은 변덕스러워져 분위기를 망치고, 주도권을 잡고 이를 통제하려고 한다.

(라) 8유형이 5유형으로 퇴화(8 → 5)

8유형이 불건강하여 5유형으로 퇴화하면, 주변의 사람들을 적으로 만들 정도로 완벽하게 자신의 환경을 지배한다. 이들은 대범하고 성실하게 임하는 대신 과민해지고 움츠러들어 자신 안에 침잠하며 소극적으로 행동한다. 또한 이들은 자신의 감정을 무시하고 사람들이 자신을 공격할까 봐 두려워한다. 이들은 죄책감을 느끼고 자신을 질책하며 상대방에게 당할 수 있다는 피해의식을 가진다.

(마) 5유형이 7유형으로 퇴화(5 → 7)

5유형이 불건강하여 7유형으로 퇴화하면, 이들은 고립화된 환경 속에서 효과적으로 행동하는 것이 불가능해지고 예측할 수 없는 행동을 한다. 이들은 정서가 불안정하게 되어 자신들이 문제를 풀 수 있는 명백한 해결책도 큰소리만 치다가 놓쳐 버린다. 이들은 또한 아이디어와 이론을 고려하고 평가하는 대신 그것들을 마구 쏟아 낸다. 그리고 충동적으로 새로운 프로젝트를 떠맡고 무모해지며 전반적으로 산만하고 어수선하며 불안정해진다. 결국 이들은 생각을 너무 많이 해서 수많은 문제 속에 빠져버린다.

(바) 7유형이 1유형으로 퇴화(7 → 1)

7유형이 불건강하여 1유형으로 퇴화하면, 광적인 상태가 되고 생각이나 행동을 조절하는 것이 불가능해진다. 이들은 강박관념이나 강한 충동에 사로잡히고 자신의 삶에 자의적인 질서를 부과한다. 또 이들은 많은 대안을 고려하기보다 하나의 대안만을 완고하게 주장하고, 타인의 잘못된 점을 지적하고 비판하거나 벌을 주거나 복수를 한다. 이들은 매사를 흑백논리로 판단하고 자신이 진리를 알고 있다고 판단하며, 자신이 즐겁게 지내지 못하는 것을 남의 탓으로 돌린다. 그리고 이들은 자신을 긍정적으로 바라보지 않는다.

(사) 9유형이 6유형으로 퇴화(9 → 6)

9유형이 불건강하여 6유형으로 퇴화하면, 기능발휘가 불가능할 정도로 관계단절이 되고 스스로 어떻게 할 수 없는 상태가 된다. 이들은 의심과 비난이 많아지고 타인과 소원해지며, 타인이 돌보아 주어야 할 정도로 자기패배감에 사로잡힌다. 또 이들은 걱정과 근심에 압도되어 과잉행동을 한다. 그리고 이들은 아무 일도 하지 않기 때문에 주위 사람들에게 피해를 준다.

(아) 6유형이 3유형으로 퇴화(6 → 3)

6유형이 불건강하여 자기패배감에 사로잡히고 극도의 열등감을 느껴 3유형으로 퇴화하면, 이들은 앞으로 돌진하고 성과에 매달리며 열등감을 극복하기 위해서 상처를 준 사람에게 복수를 하고 폭력적으로 타인을 공격하기도 한다. 이들은 바쁘게 움직임으로써 불안한 감정을 회피하고자 일 중독자가 될 수도 있다. 이들은 또한 실패할 가능성이 있으면 어떠한 일도 시도하지 않으며, 안정감을 느끼기 위해 자신의 이미지를 만들어 낸다. 그리고 이들은 무언가를 은폐하기 위해 거짓으로 자신을 꾸미기도 한다.

(자) 3유형이 9유형으로 퇴화(3 → 9)

3유형이 9유형으로 변신하는 이유는 자신을 인정하지 않는 사람들이나 세상을 직면하지 않으려 하기 때문이다.3 따라서 3유형이 불건강하여 9유형으로 퇴화하면,

---

3 http://cafe.daum.com/gilab/3423 (검색일 2016. 10. 5.)

우유부단해지고 수동적인 공격성이 생기며 꾸물대거나 고집을 부리거나 시무룩한 태도를 보인다. 또 이들은 자신을 폐쇄시켜 음식·술·수면 등에 과도하게 빠져들고 남의 감정에 무관심해진다. 또한 내면적인 공허감을 드러내거나 하던 일에 신경을 꺼 버린다. 그리고 이들은 불안감이나 죄의식을 못 느끼며 쳇바퀴 돌 듯 일을 하거나 생산적이지 못한 삶을 산다.

그림 3	퇴화의 방향

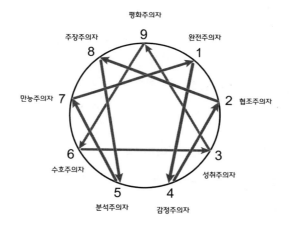

- 퇴화의 방향: 1 → 4 → 2 → 8 → 5 → 7 → 1,
  9 → 6 → 3 → 9

② 성숙상태인 통합

1) 통합의 의미

통합이란 성숙상태를 말한다. 통합의 방향은 각 유형이 편안한 상태인 성숙의 방향으로 움직여 나갈 때 나타나는 현상이다. 통합은 자신의 성격유형이 지고 있는 짐을 내려놓기 시작할 때, 특정방향으로 성장하고 발전하는 것이다.[4]

이러한 통합은 의식의 성찰과 자아에 대한 반성에서 나타나는 긍정적인 결과이다. 성장을 위해서는 자기 성격유형의 제한적인 패턴에서부터 스스로를 자유롭게 하는 과정이 필요하다. 진정한 변화는 새로운 에고(ego)의 패턴과 방어기제를 합하는 것이 아니라 벗어나는 것이다. 성찰을 통해 각 유형의 본질이 행동을 이끌기 전에는 성격문제를 해결할 수 없기 때문이다.[5]

통합의 방향은 1→7→5→8→2→4→1과 9→3→6→9로 나타난다.

2) 통합의 방향(Direction of Integration)

(가) 1유형이 7유형으로 통합(1 → 7)

1유형이 건강하여 7유형의 방향으로 통합하면, 이들은 다른 가능성과 대안을 고려하며 삶 속에서의 불완전을 현실로 받아들이고 더 생산적인 사람이 된다. 이들이 7유형의 낙천적인 성향과 자신에 대한 애정을 배우면, 자신과 타인에 대한 공격적 집착을 해소할 수 있다. 이들은 인생의 밝은 부분으로 시선을 돌리고 즐거움을 찾아내어 다른 사람들과 즐거움을 함께 나누려고 한다.[6]

그러므로 이들은 '만사를 완벽하게 하기 위해 끊임없이 몸부림쳐야 한다'고 더 이상 느끼지 않으며, 긴장을 풀고 인생을 즐긴다. 또 이들은 열정적이고 낙천적이며 자연스럽고 즉흥적으로 행동을 한다. 이들은 또한 상황을 긍정적으로 바라보기

---

4 윤운성 외, 『에니어그램 ― 이해와 적용』 (서울: 학지사, 2008), p. 42.
5 박현아, 앞의 글(주 1), p. 50.
6 cafe.daum.net/mothering100/NkGt/51?q (검색일 2016. 10. 4.)

시작하고 단순히 즐기기 위한 활동들을 더 계획한다.7 그리고 이들은 더 이상 일편단심으로 세상을 구원해야 한다는 느낌을 갖지 않으며, 자신의 고지식한 면을 누그러뜨리고 인생을 있는 그대로 받아들일 수 있게 된다.

(나) 7유형이 5유형으로 통합(7 → 5)

7유형이 5유형의 방향으로 통합하면, 이들은 가치 있고 지혜로운 아이디어를 가려내 발전시키고 환경에 공헌하는 사람이 되면서 일에 깊이 있게 개입한다. 이들은 "만일 새로운 일이나 경험을 끊임없이 얻지 않으면 행복을 빼앗기고 말 것이다"라는 두려움에서 벗어나, 생활 속에서 더 많은 만족감을 얻을 만한 근거를 찾는다. 이들은 또한 자기 성찰적이고 객관적으로 변화하며, 한 분야를 깊이 있게 탐구한다. 그리고 선과 악, 행복과 불행과 같은 인생의 양극단을 잘 받아들이며 자신의 두려운 감정을 인정한다.

(다) 5유형이 8유형으로 통합(5 → 8)

5유형이 8유형의 방향으로 통합하면, 이들은 자신들이 정통한 것에 대한 인식을 바탕으로 자신감을 가지고 행동을 한다. 이들은 관조하기보다 변화를 가져오기 위해 자발적으로 참여하며 자기 확신을 가지고 당당해진다. 이들은 더 이상 그들의 이론이 아니라 현실세계의 사물들을 확인한다. 그 결과 이전에 세상을 이론화하거나 세상으로부터 초연한 입장만 취하려 했던 때보다 더 안정감을 느낀다.8

그러므로 이들은 환경에 의해 압도당하리라는 두려움을 더 이상 갖지 않게 되어 어떠한 도전도 받아들일 수 있게 된다. 이들은 생각에만 머무르지 않고 행동함으로써 몸이 지닌 힘과 에너지를 느낀다. 또한 이들은 이겨야만 하는 정당한 이유가 있다면 단호해지며 어떠한 대가도 치르려고 한다. 그리고 이들은 한계를 분명히 함으로써 스스로를 좀 더 효율적으로 지키고자 한다.

---

7 Renee Baron · Elizabeth Wagele/에니어그램 코칭 인스티튜트 역, 앞의 책(주 2), p. 153.
8 blog.naver.com/rkwlak1201/220806266741 (검색일: 2016. 10. 4.)

(라) 8유형이 2유형으로 통합(8 → 2)

8유형이 2유형의 방향으로 통합하면, 이들은 자기이익과 세력 확장 대신에 타인의 행복에 대해 관심을 가지게 된다. 이들은 다른 사람을 키워 주고 도움을 주는 사람이 되며, 타인에게 마음을 열고 자신의 연약한 면을 보인다. 이들은 또한 자신의 부드럽고 다정한 면을 표현함으로써, '힘을 사랑하는(Love of Power)' 것보다 '사랑의 힘(Power of Love)'을 바르게 이해하며 남의 주인이 되기보다는 남의 종이 되고자 한다.

(마) 2유형이 4유형으로 통합(2 → 4)

2유형이 4유형의 방향으로 통합하면, 이들은 자기내면으로 시선을 돌려 자신의 정체성을 찾으면서 타인에게 끊임없이 봉사해야 한다고 느끼지 않게 된다. 이들은 무조건적으로 자신의 가치를 인정하며 자신을 사랑한다. 즉 더 이상 억압적이거나 이기적이지 않으며 오히려 자신에게 사랑을 나누어 줄 사람이 필요하다는 것을 인정한다. 또한 이들은 누군가가 자신에게 작은 성의를 표시해도 기뻐할 뿐만 아니라, 봉사를 하고도 타인들에게 반대급부를 원하지 않는다.[9]

그러므로 이들은 자신의 고통스러운 감정을 인정하고 받아들임으로써, '아니오'라고 말하는 것 등 자신의 필요를 잘 표현한다. 그리고 이들은 남을 돕는 것 외에도 자존감의 원천이 되는 것을 발견함으로써, 자신을 창의적이고 예술적으로 표현하며 내면세계를 탐색한다.

(바) 4유형이 1유형으로 통합(4 → 1)

4유형이 1유형의 방향으로 통합하면, 자신의 창의력을 공상이나 상상에 머무른 채로 현실과 동떨어지게 쓰지 않고 자신의 창의성을 통해서 다른 사람들이 감정적 풍요를 느낄 수 있게 한다.[10] 이들은 더 이상 외롭고 덧없는 감정에 빠지기보다는 견고하고 영원한 진리에 빠져든다. 또 이들은 자기의 주관적인 감정뿐만 아니라 객

---

9 http://blog.daum.net/bltch/16454187 (검색일: 2016. 10. 6.)
10 http://blog.naver.com/mgrrm36/10189952015 (검색일: 2016. 10. 6.)

관적인 원칙에 따라 행동하는 사람이 됨으로써, 더 이상 자기를 특별한 존재라고 여기지 않게 된다. 이들은 이제 자신을 세상에 적극적으로 개입시킬 수 있게 되고 자신이 누구인지를 발견한다.

그러므로 이들은 자기훈련을 통해 현실적인 사고능력을 키워 문제해결에 탁월 해지며 논리적이고 객관적인 원칙에 따라 행동하게 된다. 그리고 이들은 자의식과 내향성을 초월하여 끊임없이 변하는 감정의 지배를 받지 않게 된다.

(사) 9유형이 3유형으로 통합(9 → 3)

9유형이 3유형의 방향으로 통합하면, 이들은 자신의 입장에서 효율적이고 효과 적인 것을 취해 행동을 하게 된다. 이들의 주의력은 더 높아지므로 확신을 가지고 자신의 재능을 개발하는 데 관심을 가진다. 이들은 또한 더 이상 타인을 통해 살아 야 한다고 더 이상 느끼지 않게 됨으로써, 인내력을 발휘할 수 있는 인격의 소유자 가 된다. 이제 이들은 스스로의 운명을 결정하는 능력을 가지게 된다. 그리고 이들 은 자기 확신과 자기주장이 뚜렷해짐으로써, 이상세계에 머물기보다는 현실세계에 서 살게 된다.

(아) 3유형이 6유형으로 통합(3 → 6)

3유형이 6유형의 방향으로 통합하면, 이들은 자기선전에 나서기보다는 사려 깊 고 신중해진다. 이들은 자신과 타인을 동일시함으로써 타인과 친밀한 관계를 이루 어 가는 동안에 타인을 지원하여 감화를 준다. 이제 이들은 더 이상 타인과 경쟁하 지 않으며 남을 헌신적으로 돕는다. 그리고 이들은 자신의 감정에 솔직해지고 약속 을 잘 지킨다.

(자) 6유형이 9유형으로 통합(6 → 9)

6유형이 9유형의 방향으로 통합할 때, 이들은 자신의 불안감이나 부정적인 것 을 극복할 수 있다. 이들은 자신을 증명한다든지 타인으로부터 자신을 방어해야 한 다고 느끼지 않게 되어, 자신감을 가지고 적극적인 사람이 될 수 있다. 또 이들은

그림 4 통합의 방향

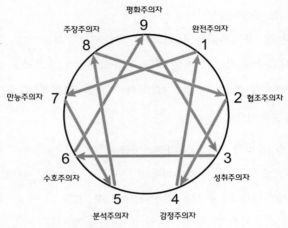

- 통합의 방향: $1 \rightarrow 7 \rightarrow 5 \rightarrow 8 \rightarrow 2 \rightarrow 4 \rightarrow 1$,
$9 \rightarrow 3 \rightarrow 6 \rightarrow 9$

타인에게 더 공감함으로써 타인을 지원하고 안심시킨다. 아울러 이들은 보다 넓은 시각으로 사물을 바라볼 수 있게 되어, 인생을 심각하게 대하지 않고 자신의 에너지를 자유롭게 표출한다. 그리고 이들은 자신의 내적 권위를 더 신뢰하게 된다.

Ⅱ 성격유형의 날개

❶ 날개의 의미

에니어그램의 날개(Wing)는 각 유형의 양쪽 옆에 위치한 부속유형으로서, 본래의 유형 외에 삶의 전략을 취하여 변형되어 가는 것을 말한다(이하에서 Wing은 W로 표기함). 이 날개는 사람이 성장하면서 집중적으로 발달하여 굳어지는데, 같은 유형이라도 양쪽 날개의 강도에 따라 발달정도에 차이가 난다. 날개는 자신의 성격유형을 좀 더 자세하게 이해하는 데 도움이 되고, 기본적 성향인 자신의 유형의 부족함을 메워 준다. 1유형이라면 9번 날개와 1번 날개를 가진다. 사람은 성장과정에서 시행착오를 많이 겪으면서 생활한다. 즉 누구나 실수를 하고 이를 인식하여 개선하기 위해 노력한다. 이런 과정이 반복됨으로써 누구든지 상황에 대처하는 능력을 습득하게 되는데, 이것이 날개의 성장이다.

날개의 성장은 다음의 의미를 갖는다.11

① 욕구의 확장이다. 예컨대 1유형이 2번 날개를 가질 때(1W2), 1유형의 욕구인 자치에 2유형의 특성인 도움을 추가하여 1유형의 특성인 개선을 추구한다.
② 자기유형의 특성의 확장이다. 2유형이 3번 날개를 가질 때(2W3), 타인과의 관계를 위해 도움과 성공을 추구하는 것이다.
③ 날개유형의 특징을 추구한다. 3유형이 2번 날개를 가질 때(3W2), 성공을 위해 2유형의 특징인 도움을 추구한다.

사람은 각자의 기본성향이 다르므로 살아가면서 타인과 갈등을 일으키기도 한다. 이때 누구든지 자신에게 도움이 될 것 같은 각 유형의 양옆에 있는 날개를 자신도 모르게 발달시키게 된다. 예컨대 7유형은 재미를 찾아다니느라 일을 철저히 해내지 못하고 한 가지에 몰두하지 못함으로써, 타인과 갈등을 일으키게 된다. 이러할 때 이들은 자신의 일에 책임을 다하고 다른 사람들에게 충실한 6유형의 날개를 발달시키든지, 아니면 어려움을 잘 견디며 추진력을 가지고 일을 해내는 8유형의 날개를 발달시킨다.12

---

11 http://blog.naver/jslee1950/100199348237
12 http://blog.naver.com/winter219/220013362550

② 날개의 특징

1) 1유형

(가) 1유형이 9번 날개일 때(1W9) — 이상주의자

① 건강상태일 때, 1유형이 9번 날개가 활동적이면 더욱 정의로운 사람이 된다. 이들은 자신의 감정을 쉽게 드러내지는 않지만, 관대하고 친절하고 사려 깊다. 이들은 통찰력이 있고 현명하며 객관적이고 공평하게 일을 처리한다.

② 평균상태일 때, 이들은 타인에게 자신의 정당함을 설득하기보다는 자신의 이상을 설명한다. 이들은 감정이 경직되어 있고 참을성이 없으며 냉소적이다. 이들은 인간관계에서 실망하는 것을 피하기 위하여 혼자서 일할 수 있는 환경을 찾는다.

③ 1유형이 결함을 기피하며 분노라는 격정에 사로잡혀 불건강하거나 미숙할 때는 옹졸해지거나 관용이 없는 사람이 된다. 이들은 타인이 잘못을 저지르는 것을 보고 이를 바로잡고자 하는 강박관념에 사로잡힌다.

(나) 1유형이 2번 날개일 때(1W2) — 사회변혁가

① 건강상태일 때, 1유형이 2번 날개가 활동적이면 이상과 높은 원칙을 추구할 뿐만 아니라, 약한 자와 억눌린 자를 향해 뜨거운 연민과 자비심을 나타낸다. 이들은 열정적이며 타인과 관계 맺는 것을 좋아한다. 또한 이들은 설득력이 있으며 다른 사람들에게 자신이 신봉하는 명분과 신념에 대해 관심을 갖도록 많은 노력을 기울인다.

② 평균상태일 때, 이들은 아주 활동적이며 자신의 이상과 자신이 추구하는 개혁을 위해서 공격적인 성향을 띤다. 이들은 비판적이고 흥분을 잘하며 좌절당했을 때 자신의 불만을 큰소리로 말할 수도 있다. 이들은 이상이나 삶을 싫어한다. 이들은 민감하며 남을 지배하려고 한다.

③ 정서적으로 미숙하거나 불건강한 상태일 때는 자신이 의도하는 일에 다른
사람들이 따라 주지 않으면 죄책감을 느끼게 하여 이들을 조종하려고 한다.
또한 자신의 말에 동의하지 않는 사람들에게 자기가 도와준 일을 가지고 생
색을 낸다.

2) 2유형

(가) 2유형이 1번 날개일 때(2W1) − 봉사자

① 건강할 때 이들은 따뜻함과 진지한 목적의식이 결합되어 선과 이타적인 봉
사를 추구한다. 즉 1유형의 도덕관념과 2유형의 동정심이 결합되어 이들은
타인의 고통을 덜어 주고자 하는 강한 욕망을 느낀다. 또한 이들은 생색을
내지 않으며 남들이 꺼리는 일을 기꺼이 떠맡아 한다.

② 평균상태이면 이들은 자신의 이기적인 태도와 감정을 없애야 한다는 부담감
을 느낀다. 이들은 다른 사람의 복지에 대한 책임이 자신에게 있다고 느끼
기 때문에 자신에게 너그럽지 못하고 의무감을 많이 느낀다. 이들은 자신의
감정적 필요와 자신이 갖고 있는 원칙 사이에서 갈등을 느낀다. 이들은 타
인의 삶에 영향력을 끼치고자 하지만, 전면에 나서기보다는 보이지 않게 도
와주는 것을 좋아한다.

③ 불건강하면 비판적인 면이 강해진다. 즉 타인을 비난하며 자신을 악평하는
사람들을 가만 놔두지 않는다. 또한 이들은 자신이 옳다고 생각하면 이에
대해서 독선적이며 융통성이 없다. 이들은 도덕적인 입장에서 자신을 정당
화한다.

(나) 2유형이 3번 날개일 때(2W3) − 안주인

① 건강할 때 이들은 주변사람에게 친절을 베풀며 분위기를 밝게 한다. 즉 이들
은 개인적인 연결을 맺고 타인들을 기분 좋게 해 줌으로써 사랑을 받으려고
한다. 이들은 타인에 대한 봉사보다는 자신의 능력에서 자존심을 얻는다. 이

들은 사교적이고 말이 많으며 매력적이고 적응을 잘한다.

② 평균상태라면 순응하는 특성이 나타나서 정해진 기준이나 틀에 잘 적응하고 그에 부합하는 사람이 된다. 이들은 친밀한 관계에 대한 2번의 욕망과 타인에게 받아들여지고자 하는 3번의 욕구가 결합되어 인간관계를 중시하고 지나치게 친절하며 자신의 감정을 과장할 수도 있다. 이들은 1번 날개가 강한 2번 유형보다 덜 심각하고 자기비판이나 자기회의가 적으며 일보다는 관계 중심적이다. 이들은 상대방이 자신을 어떻게 생각하고 있는지, 자신이 타인에게 어떻게 다가가야 좋은 관계를 맺을 수 있는지를 잘 인식하고 있다. 이들은 자만심이 강하고 교만해 보일 수도 있다.

③ 불건강하면 이해타산을 잘 따지는 사람이 된다. 따라서 이들은 자신뿐만 아니라 타인을 속이고, 남을 착취하고 이들을 교묘히 다룬다. 이들은 자신에게 부정적인 사람을 향해 적대감을 가지고 폭력적 범법행위를 자행한다.

3) 3유형

(가) 3유형이 2번 날개일 때(3W2) ─ 매력인

① 건강하면 민감하며 감수성이 높고 따뜻하고 긍정적인 감정을 가지나 즉흥적이다. 이들은 균형 잡혀 있으며 개인적인 성취를 중요시하고(3번 성향), 친절하고 타인을 잘 도와주며 너그럽다(2번 성향). 이들은 사랑받기를 원하고 사람들과 가까워지려는 욕구가 있지만, 개인생활과 가정생활의 만족보다는 공적생활과 사회생활에서의 인정을 더 중시한다.[13]

② 평균상태라면 이들은 매력적이다. 따라서 이들은 자신의 가치가 타인들에게 매력을 줄 수 있는 능력에서 온다고 느낀다. 이들은 사람들이 자신을 좋아하기를 바라므로, 사람들에게 어필(appeal)할 수 있는 방법을 알고 그것에 몰두한다. 이들은 사람들에게서 자신이 멋쟁이라는 것을 인정받기를 원한

13 돈 리처드 리소·러스 허드슨/주혜명 역, 『에니어그램의 지혜』 (서울: 한문화, 2008), p. 201.

다. 이들은 경쟁심이 많지만, 그것을 겉으로 드러내지 않는다. 이들은 사회적 관계를 충족시키기 위해 상황에 따라 자신의 이미지를 바꾼다. 이들은 성공에 집착하고 다른 사람들과 경쟁을 심하게 하며 자신과 다른 사람을 비교한다.

③ 불건강하면 악의적인 면이 자주 나타난다. 즉 이들은 성공을 위해 타인을 속일 뿐만 아니라 자기기만에 빠진다. 이들은 자신이 최고가 아니라는 느낌을 받을 때 적개심을 갖는다. 이는 자기도취가 조금이라도 무시를 받으면 분노를 느끼며(3번 성향), 다른 사람들이 자신에게 고마워하지 않을 때 공격하는(2번 성향) 성향의 결합에서 온다. 이들의 적개심이 폭발하면 증오심의 강도는 위험수위에 도달한다.

(나) 3유형이 4번 날개일 때(3W4) ― 전문가

① 건강할 때 이들은 사생활보다는 일에서의 성공을 중시한다. 따라서 이들은 일을 통해서 성취와 인정을 받고 싶어 하므로 자신의 일에 많은 에너지를 쏟는다. 이들은 자신이 선택한 직업에서 보람과 즐거움을 찾으며 일을 위해서는 사생활을 희생할 수 있다고 생각한다. 이들은 예술적인 창조성과 감수성을 가지고 있으므로, 개인적 매력보다는 지적능력을 강조한다.

② 평균상태면 요구하는 것이 많은데, 특히 성공과 권위에 관심이 많다. 이들은 자신의 모든 가치를 자신이 관련된 모든 프로젝트에 쏟는다. 이들은 타인으로부터 거부당하거나 열등한 사람이 되는 것을 피하기 위해 완벽함을 추구한다. 이들은 자신감 있고 균형 잡힌 모습을 보여 주지만 비사교적이다. 이들은 자기비하의 감정을 억압하지만, 이로 인해 실수를 참지 못하고 자기비난을 한다. 이들은 자기비난과 결합하여 실패를 생각하면서 변덕스러워지고 허세를 부리게 된다.

③ 불건강하면 잘난 체하거나 겉치레를 잘한다. 이는 자기과장(3번 성향)과 자기의심(4번 성향)이 결합되어 나오는 결과로서, 자기만족과 과장된 망상으로

도 나타난다. 4번 날개가 활동하면 이들은 현실에 좌절되어 우울증을 앓을 수 있는데, 여기에서 벗어나려면 새로운 목적의식을 가져야 한다.

4) 4유형

(가) 4유형이 3번 날개일 때(4W3) — 귀족

① 건강하면 성취하고 승리하는 힘이 강하다. 따라서 이들은 창조성과 야망을 가지며 자기를 성장시키고 목표를 달성하고자 하는 욕구가 많다(창의성＋성공욕망). 이들은 사교적이고 성공적이며 남보다 두드러져 보이기를 원한다. 이들은 자기 자신과 자신의 창조성을 타인들에게 적절히 표현하기를 원하기 때문에 표현방식에 있어서 아주 신중하며 반감을 줄 수 있는 적절치 못한 방식을 피하려고 노력한다. 이들은 융통성이 있으며 세심하고 유머감각이 있다. 이들은 목표를 성취하기 위해 일에 파묻히는 것을 개의치 않는다.

② 평균상태일 때 이들은 자의식이 강하며 자신의 가치와 관련된 문제를 많이 의식한다. 이들은 자신을 세련되게 표현하는 일에 심혈을 기울이는데, 이와 관련하여 잘못되면 창피를 당할까 봐 두려워한다. 이들은 사치스러운 경향이 있어서 고급스럽고 세련된 문화를 좋아한다. 또한 이들은 우아한 상류층으로 보이고 싶어 하고 사회적으로 받아들여지느냐의 여부에 많은 관심을 쏟는다. 이들은 경쟁심이 강하고 타인을 무시하는 경향이 있으며 종종 성공에 중독된 듯한 모습을 드러낸다.

③ 불건강한 상태에서 스트레스를 받고 움츠러들면 자기를 억제하고 다른 사람들에게서 소외되어 있다는 생각에 빠져 우울해지며 자기를 경멸하게 된다.

(나) 4유형이 5번 날개일 때(4W5) — 보헤미안

① 건강하면 이들은 창의성이 높아 자신의 감정과 내향성에 독창성을 발휘한다. 이들은 사회적 지위나 타인에게 받아들여지는 것에 관심을 덜 가지며, 자기표현에 있어서 아주 개인적이고 독특하다. 이들은 사람들에게 보이기

위해서가 아니라 자신을 위해서 창조성을 발휘한다. 이들은 관습과 권위에 도전하며 자기표현을 위해서 필요할 때는 규칙을 무시한다.

② 평균상태일 때 이들은 자신의 상상세계에 빠져들어 내향적 특성을 띠며 사회적으로 위축되어 고독에 빠진다. 이들은 통찰력이 있지만 현실적이지 못하므로 생활에서 어려움을 겪는다. 또 이국적이고 신비한 것 등에 끌려 독특한 개인적 스타일을 고수하기 때문에, 이들에게서 수수께끼 같은 언행이 자주 나타나기도 한다.

③ 불건강하면 무력감에 빠져 타인들과 단절되며 방에 틀어박히는 경향이 강해진다. 이들은 자기의심과 소외감으로 괴로워한다. 그런데 이들은 타인에게서 도움받는 것을 싫어하기 때문에 소외감이 증폭되어 무의미한 생활을 지속하다 비관론자가 된다. 따라서 이들은 지극히 내성적이고 스스로를 반항적인 아웃사이더로 생각하므로, 현실에 적응을 잘하지 못해 실생활에서 어려움을 겪는다.

5) 5유형

(가) 5유형이 4번 날개일 때(5W4) ― 인습타파자

① 5유형이 건강하고 성숙하면 부지런하고 활동적인 성향을 띤다. 또한 호기심과 함께 독특하고 개인적인 자신만의 비전을 표현하려는 욕구를 갖는다. 이들은 내향적이고 감성적이 되어 다른 사람들이 알지 못하는 은신처를 찾는다. 이들에게 열정과 홀로 있고자 하는 성향이 결합되어 창조적이고 외로운 사람이 된다. 이들은 흥미가 끌리는 것을 꾸준히 연구해서 새로운 것을 창조하기도 한다. 이들은 분석력보다는 상상력을 더 많이 사용하므로, 사물을 분석하기보다는 예술에 흥미를 더 많이 느낀다.

② 평균상태일 때는 봉쇄된 듯이 갇힌 상태로 산다. 따라서 이들은 자신의 지성에 많이 의존하면서도 격렬한 감정에 휩싸이기가 쉬워 타인들과 함께 일하는데 어려움을 겪는다. 이들은 다른 유형보다 더 독립적이어서 자신에게 부과

되는 구조에 저항한다. 이들의 관심은 이성적이라기보다는 초현실적이고 환상적인 것에 끌리므로, 숨겨져 있는 주제나 어둡고 기이한 것에 끌린다.

③ 불건강하면 남을 신뢰하지 못하고 남의 말을 잘 믿지 못한다. 또한 이들은 자신이 보잘 것 없는 사람으로 전락했다고 생각을 하여 필요한 모든 것들과 단절한다.

(나) 5유형이 6번 날개일 때(5W6) — 문제해결사

① 이들이 건강할 때 6번 날개가 펼쳐지면 영감이 풍부하고 감성적인 사람이 된다. 이들에게 탐구력(5번 성향)과 추진력(6번 성향)이 결합되어 조직적이고 세밀하게 관찰 하는 능력이 개발됨으로써, 이들은 다양한 사실로부터 의미 있는 결론을 이끌어 내고 이를 바탕으로 많은 것을 예측해 낸다. 또한 이들은 타인과 협력할 줄 알 뿐만 아니라, 혁신적인 아이디어를 사업에 적용하는 능력이 있어서 많은 수익을 내기도 한다.

② 평균상태라면 이들은 정보를 수집하는 데 관심이 많으며, 문제를 구성하고 있는 요소를 분석하여 어떻게 작용하고 있는지 살펴보기를 좋아한다. 또한 자신의 감정을 자제하며 잘 드러내지 않고, 사람보다는 사물에 관심을 더 쏟는다. 이들은 논쟁을 좋아하고 자신의 관심거리를 강하게 고수하려고 한다. 이들은 자신의 감정을 잘 처리하지 못하고 타인과 의사소통 방법에 대해 잘 모른다.

③ 이들이 스트레스를 받으면 희망을 잃어버린 상태에 빠진다. 이들은 의심하고 다투기를 좋아하며 다른 사람들과 친밀해지는 것을 두려워하고 편집증세로 불안해한다. 이들이 불안해지면 자신의 지지자들을 거절하고 적대시한다. 그리하여 열등감이 심해진다.

6) 6유형

(가) 6유형이 5번 날개일 때(6W5) — 방어자

① 이들이 건강하고 성숙하면 전문성이 강해져 다양한 전문기술분야에서 뛰어난 능력을 발휘한다. 이들은 수학, 과학, 법률처럼 규칙과 기준이 명확하게 설정되어 있는 지식체계에 끌린다. 이들의 관심사는 정치적인 명분이나 지역사회봉사이며, 소외된 사람들을 대변하고 그들을 위해 봉사를 많이 한다. 이들은 타인에 대한 예리한 관찰자로서 이들이 어떻게 반응할지를 예견하고 예측하는 것을 중시한다.

② 평균상태라면 정당하고 합법적인 태도를 중시한다. 또한 이들은 독립심이 강해 타인에게 조언을 구하는 일이 적으므로, 자신의 불안을 혼자서 극복하며 혼자 있는 것을 좋아한다. 이들은 의심을 하면서도 체제나 신념으로부터 승인을 얻는다. 이들은 스스로를 반항적이고 권위에 저항하는 사람으로 여기지만, 아이러니컬하게도 끊임없이 권위주의적인 요소가 많은 단체나 신념에 이끌린다.

③ 불건강한 상태에서는 자신의 불안을 감추기라도 하려는 듯이 오만하게 보이기를 잘한다. 이들은 자신의 불안감과 열등감을 보완하기 위한 방편으로 약물을 남용할 수 있다.

(나) 6유형이 7번 날개일 때(6W7) — 친구

① 건강상태에서는 마음이 따뜻하고 다른 사람들을 수용하며 물질적인 복지를 추구한다. 이들은 가족과 친구의 안전과 행복에 대해서 기꺼이 희생한다. 또한 사람들과 즐기는 것을 좋아하며 인간관계를 중요시한다. 이들은 에너지와 유머 그리고 경험에 대한 열정을 가지고 있다. 이들은 스스로를 비난하는 경향이 많으며 두려움이 생기면 타인들과 밀접한 관계를 맺거나 농담을 함으로써 그것을 해소하려고 한다.

② 평균상태라면 다른 사람들이 자신을 좋아하고 받아들여 주기를 원하며 사교적이다. 이들은 시무룩해 있는 경우가 많고 까다롭기 때문에 자신의 문제에 대해 말하기를 주저한다. 이들은 사교적이기는 하나 불안해하는 경향이 있고, 중요한 결정을 내리기 전에 자신이 좋아하는 사람에게 승인과 조언을 구한다. 이들은 호불호(好不好)에 대해 자기 주장을 내세우지 않는다.

③ 불건강하면 겁쟁이가 되기 쉽다. 이들은 다른 사람에게 의존함으로써 열악한 작업 조건이나 중독성 물질에 빠질 수 있다. 이들의 불안이 더 심해지면 정서적으로 변덕스러워진다.

7) 7유형

(가) 7유형이 6번 날개일 때(7W6) — 엔터테이너

① 성숙하고 건강하면 생산적이고 쾌활하며 행복하게 산다. 호기심이 많고 창조적이며 유머감각이 뛰어나다. 이들은 난관에 부딪히면 낙천적인 성향을 띤다. 이러한 낙천성으로 인해 이들은 다른 사람과 잘 어울리고 돈독한 인간관계를 만든다. 또한 이들은 두뇌회전이 빠르므로, 적은 노력으로 많은 성취를 이룬다.

② 평균상태에서는 말이 빠르고 새로운 아이디어를 잘 내놓으며 재치 있고 사람들과 잘 교류한다. 넘치는 에너지를 가지고 있어서 주변 사람들에게 영향을 미친다. 이들은 사랑받기를 원하며 쉽게 사랑에 빠지기도 한다. 이들은 혼자 있기를 싫어해서 늘 누군가와 함께 다니기를 원한다. 이들은 자기중심적이며 다른 사람들이 자신의 불안감을 해소해 줄 것을 요청하기도 한다.

③ 불건강상태라면 이들은 두려움이 많고 남에게 의존하며(6번 성향) 변덕스러워 진다(7번 성향). 따라서 이들은 두려움과 고뇌를 떨쳐 버릴 수 있는, 마음이 통하는 친구를 찾기에 여념이 없다. 이들은 불안감과 열등감을 가지고 있으므로 약물중독자가 될 가능성이 있다.

(나) 7유형이 8번 날개일 때(7W8) ― 현실주의자

① 이들이 건강하면 열성적인 추진력으로 일을 빨리하기 때문에 물질적으로 성공을 이룬다. 이들은 자신이 원하는 것은 반드시 이루려고 한다. 전략적으로 생각하고 목적달성을 위해 자신의 내적 자원과 외적 자원을 최대한으로 활용한다. 현실적이고 실질적이며 강한 마음을 가지고 있으면서도 유머감각이 뛰어나다. 이들은 어려움에 처했을 때 참을성이 강하며 자신들이 원하는 것을 어떻게 얻을 수 있는지 잘 알고 있다.

② 평균상태라면 이들은 여러 가지 일을 동시에 할 수 있으며 다양한 직업을 가지는 경우도 있다. 이들은 세속적이며 실제적이고 시야가 넓고 에너지를 골고루 나누어 쓸 수 있기 때문이다. 이들은 재산과 경험을 축적하려는 욕구가 강하기 때문에, 일을 많이 하고 여행과 새로운 경험을 즐긴다. 따라서 이들은 사람들과 관계를 맺는 것보다는 많은 활동을 하는 것에 관심이 더 많으므로, 낭만적인 사람보다는 실제적인 도움을 줄 사람을 필요로 한다. 이들은 혼자 있는 것을 두려워하지 않으며 자신이 무엇을 원하는지 분명히 알고 있고, 그것을 위해 얼마만큼의 노력을 기울여야 하는지도 정확히 알고 있다.

③ 불건강상태에서 이들은 탐욕스럽게 된다. 따라서 이들은 누군가가 자기가 원하는 것을 가지고 있다는 생각이 들면 태도를 돌변하여 치명상을 입힌다. 또한 이들은 반사회적 성향 때문에 고통을 받는데, 이 불안감에서 탈출하기 위해 위험한 상황으로 자신을 몰아간다.

8) 8유형

(가) 8유형이 7번 날개일 때(8W7) ― 자립가

① 정서적으로 성숙할 때 이들은 도량이 크고 아량을 잘 베푼다. 카리스마가 있고 타인이 자신의 비전에 동참할 수 있도록 끌어들이는 능력이 있다. 이들은

행동 중심적이며 자신이 세상에 영향력을 미치기를 원한다. 이들은 풍부한 사교성으로 자신의 바람과 계획에 타인을 끌어들여 참여시키는 능력이 있다. 또한 이들은 다른 사람들도 능력을 최대한 개발해서 실질적으로 더 나은 삶을 살 수 있도록 돕는다. 이들은 독립성이 아주 강하고 물질적으로 잘 사는 것에 이들은 초점을 맞춘다.

② 평균상태에서는 다른 사람들이 자신의 일에 협력하도록 하기 위해서 자신이 하는 일을 과장해서 이야기하고 무리한 약속을 하기도 한다. 사교를 위해 말이 많고 활달하며 자신감이 있다. 이들은 강한 경영감각을 가지고 있고 일과 재미와 모험에 빠진다. 또한 이들은 자신의 주장에 동참하도록 타인에게 압력을 가한다. 이들은 타인의 기분을 맞추는 것에 관심이 없다. 또한 공격적이고 대결을 좋아하며 싸움을 시작하면 끝장을 본다.

③ 불건강하면 이들은 냉혈한이 되어 무자비하고 충동적인 성향을 띤다. 이들은 자기의지를 좌절시키거나 저항하는 것에 대해 공격한다. 또한 이들은 쉽게 배신감을 느끼고 행동을 자제하지 않는다. 이들은 공격당하기 전에 선제공격을 가해 타인을 제압하려고 한다.

(나) 8유형이 9번 날개일 때(8W9) ― 미련한 사람

① 건강할 때 이들은 친절하고 부드럽고 뜨거운 동정심을 나타내며 약자를 잘 보살펴 덕스러운 지도자가 된다. 이들은 힘과 자신감, 안정감과 느긋함을 가지고 있다. 꾸준히 자신의 목표를 추구하며 화를 내거나 공격적이지 않다, 정치적인 책략이나 수완을 부리지 않으면서 아주 독립적이다. 이들은 친절하고 온화한 지도자로서 완고하기보다는 온화한 방식에 의한 지도력을 발휘한다.

② 이들이 평상심을 유지할 때는 부드러운 힘으로 타인을 지배한다. 이들은 이중적인 성격을 가지고 있어서 상황에 따라 자신의 다른 모습을 보여 주는 성향이 있다. 집에서는 따뜻하고 애정이 넘치지만, 직장에서는 단호하고 공

격적일 수 있다. 조용하게 사는 것을 좋아해서 쉽게 나서지 않으며 어떤 일을 막후에서 처리하는 것을 좋아한다. 이들은 외유내강형이지만 타인을 지배한다. 다른 사람들이 말이 아닌 다른 방식으로 의사를 표현하더라도 그 내용을 잘 파악한다.

③ 이들이 불건강하고 미숙하면 의기소침하고 감정이 분열적이다. 이들이 앙심을 품으면 양심의 가책 없이 파괴적으로 변하고 냉혹하다. 이들은 자신에게 무한한 힘이 있는 것처럼 타인을 몰아붙인다.

9) 9유형

(가) 9유형이 8번 날개일 때(9W8) — 중재인

① 이들이 성숙하고 건강하면 부드러우면서도 강한 성격을 가진다. 이들은 편안하고 긍정적인 기질(9번 성향)과 인내심과 힘(8번 성향)을 결합시킨 성향을 가졌기 때문이다. 이들은 강하면서도 부드러워 타인과 쉽게 관계를 맺기 때문에 사람들 사이에서 일어나는 갈등을 중재한다. 이들은 자의식이 강하지 않음에도 자기 자신을 효율적으로 주장할 줄 안다. 이들은 또한 실질적이어서 자신의 직접적인 욕구나 재정적인 상황에 대해 잘 알고 있다. 이들은 사교적이며 집단활동을 선호하므로 다른 사람들과 함께 일하는 것을 좋아한다.

② 평균상태라면 사람들과 함께하는 시간을 즐긴다. 이들은 너무 편안하게 있으려고 하기 때문에 자신의 목표에 집중하는 것에 어려움을 겪는다. 이들은 자신의 편안함이나 안녕에 대해 간섭을 하면 화를 낸다. 이들은 고집이 세고 방어적이어서 자신이 하는 일에 방해를 하는 사람들의 말을 듣지 않으려고 한다.

③ 불건강하거나 미숙하면 우울하고 에너지가 부족해 앙심이나 복수심이 강하다. 이들은 자신의 행동의 결과에 대해 심사숙고를 하지 않고 폭력을 행사한다. 이들은 특히 배우자에 대한 성적인 질투심으로 자극될 수도 있다.

(나) 9유형이 1번 날개일 때(9W1) ― 몽상가

① 건강상태에서는 상상력이 풍부하고 창조적이어서 다양한 사상이나 관점으로 이상적인 세상에 대한 비전을 만들어 낸다. 이들은 모험을 즐기지 않으며 사려 깊고 내성적이다. 이들은 원칙을 준수하는 삶을 살며 풍부한 상식으로 타인의 입장에서 지혜롭게 대처한다. 이들은 친절하고 사람들을 편안하게 해주고 목표의식이 분명하며 이상이 높다. 이들은 여러 사람 앞에서 다툼을 일으키기보다, 화는 나지만 이를 악물고 속을 끓인다.

② 평균상태일 때는 내면의 세상을 정돈하는 것처럼 외부에서도 질서를 원한다. 이들은 예의와 체면을 중시하며 도덕적으로 타인에 대해 우월감을 느낀다. 따라서 이들은 청교도적인 성향을 띤다. 이들은 에너지는 많지만 소극적인 태도 때문에 장기적인 목표를 추구하기가 어렵다. 이들은 현실세계에서 이상주의적인 관념을 배제하기 때문에 타인에게 무관심하고 비정하며 냉담하다. 이들은 타인에게서 존경받는 것에 관심이 많으며, 다른 계층의 문화나 생활방식보다 자신의 것이 더 우월하다고 느낀다.

③ 이들이 미숙하여 스트레스를 받으면 변덕스럽거나 자기 마음대로 하는 성향을 드러낸다. 따라서 이들은 정서적으로 매우 분리된 모습으로 충동적인 행동을 하고 분노를 표출하기도 한다. 이들은 타인의 그릇된 행동을 지적하고 시정하는 것이 자기의 의무인 것처럼 느낀다. 또한 매우 독단적이 되어 일상적인 행동에 반하는 일탈행동을 한다.

유형	날개	명 칭	건강상태	평균상태	불건강상태
1유형	1W9	이상주의자	친절하고 사려 깊음	참을성이 없음	옹졸해짐
	1W2	사회변혁가	뜨거운 연민	공격적임	타인을 조종함

표 3 날개의 성장과 특징

2유형	2W1	봉 사 자	이타적 봉사	너그럽지 못함	독선적임
	2W3	안 주 인	적응을 잘함	교만함	이해타산에 밝음
3유형	3W2	매 력 인	사회생활을 중시함	자신과 타인을 비교함	자기기만에 빠짐
	3W4	전 문 가	예술창조성이 풍부함	허세를 부림	잘난 체함
4유형	4W3	귀 족	성공욕구가 강함	경쟁심이 강함	자신을 경멸함
	4W5	보 헤 미 안	독창성을 발휘함	돌출행동을 함	무력감에 빠짐
5유형	5W4	인습타파자	분석보다 상상을 많이 함	환상에 끌림	남을 믿지 못함
	5W6	문제해결사	감동을 줌	감정을 안 드러냄	열등감이 심함
6유형	6W5	방 어 자	관찰력이 예리함	독립성이 강함	불안함
	6W7	친 구	인간관계를 중시함	사교적임	겁쟁이가 됨
7유형	7W6	엔터테이너	유머감각이 뛰어남	재치 있음	두려움이 많음
	7W8	현실주의자	추진력이 강함	새로운 경험을 즐김	탐욕스러움
8유형	8W7	자 립 가	도량이 큼	자신감 있음	냉혈한이 됨
	8W9	소탈한 사람	부드럽고 온화함	이중적 성격	의기소침함
9유형	9W8	중 재 인	외유내강함	타인과의 시간을 즐김	우울해짐
	9W1	몽 상 가	목표의식이 분명함	도덕적 우월감	변덕스러움

작성: 조성민 · 이정섭(2017. 2. 19.)

제2부

삼국지 에니어그램

제1장

삼국지 줄거리

Ⅰ 십상시 횡포와 동탁의 득세

 황건적 난과 도원결의

진나라의 시황제가 중국을 통일하고 400년 후에 한나라를 세운 유방이 다시 천하통일을 이루었다. 후한 말에 나이 어린 영제가 즉위하자(13세)[1] 환관들이 득세했다. 환관들은 그들의 양자와 일족을 관리로 중용하고 관료나 호족과 결탁하여 중앙이나 지방의 요소요소에 세력을 확장함으로써 권력을 독점했다. 그들이 뇌물을 받고 부정한 방법으로 관리를 등용하고 백성들을 착취하여 호화롭고 방탕한 생활을 하게 되니 부정과 부패가 극에 달했다.

그러자 농민들은 부패한 정권 속에서 서서히 몰락해 갔는데, 설상가상으로 메뚜기 떼와 홍수와 가뭄 등으로 인한 거듭된 대기근이 생존을 위협했다. 이때 좌절과 실의에 빠진 농민들 사이에서 신흥종교인 태평도가 나타나 물밀듯이 퍼져 나갔다.

---

1 "영제는 후한의 제12대 황제로서 재위기간 중 잇따른 재해와 황건적으로 난으로 군웅할거시대가 되고 삼국시대로 이어진다(재위기간 168－189년)." (http://terms.naver.com/entry.nhn?docid－1350027&cid)

태평도는 부적을 태워 물에 타 마시면 병이 낫는다고 하여 절망적 가난 속에서 질병의 공포와 불안에 시달리던 농민들의 마음을 사로잡았는데, 이는 일종의 심리요법이었다.[2] 태평도는 발생한 지 10여 년 만에 화북동부에서 양자강에 걸쳐 수십만 명의 신자를 얻었다. 이 시기에 발생한 황건적(黃巾賊)의 난은 태평도의 각 지부가 군사조직으로 전환되어 일어난 대규모 농민봉기로서 장각, 장량, 장보가 주동이 되었다(184년). '불에서 흙이 생성된다'는 오행설을 신봉한 이들은 불(화덕: 火德)에 해당하는 한나라는 곧 몰락하고 흙(토덕: 土德)에 해당하는 황건의 세상이 다가올 것이라고 굳게 믿고, 머리에 새 세상을 상징하는 황색의 띠(황건: 黃巾)를 동여맸다.

황건적의 난이 일어나자 조정에서는 관군을 파견하는 한편, 천하의 호걸들을 모으는 방문(벽보)을 붙였다. 이때 탁현(북경 부근)에 살던 20세의 유비가 이 방문을 보고 있을 때, 장비가 나타나서 자신의 재산을 처분할 테니 고을의 장정들을 모아 황건적 토벌에 참가하자고 하여 주막으로 갔다. 주막에서 우연히 만난 관우와도 의기투합을 하였다. 세 사람은 장비 집 뒤의 복숭아동산(도원: 桃園)에서 의형제가 되는 도원결의를 맺어,[3] 유비가 형이 되고 관우가 둘째, 장비가 셋째가 되었다. 의형제가 된 세 사람은 의병 500명을 모집하여 황건적 토벌에 참가했다.

30년간 지속된 황건적 난이 평정되었으나 공을 세운 무장들이 공정한 예우를 받지 못하고, 환관에게 아부한 자들만 중용되었다. 그 후 영제가 사망하고 14세의 소제(영제의 첫째 아들)가 즉위했다. 이에 따라 소제의 어머니 하태후(영제의 황후)가 섭정을 하게 되었고, 하태후 오빠인 하진이 대장군으로서 정권을 장악했다. 바야흐로 권력이 환관세력에서 외척세력으로 넘어갈 분위기였다. 하진(대장군)이 환관들을 주살하려고 사람들 모았는데, 환관타도에 동조한 원소와 조조가 참여했다. 동탁을 불러들이면 화근이 될 것이라는 참모들의 반대에도 불구하고, 대장군 하진이 동

---

2 나관중/이문열 평역, 『삼국지 1』(서울: 민음사, 2016−3판 30쇄), p. 142.
3 강수정, 「성어 교수 방법론 연구 — 삼국지 성어를 중심으로」(강원대학교 교육대학원 석사학위논문, 2011. 8.), p. 46. "도원결의는 의형제를 맺거나 뜻이 맞는 사람들이 사욕을 버리고 목적을 이루기 위해 합심할 것을 결의하는 일을 나타내는 말이다."

탁과 그의 군사들을 낙양으로 불렀다.4

　그러자 당시 세력이 가장 유력했던 10명의 환관(십상시)들이 하진의 계획을 미리 알아차려 선수를 쳐서 하진 가문을 몰살하는 십상시의 난을 일으켰다(189년). 십상시 난으로 하진이 살해당하자,5 이에 분개한 원소와 조조가 군사를 동원하여 궁궐로 들어가 환관 천여 명을 몰살했다. 얼마 후에 하진의 부름을 받고 뒤늦게 20만 대군을 이끌고 낙양으로 들어온 동탁이 권력을 장악했다.

② 반동탁연합군의 결성

　동탁이 권력을 손아귀에 쥐더니 소제를 폐하고(5개월 재임), 영제의 둘째 아들인 헌제(9세)를 새 황제로 세우고 정치를 독주하기 시작했다(189년). 형주자사 정원이 소제 황제를 폐하는 것에 반대하자, 동탁이 정원을 제거하려 했으나 방천화극이라 불리는 창을 매우 뛰어나게 다루는 정원의 양자인 여포 때문에 불가능했다. 동탁이 꾀를 내어 적토마와 금은보화를 여포에게 주고 여포를 회유하자 여포가 양부인 정원을 죽이고 동탁의 양자가 되었다. 여포를 얻자 동탁의 위세는 한층 더 커져서 낙양성 안에서는 동탁에 대항할 만한 세력이 없게 되었다. 이때 소제 황제의 폐위문제를 둘러싸고 원소가 동탁에게 맞서지만, 세의 불리를 느낀 원소는 근거지인 기주로 줄행랑을 쳤다.

　그 후에 조조가 나서서 제후들에게 정치독주를 하는 동탁을 타도하자고 궐기할 것을 호소했다. 그러자 원소를 맹주로 하여 원술, 공손찬, 손견, 유비, 조조 등을 중심으로 반동탁연합군이 결성되었다(190년). 이때 기주목6인 원소가 조정에서 벼슬을 하다가 동탁의 전횡을 견디지 못하고 낙향한 강직한 성품의 순욱을 만나 예우했다.

---

4 장연 편역, 『한권으로 읽는 삼국지』(서울: 김영사, 2016), p. 23.
5 나관중/황석영 역, 『삼국지 1』(파주: 창비, 2015−42쇄), p. 72.
6 주(州)는 지방행정구역으로 우리나라의 도에 해당하고, 주의 장관을 목이라고 하며(도지사에 해당) 목은 행정권과 군사권을 행사한다.

그러나 순욱은 원소가 대업을 이룰 수 있는 인물이 아니라고 판단하고 조조에게로 갔다. 그때부터 순욱이 조조의 핵심인물이 되어 책사로 활약하기 시작했다.

반동탁연합군은 목숨을 걸고 동탁군과 싸웠다. 호로관 전투(190년)에서7 방천화극(창)과 적토마를 가진 동탁의 양자인 여포와 장팔사모(창)를 쓰는 장비, 청룡연월도(칼)를 쓰는 관우, 쌍고검(칼)을 쓰는 유비 삼형제가 싸우지만, 승패를 가르지 못한 채로 여포가 퇴각한다. 무예가 뛰어난 동탁도 격렬하게 싸우는 반동탁연합군의 기세에 눌린다. 황건적 난의 진압과 십상시의 난 등으로 조정에는 재정과 양식이 부족했는데 낙양에는 부자가 많았다. 동탁은 부자들을 원소의 무리로 몰아 재산을 몰수하고 낙양에 불을 지르고 황제(헌제)를 겁박하여 장안으로 천도하였다.

동탁이 장안으로 도읍을 옮기자 조조는 원소 등 다른 제후들에게 동탁을 뒤쫓자고 제안했지만, 맹주인 원소는 동탁을 추격하지 않았다. 반동탁연합군은 대의보다 실리를 따져, 각자가 실권을 장악하겠다는 마음을 품었기 때문이었다. 그리하여 조조만이 혼자 군사를 이끌고 장안을 공격했으나 동탁군에게 패배했다. 이제 천하는 군웅할거시대로 돌입하게 되었다.

조조가 동탁에게 패배한 후, 화재로 폐허가 된 낙양성에 손견이 제일 먼저 입성하고 여러 제후들이 뒤따라 들어왔다. 손견은 성내에 남아 있던 동탁의 잔당소탕과 정비작업에 힘쓰다가, 폐허가 된 궁궐 우물 속에서 옥새를 발견했다. 이 옥새는 십상시 난 때 없어진 전국옥새(傳國玉璽)였다. 전국옥새는 진시황 때부터 400년이 넘는 세월을 한의 황제에게서 황제로 이어온 아주 귀중한 것이다.8 이 옥새는 각 제후들의 야망을 부추기는 촉매로 작용하게 되었는데, 원소가 옥새를 몹시 탐냈다. 원소는 옥새를 빼앗기 위해 유표를 사주하여 손견을 치게 했다. 이로 인해 손견이 유표와의 전투에서 패하자, 옥새를 그 아들 손책에게 물려주고 37세에 전사했다.

동탁을 타도하지 못한 상태로 연합군 본진에서 조조가 떠나고 옥새문제로 원소와 갈등을 겪던 손견이 사망하자, 낙양에 있던 제후들 간에 분열이 생기기 시작했

---

7 호로관은 허난성 형양에 있으며 사수관으로도 불린다.
8 나관중/이문열 평역, 앞의 책(주 2), p. 305.

다. 특히 군량이 모자란 연주자사 유대가 동군태수 교모에게 군량을 빌려 달라고 청했으나 거절당하자, 유대가 교모를 급습하여 살해했다. 이 일로 제후들은 서로 의심하여 연합이 유지되기 힘들어지게 되었다. 이에 맹주였던 원소가 군사를 거두어 물러가니 반동탁연합은 사실상 붕괴되었다.

③ 동탁의 죽음

장안에 입성한 동탁은 사치스럽고 오만방자했으며 외출 시에 황제의전을 갖추어 독주가 극에 달했다. 이에 충신인 사도 왕윤이 동탁을 제거하고자 기회를 엿보았다. 동탁과 여포는 호색한이었는데, 왕윤이 양녀이자 절세미인인 초선을 이용하여 연환계를 써서 동탁을 제거하려고 마음먹었다. 왕윤이 여포를 만나 날을 잡아 초선을 첩으로 주겠다고 했다. 며칠 후에 왕윤이 동탁에게 초선을 바치겠다고 하면서 초선을 승상부로 보냈다. 이를 안 여포가 화를 내자, 동탁이 양자인 여포와 짝을 맺어 준다고 하면서 초선을 데려갔다고 왕윤이 여포에게 거짓말을 했다. 그러자 여포가 왕윤에게 속아 동탁을 살해했다(192년).[9]

동탁이 죽자 왕윤이 정권을 잡게 되어 황제(헌제)는 비로소 동탁의 꼭두각시에서 벗어날 수가 있었다. 하지만 왕윤은 사관 채옹이 동탁의 시신 앞에서 눈물을 흘렸다는 이유로 그를 처형시키는 등 오만해지고 덕이 없는 행동을 하였다.

한편 동탁의 장수였던 이각과 곽사는 동탁의 근거지인 서량군으로 피신해 있으면서, 왕윤에게 자신들을 사면시켜 달라고 했으나 거절당했다. 그러자 이각과 곽사가 장안을 공격했으며 여포가 응전하여 이들은 중남산으로 들어가 여포 군대와 대치했다. 그러던 중 여포의 부하장수인 장제와 번조가 동탁의 잔당과 내통해 장안성을 급습하여 장안성 전투가 벌어졌다. 이에 당황한 여포가 장안성으로 돌아가려고 했지만, 이각과 곽사의 맹렬한 공격으로 왕윤은 죽임을 당하고 여포는 남양 태수

---

9 나관중/박상진 편역, 『평생에 한번은 꼭 삼국지를 읽어라』 (서울: 주변인의길, 2016), p. 57.

원술에게로 달아났지만, 여포를 믿지 못하는 원술이 받아 주지 않자 원소에게로 갔다. 여포와의 장안전투에서 승리한 이각과 곽사가 조정을 장악했다.

실권을 쥐게 된 이각과 곽사는 황제를 위협하여 후양군·미양군의 작위를 받았고, 나중에 이들은 스스로 대장군이라 칭했다. 얼마 지나지 않아 두 사람 사이에 알력이 생겨 상호 간에 비방과 공격이 끊이질 않아 궁중이 불태워지고 장안은 거의 폐허가 되었다. 헌제가 장안에서 동쪽으로 옮기자 반목했던 이각과 곽사는 다시 합세하여 헌제를 추격했다. 이에 조조가 이각과 곽사의 군사들을 무찌르고 헌제를 영접했다.

④ 산동 일대를 장악한 조조

동탁의 사망 후 조정이 평안해지는 듯했으나 청주 땅에서 황건적의 잔당들이 발호하는 일이 벌어지자, 조정의 중책을 맡고 있던 주전이 황제에게 조조를 연주목으로 천거했다. 연주목이 된 조조가 황건적 잔당을 토벌하자 조조는 진동장군이 되었다.[10] 산동 일대에서 세력을 떨치게 된 조조는 진류 땅에 있는 부친 조숭을 모셔오도록 했다. 조숭 일행이 서주를 지날 때 조조와 친분을 맺고 싶어 하던 서주 자사 도겸이 이들을 융숭히 대접했다. 조숭 일행이 떠날 때에 도겸이 황건적 잔당이던 부하 장수 장개에게 호위하도록 했다. 그런데 도중에 황개가 조숭 일행이 가지고 있던 재물이 탐나 이들을 몰살했다.

이 소식을 들은 조조는 분노하여 도겸을 치기 위해 서주를 공략했다. 이에 당황한 도겸이 북해 태수 공융에게 구원을 청하자, 공융이 유비를 추천하여 유비, 관우, 장비가 도겸에게로 왔다. 유비가 조조에게 도겸과 화해하라는 편지를 보냈다. 마침 이때 원소에게 의탁하고 있던 여포가 조조의 근거지인 연주성을 공략했다. 이

---

10 나관중/박상진 편역, 앞의 책(주 9), p. 60. "반란군 진압을 주 임무로 하는 직제로 진동장군 외에 진서장군, 진남장군, 진북장군 등이 있다."

급보를 받은 조조가 유비에게 화해에 응한다는 답장을 보내고 연주성을 되찾기 위해 퇴각했다. 이 소식을 들은 여포는 연주성을 부하장수 이포에게 맡기고 복양까지 와서 조조와 맞섰다. 자신감을 가진 여포군에게 조조군은 패해 달아났다. 그 후 일 전일퇴를 거듭하다가 그 해 메뚜기 떼가 창궐해 양 진영에 군량미가 부족해 휴전 상태에 들어갔다. 그러던 중 조조는 일가친척을 모아 용맹스럽게 황건적 잔당과 대항하고 있던 허저를 부하장수로 삼았다.

한편 여포의 지시로 연주성을 지키던 이봉이 성 밖에서 노략질을 일삼느라 성을 자주 비운다는 첩보가 조조에게 보고되었다. 기회를 잡은 조조가 허저를 선봉에 세워 공략하자, 허저가 이봉을 베고 연주성을 함락했다. 연주성을 되찾은 조조가 여세를 몰아 여포가 있는 복양성으로 향했다. 조조진영에서는 허저를 도와 하후돈, 하후연, 이전, 악진, 전위 등 6명의 장수가 성문 밖에서 기다리던 여포를 협공했지만 승부를 가리지 못하자 여포가 달아났다. 여포는 복양성으로 들어가려 했으나 조조 편을 드는 부하들이 성문을 닫아 들어가지 못하고 정도성으로 달아났다. 그러나 거기까지 조조군이 추격해 와 여포는 정도성을 버리고 서주로 가서 유비에게 의탁했다. 조조는 여포에게 빼앗겼던 본거지를 다시 찾은 후에 세력을 떨쳐 산동 일대를 장악하는 맹주가 되었다.

5 서주를 차지한 유비

서주를 공략하려던 조조가 물러나자, 연로한 도겸은 유비의 덕택이라고 생각하고 서주를 유비에게 넘기겠다고 하였다. 이에 유비는 서주를 도우러 온 자신이 이를 차지하면 세상 사람들이 의리가 없다며 비웃을 것이라는 대의명분을 내세워 극구사양했다. 그러자 도겸이 서주성에서 가까운 소패성에 머물면서 서주를 지켜 달라는 청을 하였고 이에 유비가 받아들여 관우, 장비와 함께 소패성으로 갔다.

그 후 병세가 악화된 도겸이 소패성에 있는 유비를 서주성으로 불러 서주를 맡

아 달라고 부탁했지만, 이번에도 유비는 서주를 다스릴 능력이 되지 않는다며 사양
했다. 그러는 사이에 도겸이 사망했는데도 유비는 서주 자사가 되기를 마다했다.
그러자 서주 백성들이 유비에게 몰려와 서주를 맡아 주기를 간곡하게 부탁했다. 이
렇게 하여 유비는 화살 하나도 쏘지 않고 서주를 차지하게 되었다. 바로 이때 조조
에게 패한 여포가 유비를 찾아왔다. 주위의 반대에도 불구하고 유비는 여포를 받아
들이고, 유비는 다음 날 여포가 소패성에 자리를 잡을 수 있도록 했다.

Ⅱ 승상이 된 조조의 독주

① 대권을 잡은 조조

조정에서는 황제의 권위를 찬탈한 이각과 곽사 사이가 틀어져 싸우는 동안, 헌
제가 장안에서 우여곡절 끝에 낙양으로 돌아왔다. 그런데 낙양은 너무나 황폐해져
버려진 땅이 되어 버렸다. 이에 헌제가 사직을 지켜 줄 신하로 삼고자 산동에 있는
조조를 낙양으로 불러들였고, 조조는 드디어 세상을 얻을 기회가 왔다고 쾌재를 불
렀다.

조정으로 들어온 조조는 동탁을 능가할 정도로 횡포와 악독을 자행한 이각과
곽사를 무찌르고 가장 유력한 제후가 되었다. 조조는 황폐된 낙양을 복원하기 힘들
다는 명분을 내세워 수도를 조조의 근거지인 허도(허창)로 옮기고 둔전제를 실시하
였다(196년), 이때부터 조조는 사실상 권력의 2인자가 되었다. 천하를 차지했으나
조조는 서주의 유비와 소패성에 있는 여포가 손을 잡고 공격해 올 것을 걱정했다.

이때 조조의 걱정을 알고 있는 순욱이 조조에게 황제의 조서를 내려 유비를 서
주목에 제수하고 여포를 죽이게 하라는 계책을 냈다. 순욱의 계책에 따라 조조가
황제의 명으로 유비를 서주목으로 삼고, 유비에게 밀서를 보내 여포를 치도록 했

다. 이러한 조조의 술책을 안 유비가 이를 여포에게 알려 주었다. 계책이 실패하자 순욱은 또다시 원술에게는 유비가 쳐들어 온다는 거짓정보를 흘리고, 유비에게는 원술을 치라는 황제의 조서를 내리라는 계책을 주었다. 이 계책은 유비와 원술이 싸우면 여포가 다른 마음을 품으리라 생각했기 때문이다. 아나나 다를까 원술은 거짓정보에 흥분해 전투태세를 갖추었고, 유비는 조조의 계략일 줄 알면서도 서주성을 장비에게 맡기고 황명을 받들어 원술을 치러 갔다.11

② 서주성을 가로챈 여포

유비는 출동하면서 장비에게 술을 마셔서는 안 되고 병사들에게 매질을 해서는 안 된다고 당부를 했다. 그럼에도 장비는 도겸의 옛 부하이자 여포의 장인인 조표가 술잔을 거부하자 매질을 했다. 분이 난 조표는 장비가 만취되어 있는 틈을 타서 소패성에 있는 여포에게 서주성을 공략하여 접수하라는 편지를 보냈고, 여포가 군사를 일으켜 서주성을 차지해 버렸다. 서주성을 가로챈 여포는 미처 피하지 못한 유비 가족을 극진히 대우했다.

한편 원술과의 전투에서 군사 태반을 잃은 유비는 여포와 화친하기로 하고 서주성으로 돌아왔다. 여포는 장비가 술을 마시고 부하에게 행패를 부렸기 때문에 자기가 서주성으로 들어와 지키게 되었다고 변명했으나, 유비는 깨끗이 서주성을 포기했다. 유비는 군사를 이끌고 소패성에 자리를 잡았다.

어느 날 장비가 전력보강을 위해 독단적으로 여포 부하들에게서 말 150마리를 빼앗았다. 이 소식을 들은 여포가 화가 나서 군사를 이끌고 소패성으로 가서 유비에게 항의를 했다. 이 내용을 모르는 유비는 말을 뺏은 적이 없다고 하자, 여포가 거짓말 하지 말라며 다그쳤다. 그러다가 여포와 장비 사이에 싸움이 벌어졌는데 승부

---

11 "유비의 충성심이 잘 드러나는데, 그는 한실을 떠받드는 것이 백성들에게 인정받는 길이라 생각했다."
  (http://blog.naver.com/inrock4/220653951918)

가 나지 않았다. 유비가 여포에게 말을 돌려줄 테니 군사를 물리라고 화해를 청했다. 이때 여포의 모사인 진궁이 지금 유비를 제거하지 않으면 앙갚음을 당할 것이라고 했고, 여포가 명을 내려 군사들에게 소패성을 공격하라고 했다. 여포의 군사력에 크게 뒤진 유비는 소패성을 버리고 허도에 있는 조조에게 의탁하게 되었다.

③ 여포와 조조의 하비성 전투

조조는 참모들의 반대에도 유비를 맞아들이고 황제에게 청해 그를 예주목으로 삼았다. 조조는 유비에게 세력을 키워 여포를 치라고 당부했다. 한참 후에 서주성을 차지하고 싶은 조조가 자신에게 의탁해 있던 유비에게 여포를 치게 했으나 실패하자 조조 자신이 여포를 공격했다. 이 싸움에서 여포가 패해 서주성을 함락당하고 하비성으로 후퇴했다. 조조는 여포를 추격하여 하비성을 공략했다(하비성 전투). 조조가 공격해 오자 주색에 빠져 있던 여포가 반성을 하고 군사들에게 금주령을 내렸다.

어느 날 여포의 장수 후성의 부하가 말을 훔쳐 유비에게 바치려고 성을 나섰는데, 후성이 이를 알고 추격하여 그 군사를 죽이고 말을 되찾아 왔다. 후성이 이 사실을 동료장수들에게 알리자, 그들이 후성을 축하하고자 모여들었다. 후성이 이들을 접대하기 위하여 담가 두었던 술을 가지고 여포에게 가서 허락을 받고자 했다. 이에 금주령을 내린 여포는 화가 치밀어 후성의 목을 베려 했지만, 다른 장수들이 간청하는 바람에 곤장 50대를 치게 했다.[12] 치욕을 당한 후성이 여포를 배반하고 적토마를 훔쳐 조조에게 바치고 투항을 하여 여포가 조조에게 생포되었다. 여포는 목숨을 구걸하였으나 조조는 그를 천하의 배신자로 몰아 청을 거절했다. 결국 여포는 조조에게 죽임을 당했다(198년).[13]

---

12 나관중/모종강 평론/박기봉 역, 『삼국연의 (2)』 (서울: 비봉출판사, 2016 - 2쇄), p. 99.
13 "조조는 하비성 전투에서 순욱의 지략으로 기수와 사수 아시의 물길을 터서 하비성을 물바다로 만들었다." (http://kin.naver.com/qna/detail.hn?dirld (검색일 2016. 9. 5.))

④ 조조와 유비의 애증(愛憎)

조조가 여포를 토벌하고 부하장수인 차주에게 서주를 맡기고 유비와 함께 허도로 개선하였다. 조조가 황제에게 유비의 공이 크다며 상을 내려 달라고 하자, 헌제가 유비를 궁으로 불러들였다. 헌제는 유비가 황실의 종친이 된다는 말에 족보를 따져 보니 유비가 헌제의 아저씨뻘이었다. 헌제는 유비를 좌장군으로 삼고 의성정후로 봉했다. 또 유비와 숙질의 예를 올리고 황숙이라는 칭호를 붙여 주었다.14

유비는 조조가 자기를 경계하지 않도록 하기 위해 자신의 몸을 낮추며 조심했다. 또한 농사를 지으며 하루하루를 보내고 있었다. 조조는 이러한 유비를 허도에 잘 묶어 두고 있다고 내심 안심하였으나, 그 속내를 알고 싶어 어느 날 유비를 그의 거처로 불러 함께 술잔을 나눴다. 조조가 유비에게 천하에 영웅은 조조와 유비뿐이라고 하자, 마침 내리던 비가 천둥번개를 동반했고 유비는 젓가락을 떨어뜨리며 몸을 움츠렸다. 유비는 천둥번개를 핑계 삼아 속내를 들킬 뻔한 것을 무마하고 소심한 듯 행동했다. 조조는 이런 유비를 보고 마음을 놓았다.

두 사람이 이야기를 나누고 있을 때, 원소가 공손찬을 죽이고 하북일대(기주, 청주, 유주, 병주)를 차지했다는 소식을 조조의 부하가 전했다. 이 전갈을 들은 조조는 원소와 원술이 힘을 합쳐 공격해 올 것을 걱정했다. 원술이 원소에게 가려면 서주를 거쳐 가야 하는데, 공손찬이 원소에게 망했다는 소식을 들은 유비는 조조에게서 벗어나기 위해 원술의 길목을 치겠다는 구실을 댔다.15 그러자 조조가 유비에게 군사 5만 명을 내주면서, 자신의 부하 장수인 주령과 노소를 딸려 보내 유비를 감시하게 했다. 드디어 허창을 벗어나게 된 유비는 원술진영을 향해 낮과 밤을 가리지 않고 급행군을 했다. 유비와 원술의 싸움에서 원술이 유비에게 패해 사망했다(199년). 이때 유비는 원술이 지니고 있던 전국옥새를 보았다. 유비는 자신이 조조의 5

---

14 http://blog.com/seowoohyun1/20097918693
15 나관중/박상진 편역, 앞의 책(주 9), p. 99.

만 대군을 거두는 대신에 주령과 노소에게 전국옥새를 주어 허창의 조조에게로 보냈다. 화가 난 조조는 두 사람을 참수해 버렸다.

이제 5만 대군을 거느리게 된 유비는 조조의 병부(장수가 군대를 동원할 때 쓰는 징표)를 빌려 서주성을 지키고 있는 조조의 부하 차주를 속이고 성문을 열게 한 뒤 함락했다. 반란으로 서주를 차지한 유비는 조조의 공격에 대비해 원소와 손을 잡았다. 이에 배신을 당해 화가 치민 조조는 20만 대군을 일으켜 유비를 격퇴하고 소패성과 서주성을 취했다. 조조에게 패한 유비는 원소에게 의탁했고, 장비는 산속으로 도망쳐 행방불명되었으며, 관우는 하비성을 지키고 있어, 이들 3형제는 뿔뿔이 흩어졌다.

⑤ 조조의 포로가 된 관우

유비가 원소에게 의탁하고 있을 때 관우는 유비 부인 2명을 모시고 하비성을 지키고 있었다. 유비를 제압한 조조는 하비성으로 말머리를 돌렸다. 조조는 관우의 뛰어난 무예와 고상한 인격을 좋아해 그를 자신의 휘하에 두고 싶은 욕심이 생겼다. 무력으로 하비성을 함락할 수도 있었지만, 조조는 관우에게서 항복을 받아 내고자 했다. 그리하여 조조가 관우를 성 밖으로 유인하여 고립무원을 시켰다.

대군을 상대하기에 힘이 부친 관우가 다음의 항복조건을 내세워 조조에게 항복했다(200년). ① 한나라 황제에게 항복하는 것이지 조조에게 항복하는 것이 아니고, ② 유비 부인 2명에게 황제봉록을 내리고 누구도 그 거처에 들어가지 못하게 해야 하며, ③ 유비의 종적을 알면 그에게 돌아간다는 것이었다. 조조는 극한상황에서도 의리를 저버리지 않는 관우에게 탄복을 하고 관우를 맞이했다.

조조가 하비성을 취하고 허도로 돌아가는 도중에 군신의 예를 어지럽힐 속셈으로 관우와 두 형수를 한 방을 쓰게 했다. 관우는 밤에 등불을 들고 날이 밝을 때까지 두 형수의 문 밖에 서 있었다. 허도에 돌아온 조조는 관우에게 헌제를 알현하게 했고, 헌제는 관우에게 편장군의 벼슬을 내렸다. 조조는 관우에게 집을 주고 미인

10명을 관우에게 보냈다. 그런데 관우는 미인을 취하지 않고 이들에게 두 형수의 시중을 들게 했다.

⑥ 원소와 조조의 관도대전

한편 하북일대를 장악한 원소가 안량을 앞장 세워 조조를 공격했다. 선봉장인 안량은 황하를 건너 조조의 전진기지인 백마성(하남성 황현 — 현재 황하 남쪽 강변)을 공격했다. 백마전투에서 조조에게 포로로 있던 관우가 안량을 죽임으로써 원소가 패배했다. 백마전투는 조조와 원소가 격돌한 관도 전역의 첫 전면전이었다. 이 전투에서 조조가 승리했지만, 조조는 관도를 지켜야 한다는 전략적 판단 아래 백마를 포기하고 남쪽으로 퇴각했다. 원소는 패배했지만 결과적으로 백마, 연진에 이르는 양자강을 건너는 주요 도하 거점을 확보했다.

몇 달 뒤에 원소가 문추를 선봉장으로 삼아 관도(하남성 중모)로 가서 조조를 공격했지만, 용병술이 치우쳤음에도 자만한 데다 관우가 문추를 죽임으로 원소가 대패한다. 특히 원소의 처우에 불만을 품은 모사 허유가 조조에게 투항하여, 원소의 식량창고가 있는 오소의 방비가 허술하다는 정보를 알려 주었다.16 조조는 정예군 5천 명을 이끌고 야습을 감행하여 군량미를 잿더미로 만들었다. 이 급보를 들은 원소가 오소에 구원부대를 급파하고, 관도에 공격부대를 파견했으나 두 부대 모두가 패했다. 이 전투가 2만 명의 군사로 10만 명의 원소군대를 섬멸한 그 유명한 관도대전이다(200년). 관도대전의 패배로 건강이 악화된 원소는 병사했고(202년), 조조는 관도대전의 승리로 중국대륙의 북부일대를 자기의 세력권에 들어오게 함으로써 명실상부한 하북의 패자가 되었다.17

---

16 나관중/박을수 역주, 『삼국지연의 2』(파주: 보고사, 2016), p. 353.
17 조성준, 「삼국지연의 속 인물들의 심리학적 유형에 관한 연구」(공주대학교 교육대학원 석사학위논문, 2012), p. 19. "관도대전은 조조의 최대 라이벌인 원소를 제거한 전투이다. 이후 조조는 7년간 패주하는 적을 추격한 끝에 원소의 아들과 군대를 깨끗하게 섬멸하였다."

관도대전을 치루면서 관우가 유비의 행방을 알게 되자, 관우가 유비에게 돌아가 겠다고 했다. 조조의 부하 채양이 관우를 사로잡겠다고 하자, 조조가 옛 주인을 잊 지 않는 것은 진정한 장부이니 너희도 본받으라고 했다. 또 조조는 재물·직위·봉 록으로는 관우의 의지와 바꿀 수 없으므로 관우를 존경한다고 했다.

관우는 조조에게서 미처 여행증명서를 받지 못하고 떠나게 되었다. 그런데 관우 가 하북의 원소에게 의탁 중인 유비가 있는 여남으로 가기 위해서는 조조의 장수 들이 관할하고 있는 다섯 관문을 통과해야만 했다(오관돌파: 五關突破).

① 관우가 유비가 머무르는 여남으로 향하는 첫 번째 관문은 동령관이었다. 동 령관을 지키는 수문장 공수는 관우가 조조의 적인 원소의 하북 땅으로 가는 것을 저지하기 위해 조조가 발행한 여행증명서를 요구했다. 두 사람이 실랑 이를 벌이다 관우가 공수를 베어 버리고 동령관을 돌파했다.

② 제2관은 낙양성으로 태수 한복이 관우를 막으려고 했다. 한복의 심복인 맹 탄이 관우를 유인하여 화살로 쏘아 죽이자고 하고, 맹탄이 관우와 맞서는 척하며 관우를 낙양성 앞으로 유인하다가 죽임을 당했다. 한복이 관우에게 활을 쏘아 팔을 맞추었으나 관우가 한복을 베어 버렸다.

③ 제3관은 기수관으로 수문장 변희가 관우를 극진히 대접했다. 이는 관우를 안심시켜 진국사라는 절 안으로 유인해 자객들로 하여금 처치하려는 음모를 꾸몄기 때문이다. 마침 관우의 고향사람 보정 스님에 의해 변희의 음모를 알게 된 관우가 자객들과 변희를 죽여 버렸다.

④ 제4관은 형양성인데 태수 왕식이 관우를 환대하는 척하며 숙소에서 불태워 죽이려는 음모를 꾸몄다. 관우가 숙소에서 이를 알고 도망쳤는데, 왕식이 추 격해 오다가 죽임을 당했다.

⑤ 제5관은 활주관으로 하후돈의 부하인 진기가 수문장이었다. 진기가 관우에 게 통행증을 요구하자 관우가 그를 베어 버렸다.

관우는 어렵게 오관을 돌파하여18 배를 얻어 타고 여남으로 가서 유비, 장비와 재회했다.

⑦ 유비와 조조의 여남전투

조조가 원소와 관도대전을 치루기 위해 허도를 비우자, 여남에 있던 유비는 이를 노리고 허도를 공격했다(201년). 그러자 조조는 군사를 돌려 15만 대군을 이끌고 허도로 가는 길목인 양상에서 유비와 결전을 벌였다. 첫 전투에서 조자룡이 허저를 무찔러 유비가 승리했다. 그러자 조조는 10일 동안 응전을 하지 않다가 하후연을 시켜 유비의 군량미 수송부대를 공격하게 하여 유비의 부하장수 공도가 전사했다. 이에 장비가 나섰지만 조조군에게 패해 포위되고, 조조가 하후돈을 시켜 유비의 본거지인 여남을 공격했으며 이에 유비가 관우를 시켜 막도록 했다.

그러나 관우마저 조조군에게 포위당하자, 유비는 어두운 밤을 이용해 여남으로 후퇴하려다가 조조에게 기습을 당해 크게 패하고 군사들과 헤어져 산길로 피신했다. 다행히 여남을 지키던 장비의 부하장수 유벽과 손건이 유비의 가족을 데리고 합류하여 산길을 빠져나가려고 했지만, 조조의 장수 고담과 마주쳤다. 유벽이 유비를 지키려고 맞섰지만 고담에게 전사하고 유비는 위기에 빠졌다. 그러자 조자룡이 나타나 고담을 베어 유비를 구하고 관우는 포위망을 뚫고 나가 장합을 무찔렀다. 그리고 장비와도 합류해 전열을 재정비하지만 패배를 당했다. 유비는 여남전투에서 조조에게 패하고 형주의 유표에게 의탁하게 되었다(201년).[19]

---

18 관우가 다섯 관문을 돌파하면서 여섯 장수를 참살한 것을 오관육참(五關六斬)이라고 한다.
19 http://ko.wikipedia.org/wiki/여남전투

⑧ 삼고초려로 얻은 제갈량

유비의 꿈은 한나라 황실을 재건하고 요, 순 임금과 같은 성군의 시대가 다시 오기를 바랬다. 유비는 관우와 장비 같은 용장은 있었으나 책략가가 없는 것을 아쉬워했다. 유표의 배려로 유비가 양양의 신야현에서 지낼 때 만난 서서가 유비에게 융중 땅에 사는 제갈량을 얻으면, 한나라 고조가 장자방을 얻는 것과 같다고 했다.

어느 날 유비가 관우, 장비와 함께 신야에서 20리 떨어진 융중으로 제갈량을 찾아갔으나 부재중이라 만나질 못했다. 삼형제는 겨울에 눈길을 헤치고 두 번째로 제갈량에게 갔으나 또 허탕을 쳤다. 며칠 후에 유비는 세 번째 융중으로 가서 삼고초려(초가집을 세 번 찾아감) 끝에 드디어 제갈량을 만났다(207년).[20] 어렵게 제갈량을 만난 유비는 그에게 가르침을 청했다. 제갈양이 유비에게 조조가 원소를 물리치고 100만 대군을 이끌어 천하를 호령하고 있으므로 그와 대적하는 것은 불가능하다고 했다. 또 강동의 손권과는 잘 지내는 것이 우선이고 형주와 익주를 얻은 후에 낙양으로 들어가면 한나라를 다시 세울 수 있다고 했다. 그러면 북쪽의 조조, 남쪽의 손권과 더불어 천하를 삼분지계하는 것이라고 역설했다.[21]

유비가 제갈량을 얻은 후에 신양에서 병사들을 훈련시키고 있었다. 이 소식을 들은 조조가 하후돈에게 10만의 군사로 유비를 공격하게 했으나, 제갈량의 신출귀몰한 용병술로 하후돈을 물리쳤다. 이때 평소에 제갈량이 어리다고 무시하던 관우와 장비가 공명의 군사작전에 감탄했다. 하후돈이 유비에게 패한 후에 조조 자신이 대군을 이끌고 다시 쳐들어왔다. 조조에게 대적할 수 없는 유비는 신야를 버리고 번성으로 갔다가 다시 남하하여 당양에서 결국 패하고 말았다. 조조가 형주를 취하고 유비는 한수(장강 지류)를 건너 강하로 피신했다. 유비가 제갈량에게 강동으로

---

20 유영수, 「시조에 나타난 중국인물에 대한 연구」 (가천대학교 대학원 석사학위논문, 2015), p. 33. "유비가 제갈량을 만나기 위해 제갈량의 초당으로 세 번 찾아갔다. 유비가 제갈량의 힘을 빌어 촉의 땅을 차지하고 천하를 삼분하여 촉한의 황제에 오른다."

21 나관중/이문열 평역, 『삼국지 5』, (서울: 민음사, 2016−3판 63쇄), p. 152.

가서 손권을 설득해 조조에게 함께 대항하도록 하자고 했다.

Ⅲ 강동을 제패한 손권

1 오나라의 국론분열

손견이 사망한 후 그의 장남인 손책은 원술에게 의탁하고 있었다. 손책은 아버지 유품인 옥새를 원술에게 맡기고 군사를 빌려 강동으로 와서 강동일대를 평정하고 독립했다. 손책은 주유, 장소 등 인재를 모아 오나라의 기반을 다졌으나, 자객의 습격으로 26세에 사망했다. 그러자 손책의 동생인 손권이 그의 뒤를 이어받았다(200년). 손권은 대권을 물려받은 후에 수성과 안정을 기본정책으로 삼았다.

하북을 통일한 조조가 영토확장을 위해 대군을 이끌고 남하했다. 이때 제갈량이 손권에게 와서 오나라와 유비가 연합군을 결성하여 적벽에서 조조에게 맞서자고 제안했다. 그러자 손권의 참모들 사이에 항복하자는 주화파와 싸우자는 주전파로 의견이 대립되었다.

주화파인 장소와 고옹 등은 다음과 같은 이유를 들어 항복을 주장했다. ① 조조는 100만 대군을 거느리고 황제의 이름으로 전쟁을 하고 있으므로 대항하기가 어렵고, ② 오나라의 강점은 장강을 이용하는 것인데, 조조가 형주의 수군을 얻어 수전에서 이로운 점이 없다는 점을 들었다. 이에 대해 주전파인 정보, 황보, 한당 등은 ⓐ 조조군사는 보병이라 육전에는 강하나 수전에는 약하고, ⓑ 엄동설한에 말에게 줄 마초가 부족하며, ⓒ 조조군사는 중원에서 수백 리를 이동했으므로, 물과 풍토가 맞지 않아 질병에 많이 걸리는 점 등을 내세워 결전할 것을 주장했다.

이와 같이 전쟁을 반대하는 신하들과 조조와 싸우겠다는 신하들로 국론이 분열되자, 손권은 재대로 먹지도 못하고 잠도 설치게 되었다. 이때 손권은 나라 안의 일은 장소와 논하고 나라 밖의 일은 주유와 논하라는 손책의 유언을 떠올렸다. 손권은 파양호에서 수군을 조련하고 있는 주유를 불러들이게 했다. 주유가 사상으로 돌아올 때 노숙이 나가 영접하며 그간의 과정을 모두 말해주었다. 주유는 노숙에게 제갈량을 만나게 해 달라고 부탁했다.

제갈량을 만난 주유는 조조가 황제를 앞세웠으니 거스를 수 없을 뿐만 아니라 싸우면 완패가 뻔하고, 항복은 쉬운 일이니 주공인 손권을 만나면 항복을 권할 생각이라고 했다. 이 말은 들은 제갈량이 두 여인을 배에 태워 조조에게 보내면 조조가 물러날 것이라는 계책을 말했다. 주유가 기뻐하며 두 여인이 누구냐고 묻자, 제갈량이 당대 최고의 미인으로 음악은 물론 문장에도 뛰어난 팔방미인인 대교와 소교 자매라고 능청스럽게 답했다. 그리고 조조가 강동의 대교와 소교를 탐낸다는 시(동작대부: 銅雀臺賦)를 읊었다.[22] 주유가 제갈량의 계책을 듣고 갑자기 얼굴이 벌개지더니 화를 버럭 내며, 대교는 손책의 부인이고 소교는 주유 자신의 아내라는 것을 모르냐고 따졌다. 제갈량은 모든 것을 알고 있으면서도 시치미를 떼며 몰라서 실언했다고 주유에게 사과를 했다. 그러자 주유가 좀 전에 자기가 항복하겠다고 한 것은 제갈량의 속내를 알아보기 위한 것이었다고 하면서, 사실은 처음부터 조조와 싸울 생각이었으니 도와 달라고 제갈량에게 부탁했다.

다음 날 손권이 여러 장수들을 소집하여 어전회의를 열어, 주유의 의견을 물었다. 주유는 조조가 한나라의 승상이라고는 하나 사실은 역적이고, 손권 주공께서 부친과 형님이 남긴 가업을 이었기 때문에 조조에게 항복할 수 없으며, 오나라는 군사가 용맹하고 물자가 풍부한 까닭에 조조와 한판승부를 가려 볼 절호의 기회라고 했다. 주유의 말을 들은 손권이 갑자기 일어나 칼을 빼어 들더니 옆에 놓인 탁자를 잘라 버리며, 다시 항복이라는 말을 꺼내는 자가 있으면 탁자처럼 될 것이라고 했다. 이와 같이 주유의 의견에 따라 손권이 조조와 한판 승부를 벌이는 것으로

---

22 "동작대부는 조조의 아들 조식이 지은 시로써, 조조가 대교와 소교를 탐낸다는 내용이다. 그 일부 구절은 다음과 같다. '높은 대(臺)에 있으니 정취가 더욱 즐겁도다/좌우에 두 대를 세우게 하니 하나는 옥룡이요, 하나는 황금봉황이 있더라/동남의 두 개 다리(이교: 二喬)를 데려와 아침저녁으로 즐기더라.'" (http://terms.naver.com/entry.nhn?docid=537877&cid)

결정했다.23 손권은 그 자리에서 주유를 대도독, 정보를 부도독, 노숙을 친군교위로 임명했다.

② 오·촉 연합군과 조조의 적벽대전

1) 적벽대전의 상황

대도독에 임명된 주유는 제갈량을 만나 조조군을 화공(火攻)으로 공격하자는 데합의했다. 주유의 계책을 부탁받은 당대의 명사인 방통이 조조진영으로 갔다. 그는 조조에게 북방군사들은 배멀이에 약하니 배 50척을 쇠고리로 연결해 하나로 묶고 그 위에 널빤지를 깔면, 강한 바람이 불어도 배가 흔들리지 않아 평지처럼 자유자재로 활동할 수 있는 연환계를 쓰라고 했다. 방통의 계책대로 조조군의 배들이 모두 이어졌다. 조조의 참모 정욱이 연환계를 쓰면 좋으나, 오나라 군사의 화공에 대비해야 한다고 충언했다. 이에 조조가 지금은 엄동설한이니 서풍이나 북풍만 불뿐, 남풍이나 동풍은 불지 않으므로 걱정하지 않아도 된다고 했다.

한편 주유에게는 커다란 고민거리가 생겼다. 화공으로 조조군을 공격하려면 동남풍이 불어야 하는데, 그것은 겨울이라 불가능하기 때문이었다. 이러한 주유의 고민에, 천문학에 밝은 제갈량이 칠성단을 쌓고 기도를 하여 사흘 동안 동남풍을 불게 하여 풀겠다고 했다. 약속한 날 밤에 주유가 막사 밖으로 나가 보니 깃발이 북서쪽으로 향하고 있었다. 한겨울에 동남풍이 불어오자 주유는 깜짝 놀랐다. 주유는 제갈량의 비범한 능력에 감탄하면서 그를 살려 두어서는 유비와 함께 화근이 될것이라고 생각하여, 정봉과 서성 두 부하장수에게 칠성단으로 가서 제갈량을 살해하라고 명령했다. 그러나 주유의 속내를 읽은 제갈량은 미리 대기하고 있던 조자룡의 호위를 받으며 장강 하구에 유비의 군영으로 무사히 귀환했다.

항상 자신보다 한발 앞서 대책을 세우는 제갈량이었지만, 주유는 화만 내고 있

---

23 나관중/황병국 역, 『원본삼국지』 (파주: 범우사, 2012–3판 5쇄), p. 437.

을 상황이 아니었다. 동남풍이 있는 동안 주유는 조조를 물리쳐야 하기 때문이었다. 주유는 동남풍을 이용하여 돛단배 20척을 조조진영으로 접근시켜 불을 지르자, 조조진영의 배들이 순식간에 불길에 휩싸였다. 주유는 불길이 번지자 모든 군사들을 일시에 일으켜 조조군을 살육했다. 이날 조조의 군사들은 불에 타 죽지 않으면 물에 빠져 죽었고, 물에서 헤엄쳐 나왔다가도 오나라 군사들의 창에 찔리고 화살에 맞아 죽었다.24 궁지에 몰린 조조는 기병 백여 명을 거느리고 강 언덕으로 도주했다. 이리하여 오나라 군사보다 월등한 전력을 가졌음에도 조조의 100만 대군은 오나라군의 화공에 속수무책으로 완패를 당한다. 이 전쟁이 유명한 적벽대전이다(208년).

2) 조조를 놓아준 관우의 의리

주유의 손아귀에서 벗어나 초나라 군영으로 돌아온 제갈량은 모든 장수를 소집해 지시를 내렸다. 조자룡과 장비 등 여러 장수들에게는 조조를 치기 위한 임무를 부여했지만, 관우에게는 눈길 한번 주지 않았다. 관우가 못마땅해하며 자기에게는 임무를 맡기지 않는 이유가 무엇이냐고 따지자, 제갈량이 가장 중요한 임무를 맡기려고 하는데 걸리는 게 있다고 했다. 조조가 패해 화용도로 달아날 것이 분명한데, 관우가 그곳을 지키면 전에 포로로 있을 때 입은 은혜를 생각하여 조조를 놓아줄 것이 분명하기 때문이라고 했다. 이에 관우가 놓아 주면 군법에 제재를 받겠다는 군령장을 쓰고, 400명의 군사를 데리고 화용도로 가서 매복했다.

적벽대전에서 패한 조조가 불타는 함선에서 강 언덕으로 나와 패잔병들과 험난한 산길로 들어섰다. 얼마를 가다가 새벽비로 진흙구덩이가 된 산길에 앞서 가던 군사들의 발발굽이 빠져 행군이 멈춰 섰다. 군사들이 갈팡질팡하고 있을 때, 조조가 군대는 산을 만나면 길을 내서 가야 하고 물을 만나면 다리를 만들어 건너는 법이라고 호통을 쳤다. 그리고 풀과 갈대를 베어다 진흙구덩이를 메우면서 험한 비탈길을 오르도록 독려했다. 조조의 군사들은 화상에다 추위와 굶주림에 시달리며 힘겹게 행군을 해 나갔다.

---

24 나관중/이문열 평역, 『삼국지 6』 (서울: 민음사, 2016−3판 63쇄), p. 140.

이때 관우가 적토마를 타고 500명의 군사를 이끌고 나타났다. 관우가 조조에게 군사(軍師) 제갈량의 명을 받고 여기 화용도에서 오래 기다렸다고 했다. 이에 조조가 자신은 싸움에 패해 더 이상 빠져나갈 길이 없으므로, 옛정을 생각해 길을 비켜 달라고 했다. 이에 관우가 이미 안량과 문추를 베어 은혜를 갚았고, 오늘 일은 사적이 아니라 공적인 것이라고 했다. 조조가 다시 대장부는 신의를 중시한다면서 길을 터 달라고 간청했다. 의리를 중시하는 관우는 옛날 조조가 베푼 은혜가 떠올라 마음이 동했을 뿐만 아니라, 조조의 군사들이 처량한 기색으로 눈물을 흘리는 것을 보고 더더욱 불쌍한 생각이 들어 마음이 흔들려 조조에게 길을 터 주었다.

조조를 살려 보내고 하구에 돌아온 관우에게 제갈량이 군법대로 시행하겠다고 언성을 높이고, 무사들에게 관우의 목을 베라고 명령했다. 얼굴이 백짓장이 된 유비가 제갈량에게 운장이 군법을 어기기는 했으나, 도원결의로 같은 날 죽기로 맹세를 했으므로 운장에게 공을 세워 속죄할 기회를 달라고 간청했다. 유비의 간청에 제갈량은 못 이기는 척 관우를 사면해 주었다.[25]

3) 적벽대전의 대차대조표

오나라와 위나라의 전쟁 중에 유비는 형주의 남부를 장악하여 근거지를 마련했다. 따라서 적벽대전의 결과 손권의 강남의 지배가 확정되고 유비도 형주 서부에 세력을 얻어 천하삼분의 형제가 확정되었다.

적벽대전에서 패배하여 화용도로 도주하다가 관우의 의리로 생명을 부지한 조조가 허도로 돌아가면서 조인에게 남군성을 지키게 하고 형주성은 조홍, 양양성은 하후돈에게 지키라고 했다. 손권은 조조가 힘을 잃은 사이에 형주를 차지하기 위해 먼저 남군을 점령하고자 했다. 이때 손권의 명령을 받은 주유가 적벽대전에서 대승을 거둔 기세를 몰아 군사를 이끌고 남군성을 지키고 있는 조인의 군사와 공방을

---

25 나관중/박상진 편역, 앞의 책(주 24), p. 258. "관우가 화용도를 출발하기 전, 제갈량과 유비는 관우가 조조를 만나면 차마 옛정을 외면하지 못해 풀어줄 것이라 짐작했다. 그런데 제갈량이 운을 보니 조조가 아직 수명이 남아 있었다. 어차피 살아남을 조조에게 관우가 빚을 갚도록 제갈량은 관우를 화용도로 보낸 것이었다."

벌였다. 오나라 군사와 위나라 군사가 공방전을 벌이고 있는 사이에 제갈량이 조자룡을 앞세워 잽싸게 남군성을 차지해 버렸다. 제갈량이 남군성을 얻는 과정에서 조인의 병부(장수가 군대를 동원할 때 쓰는 징표)를 수중에 넣고, 이를 이용하여 형주를 지키는 조조군사들에게 남군성이 위험하니 원군을 보내 달라고 속임수를 썼다. 제갈량에게 속은 형주의 병사들이 남군성으로 이동하는 틈을 타서 장비가 형주를 점령했다. 또 제갈량은 양양을 지키는 병사들에게도 병부를 이용하여 그들을 성 밖으로 끌어낸 뒤 관우를 시켜 양양을 점령했다.

이렇게 되자 손권은 적벽대전에서 대승을 거두고도 사실상 얻은 것이 없었다. 손권이 노숙을 유비에게 파견하여 형주를 되돌려 달라고 요청했다. 제갈량이 노숙을 설득하여 서천을 얻을 때까지 형주에 머물겠다고 하면서, 오나라로부터 형주를 잠시 빌렸다는 문서를 만들어 노숙에게 주었다. 노숙을 만난 주유는 계책을 만들어 그를 다시 형주로 되돌려 보냈다. 유비를 만난 노숙은 오나라가 서천을 치고 점령하면 서천을 줄테니 그때 형주를 돌려 달라고 했다. 유비는 이를 승낙했다. 주유의 계책은 서천으로 가는 척하면서 길목에 있는 형주를 치려는 것이었다.

그런데 제갈량은 주유의 계책을 꿰뚫고 있었다. 주유는 군사 5만 명을 이끌고 형주로 향했다. 형주성에 도착하자 성 위에서 유비의 장수 조자룡이 전투태세로 나타났다. 주유가 조자룡에게 서천을 치러 가는 중에 유비에게 인사를 하겠다고 하자, 주유의 계책을 안 제갈량에게서 성을 굳건히 지키라는 명령이 있었다고 조자룡이 말했다. 이에 당황한 주유가 말머리를 돌려 성을 떠나려는데, 엄청난 군사들이 몰려와 주유를 사로잡으라고 외쳐댔다. 충격을 받은 주유가 말에서 떨어져 배로 옮겨져 안정을 취했으나, 후유증으로 형주를 차지하려고 고군분투하던 주유는 36세에 사망했다(210년), 주유의 뒤를 이어 노숙이 오나라의 군사지휘권을 행사하게 되었다.

Ⅳ 촉 황제가 된 유비

1 유비가 한중을 차지함

　적벽대전에서 패한 조조는 손권과 유비가 결탁해 공격해 올 것을 염려해 남정 계획을 세웠다. 순유가 조조에게 먼저 오나라를 취한 다음에 유비를 공략하라고 조언했다. 순유의 말에 따라 조조가 군사 40만을 일으켜 오나라를 향해 진군했다. 이때 허도에서는 조조의 측근들이 황제에게 청해 조조를 위공(황제가 누리는 권한을 같이 행사는 높은 자리)으로 논하자는 논의가 한창이었다.

　그런데 조조의 책사 순욱이 반대하면서 조조를 적극적으로 도우려 하지 않자 조조가 괘씸하게 생각했다. 출병을 함께했던 순욱은 중간에 병을 핑계 삼아 조조를 따라가지 않았다. 조조는 순욱에게 음식을 내렸는데 그릇이 비어 있었다. 순욱은 조조가 자기에게 줄 것이 없다는 뜻으로 알고 스스로 목숨을 끊었다. 순욱의 반대에도 불구하고 조조는 위공이 되었다.

　한편 조조가 오나라 침공을 위해 출병하자, 전에 조조에게 죽임을 당한 마등의 아들 마초가 아버지의 복수를 위해 서량 태수와 함께 조조가 없는 틈을 타 장안을 공격해 함락했다. 오나라로 진군하던 조조가 급보를 받고 회군하여, 혼전을 거듭한 끝에 조조가 마초를 물리쳤다. 조조는 장안을 하후연에게 맡기고 허도로 돌아왔다. 이때 조조의 추종세력들이 황제(헌제)에게 조서를 올려 조조는 위왕의 자리에 오르고(216년), 황제와 같이 행세하게 되었다.

　한편 익주 태수 유장은 한중 태수 장로의 침공을 두려워한 나머지 유비를 촉으로 맞아들여 한중을 공격하자고 제의했다. 관우가 형주를 지키고 유비가 제갈량, 장비, 조자룡과 함께 촉으로 들어갔다. 그러자 마초가 촉으로 와서 유비에게 항복하고 유장도 유비에게 서천성을 내주어 유비가 서천을 자연스럽게 취했다. 하지만 유비는 익주를 취하고도 손권에게 형주를 반환하지 않았다. 이어 유비가 한중을 공격하자 조조는 한중을 버리고 장안으로 퇴각했다. 이에 유비를 따르던 여러 장수들의 추대에 의해 유비가 한중왕이 되었다(219년).

② 관우와 장비의 최후

1) 관우의 최후

유비가 한중왕이 된 후 분노한 조조가 그를 치려고 하자, 모사 사마의가 손권으로 하여금 형주를 치게 하면 유비가 군사를 움직여 형주로 갈 것이니, 그때 한중과 서천을 점령하라는 계책을 냈다. 이에 조조가 손권에게 형주를 공격하면 위나라 군사가 호응해 유비를 물리치겠다는 서신을 보냈다. 손권의 참모들이 조조와 화친하기를 바랐으나, 형주를 지키고 있는 관우를 모두들 두려워했다. 제갈근이 손권에게 관우에게 아들이 있는데 세자와 혼인을 주선하여 이에 응하면 조조를 치고, 응하지 않으면 유비를 치자고 제안했다. 손권의 명을 받은 제갈근이 형주로 가서 관우를 만났으나, '범의 딸을 어찌 개의 아들에게 시집 보낼 수 있겠느냐'고 화를 내며 혼사제의를 거절했다. 이는 자존심이 상한 손권이 조조와 손을 잡는 계기가 되었다.

기회를 잡은 조조가 손권과 결탁했다. 조조는 번성을 지키고 있는 조인에게 형주를 공격하라고 했다. 이 첩보를 보고받은 유비가 관우에게 선수를 쳐 번성을 공격하라고 명했다. 관우가 관평에게 번성을 공격하게 하자 조인이 맞섰다. 이 틈에 관우가 양양성을 점령했다. 관우는 여세를 몰아 강을 건너 번성을 포위했다. 그러자 오나라의 대도독 노숙의 뒤를 이어 군사지휘봉을 이어받은 여몽이 형주를 침공했다.[26] 여몽의 뛰어난 계략으로 형주를 점령당하자, 관우는 오나라와 위나라의 연합군에 쫓기다 맥성으로 도주했다. 맥성전투에서 오군에게 포위당하자 관우가 유봉과 맹달에게 구원을 요청했으나 거절당하고, 관우는 서촉으로 도주하다가 여몽의 부하장수

---

[26] "여몽이 제갈근을 사자로 보내 관우에게 손권의 아들과 관우의 딸을 혼사시키려 했으나, 관우가 거절하자 이를 빌미로 삼아 형주를 공격한다." (http://wikipedia.org/wiki/gudwnrhdqkdwjs (검색일: 2016. 10. 1.))

인 마충에게 생포를 당했다. 손권이 관우에게 투항하기를 권유했으나, 관우는 유비가 혈육의 정으로 대해 주었기 때문에 의리를 버리고 항복할 수 없다고 하여 죽임당하니 58세였다(219년). 이때 형주가 오나라의 관할 아래로 들어갔다.

2) 장비가 피살됨

한편 조조는 오나라와 촉나라의 일로 고민하다가 두통이 생겼는데 증상이 나날이 심해졌다. 명이 다했음을 안 조조는 맏아들 조비에게 대를 잇게 하라고 유언을 남기고 숨을 거두니 그의 나이 66세였다(220년). 조비가 위왕에 오르자 그는 조조보다 더욱 헌제를 핍박했다. 마침내 조비의 추종자들이 헌제를 압박하여 황제의 자리를 빼앗았다. 조비는 국호를 대위라 하고 도읍을 낙양으로 옮겼다. 이로써 한 고조 유방이 천하를 통일하고 세운 한나라는 400년 역사를 뒤로 한 채 멸망하고 말았다.

조비가 한나라 황실을 찬탈했다는 소식이 전해지자 한중왕 유비는 제갈량에 의해 황제로 추대되었다(221년). 유비가 성도에서 관우의 죽음을 보고를 받고 화가 치밀어 유봉을 죽이자 맹달은 위나라에 투항했다. 황제가 된 유비는 군사를 일으켜 오나라를 공격하려 했다. 이에 조자룡이 지금 천하의 역적은 위나라지 오나라가 아니니 먼저 위나라를 쳐야 한다며 반대했지만, 유비는 관우의 복수를 위해 오나라에 전쟁을 선포했다.27 이에 제갈량이 섣불리 군사를 움직이지 말고 오나라와 위나라가 반목할 때를 기다려 침공하라고 간언했지만, 유비는 관우의 원수를 갚기 위해 70만 대군을 일으켰다.

낭중성에 있던 장비도 관우의 죽음을 비통해하며 하루하루를 눈물바다로 보냈다. 휘하의 장수들이 이를 보다 못해 술을 권하며 장비의 슬픔을 달랬다. 그런데 술에 취하면 사람을 폭행하는 장비의 술버릇은 여전했으므로, 성 안에는 장비에 대해 두려움을 느끼는 군사들이 늘어갔다. 장비는 관우의 복수를 위해, 흰 갑옷과 흰

---

27 "손권은 관우의 수급을 조조에게 보냈다. 손권이 유비의 복수를 두려워하여 책임을 조조에게 돌리고자 했기 때문이다. 하지만 조조는 이를 모두 꿰뚫고 있었으므로, 오히려 관우를 제후의 예로 후하게 장사지냈다." (http://blog.daum.net/nhk2375/7164936 (검색일: 2016. 10. 1.))

깃발을 3일 내로 만들어 내라고 범강과 장달에게 명령했다. 범강과 장달이 사흘 내에 만들기에는 벅찬 일이니 기한을 넉넉히 달라고 하자, 장비가 명령을 어기려드느냐며 불같이 화를 내고 두 장수를 나무에 매달아 등허리 채찍질 50대씩을 쳤다. 범강과 장달은 억울한 마음이 들었을 뿐만 아니라, 사흘 안에 만들어 내지 못하면 죽을 수도 있다는 생각을 했다. 그날 술에 취해 곯아떨어진 장비가 두 장수에게 피살되었는데 그의 나이 55세였다(221년). 범강과 장달은 장비의 머리를 들고 손권 쪽으로 도망을 쳤다.

③ 촉나라와 오나라의 이릉대전

군사를 직접 이끌고 오나라로 출동한 유비는 전쟁 초기에 연전연승을 했다. 오나라 군대가 잇달아 패배하자 손권이 유비에게 강화제의를 하면서, 장비를 죽이고 투항한 두 부하와 형주를 돌려 주겠다고 했으나 유비가 이를 거절했다. 강화제의가 결렬되자 손권은 육손을 대도독에 임명했다. 위급한 순간에 오군의 총사령관이 된 육손은 이릉에서 촉군과 대치했다. 그런데 육손은 장수들이 출전해 싸우는 것을 허락하지 않았다. 오나라 군사들이 싸움에 응하지 않자 유비는 속으로 초조했다. 선봉장 풍습이 날씨가 더운데다 물이 멀리 있어 불편하다고 하자, 유비는 숲이 무성하고 계곡이 가까운 곳으로 영채를 옮기게 했다. 화공법을 쓰려고 때를 기다리던 육손은 숲속에 설치된 촉군의 영채에 불을 지르며 야간기습으로 총공격을 하여 대승을 거두었다. 이것이 유명한 이릉대전이다(221년). 이릉대전은 촉나라 멸망의 직접원인 중의 하나가 되었고 천하삼분지계가 끝나는 계기가 되었다.28

이 전쟁에서 유비는 군사 대부분을 잃고 백제성으로 피신했다. 이때 유비가 제갈량에게 위나라를 쳐서 한 황실을 재건하라는 유언을 남기고 사망했다(223년). 유비의 뒤를 이어 장남인 유선이 촉 황제가 되었다.

---

28 http://wikipedia.org/wiki/gudwnrhdqkdwjs (검색일: 2016. 10. 1.)

Ⅴ 진나라의 삼국통일

① 초나라의 북벌전쟁

유비가 사망한 후에 제갈량은 오나라와 동맹을 회복했다. 황제가 된 조비는 오나라와 촉나라가 연합해 중원정벌에 나설 것을 염려하여, 조비가 먼저 오나라를 침공했다. 그러나 오와 촉의 연합군 앞에 전세가 불리하여 퇴각했다(224년). 위나라가 오나라의 공격을 멈추자 제갈량이 남쪽정벌에 나서 남만 왕 맹획을 7번 잡았다가 7번 놓아 줌으로써 남만을 평정했다.29 촉나라가 남만을 평정한 이듬해 위나라의 조비가 병이 들어 사망하고 그의 아들 조예가 15세에 황제(명제)가 되었다(226년). 이때 사마의가 형주와 예주를 관할하는 도독이 되어 완성에 주둔했다.

한편 남방을 평정한 제갈량이 유선 황제에게 출사표를 올리고(227년) 위나라 정벌(북벌)에 나섰다.30 이때 지난 날 관우의 죽음에 원인을 제공한 후 조비에게 투항했던 맹달이 조비의 죽음으로 입지가 위태로워지자, 제갈량과 손을 잡으려고 했다. 그러자 사마의는 맹달이 지키고 있는 신성을 공격해 그를 살해했다. 그 후 사마의는 한중의 요충지인 가정을 탈환하려 했다. 이에 마속이 가정을 지키겠다고 자원했다. 그러자 제갈량이 2만 5천 명의 군사를 마속에게 주고 신중을 기하라고 당부했다. 마속이 가정 땅에 이르러 지세를 보니 산골짜기가 대군이 지나가기가 수월치 않아 보였다. 마속은 길목에 진을 쳐야 위나라 군사의 이동을 막을 수가 있지만, 산 위에 진을 치면 적군에게 포위되기가 쉽다는 의견을 무시하고 산 위에 진을 쳤다. 그는 높은 곳에 진을 치면 적의 움직임을 보고 싸울 수 있으니 요새가 된다는 것을 명분으로 내세웠다. 사마의가 가정에 도착하자마자 산을 포위하고 물길을 끊

---

29 나관중·요시카와 에이지/강성욱 역, 『삼국지 9』(서울: 문예춘추사, 2014-3쇄), p. 290.
30 강수정, 앞의 글(주 3), p. 43. "출사표란 군대를 일으키며 임금에게 올리는 글을 말한다. 제갈량이 유비의 유언을 받들어 위나라를 토벌하러 떠나는 날 아침에 썼다. 국가의 장래를 걱정하고 각 분야의 현명한 신하들을 추천하며 유선에게 올리는 간곡한 당부의 말이 담겨 있다."

고 마속과 대치했다. 밥을 짓지 못하고 물을 마실 수 없게 된 촉군이 속속 위군에 투항했다. 사마의가 산에 불을 지르자 마속은 가까스로 도주하고 가정이 함락되어 1차 북벌은 실패로 끝났다(228년). 한중 땅으로 철수한 제갈량은 마속에게 책임을 물어 참수했다.

제갈량이 두 번째 북벌에 나서 진창을 포위했지만 군량미가 떨어져 회군했다. 이듬해에 제갈량이 세 번째 북벌에 나서 무도와 음평을 취했다(229년). 촉군이 네 번째 북벌에 나서 기산으로 진군하자 사마의가 장합을 거느리고 대항했다. 촉군이 여러 차례 승리했지만 식량이 떨어져 퇴각했다(231년). 촉나라가 다섯 번째 위나라 정벌을 시도했지만, 사마의와 대치하던 제갈량이 오장원에서 사망하니 54세였다 (234년).[31] 제갈량 사후에 촉의 장수 강유가 위나라와 전쟁을 벌였지만 패배했다.

② 삼국이 멸망함

위나라 황제 조예가 사마의를 태위로 삼아 변방을 지키게 했는데, 요동의 공손연이 군사를 일으켜 반기를 들었으나 사마염이 이 난을 진압했다(238년). 이때 조예가 병을 얻어 조상과 사마의에게 어린 왕자 조방(8세)을 부탁하고 36세에 사망했다(239년). 대장군 조상이 권력의 중심에 서자, 제갈량의 북벌을 막아 내어 권세가 높아질 대로 높아진 사마의를 견제했다. 이에 사마의가 병을 핑계로 두문불출하여 조상을 안심시킨 후, 조상과 황제가 새해 성묘를 간 사이에 정변을 일으켜 조정을 장악하고 조상을 살해했다(249년).

사마의는 정권을 잡은 지 2년 만에 죽고 그의 장남인 사마사가 정권을 장악했다. 이듬해 오나라에서는 황제 손권이 사망했다(252년). 위나라의 권력을 쥔 사마사가 조방을 폐하고 조모를 황제로 옹립했다(254년). 그런데 황제가 된 조모가 사

---

31 "오장원은 삼면이 해안에 접해 있고 한 면만이 산을 의지하고 있어서 그 형세가 매우 험하다. 제갈량이 성을 쌓고 사마의와 100일 동안 대치했던 장소이다." (http://cafe.daum.net/baekme/2JML/29?q (검색일: 2016. 10. 1.))

마사를 제거하려다가 오히려 사마소의 부하 장수 성제에게 죽임을 당하자(260년), 사마사가 조환을 황제(원제)로 옹립한다.

　위나라가 촉나라를 공격하자 오나라가 군대를 파견하여 대항했지만, 결국 촉나라가 멸망했다(263년). 이때 강유가 촉의 부활을 위해 성도에서 정변을 일으켰지만 실패하자 스스로 목숨을 끊고, 촉 황제 유선은 안락공으로 봉해져 낙양으로 압송되었다. 사마사 사망 후에 그의 장남인 사마염이 황제 원제로부터 양위를 받아 진나라를 건국했다(265년). 진나라의 건국으로 위나라가 멸망했다. 그 후 진나라가 오나라를 침공하여 멸망시켰다(280년). 이리하여 진나라가 삼국을 통일함으로써 천하통일을 이루었다.

수행을 시작하며

모락산 통나무 계단을 오르며
숲속으로 깊이 들어갈수록
내 마음도 깊어진다

부질없는 생각들을 떨쳐 버리기 위해
어린아이의 마음을 찾아 나선 오늘
숲속의 숨소리 들으며
산중턱 바위에 걸터앉을 때
가슴 속에서 흐르는
맑고 맑은 소리가 들려온다

나를 찾도록 인도하는 목소리 들으며
오르고 오르는 산에서
정겹고 넉넉한 마음이다

옹기종기 정으로 사랑으로
화합한 모습들이 아름다워
덕목의 길로 들어서는 것인가
나는 커다란 날개를 만들어
힘찬 날갯짓으로 내려온다.

(조성민 제3시집, 『사랑의 이정표』, 책나라, 2017, p. 107)

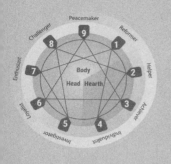

제2장

삼국지 인물의 성격

I 삼국지의 교훈

1 역사의 수레바퀴

삼국지에서 우리는 한나라의 쇠망과 함께 각지에서 할거하던 군웅들이 점차 삼국으로 정립되다가 마침내 진나라로 통일되는 변화와 곡절, 책략과 쟁취의 과정 속에서 역사의 맥락과 흥망성쇠의 이치를 배울 수 있다. 나아가 영웅호걸들의 행동 속에서 인성의 진실함과 도덕의 귀중함을 배울 수 있다. 영웅호걸들은 꿈이 있고 흥망성쇠가 있다. 전란의 와중에서 살아간 무수한 사람들의 삶의 역정과 희로애락이 있다.

삼국지 영웅들의 책략은 인간의 샘솟는 지혜이기 때문에 오랜 시간이 지난 현재에도 사람들을 흥분시키는 마력이 있다. 위나라·오나라·촉나라 삼국이 서로 정립하여 패권을 다투는 이야기는 그 스케일이 웅장할 뿐만 아니라 인간의 온갖 지혜의 힘이 총동원되어 치열한 공방전이 되풀이되는 만큼 그 내용이 흥미롭다. 여기에는 무용담뿐만 아니라 세상 이치에 관한 것이 다 들어 있다. 높은 차원의 국가전략에서부터 개인적 처신문제에 이르기까지 다양한 내용으로 채워져 있다. 난세를 사는 뭇 인간들의 승부정신과 향상욕구, 처절한 생존의 몸부림이 실감나게 배어 있다.

국가의 흥망성쇠는 동서고금을 막론하고 처음에는 참신하고 창조성이 넘치지만, 시간이 지날수록 지도층의 타락과 무사안일에 빠져든다. 우리는 지나간 역사를 반면교사로 삼아 오늘을 사는 지혜를 얻을 수 있다.

② 실력이 기회를 창출함

삼국시대는 한나라 황실이 무너지고 새로운 질서가 잡히기 전의 천하대란시대였다. 온 사회가 소용돌이치고 기존질서나 윤리의식, 가치관도 달라졌다. 문벌이나 계급 등 기득권보다 실력이 모든 것을 말해 주는 기회의 시대였다. 질서가 단단히 잡힌 시대에는 벼락출세나 신분상승이 어려우나, 이때는 밑바닥 신분에서 황후장상이나 심지어 황제까지도 바라볼 수 있게 되었다.

삼국시대의 문명중심지는 황하 주변이었고 양자강 이남이나 서쪽 지방은 변경이었다. 위나라는 인구가 많고 비옥한 황하유역지방인 중원을 기반으로 했다. 여기에서 기반을 잡은 조조는 상대적으로 우월한 지위에서 패권을 다퉜다. 오나라의 손권은 양자강 하류의 강동지방을 근거지로 했고, 촉나라의 유비는 양자강 중류에 있는 형주에서 시작하여 익주(사천성 지역)를 근거지로 했다. 위나라에 비해 국력이 약했던 오나라와 촉나라가 서로 연합하여 위나라에 대항하는 전략을 씀으로써 손권과 유비가 버틴 것은 선전한 것이라고 볼 수 있다.

당시 이들의 성향과 상황에 대처하는 행동양식을 통하여 오늘날 우리가 사회생활을 하며 만나는 사람들과 비교할 수 있다. 유비처럼 목표가 크고 인자하지만 우유부단한 측면이 있는 사람, 조조처럼 주도면밀하고 자신감이 넘치지만 목적달성을 위해 수단방법을 가리지 않는 사람 등을 통해 자신과 다른 사람을 알 수 있다.

삼국지 속에 나타난 여러 가지 상황의 원인이나 결과를 통해 현대사회를 살아가는 우리가 시행착오를 겪지 않고 상황대처방법을 배울 수 있다.

③ 에니어그램과 삼국지 인물

삼국지 영웅들을 통해 우리 자신을 돌아보고 사람과 세상을 보는 혜안을 키워야 한다. 현대인의 역할모델로서 손색이 없는 아홉 사람, 즉 순욱·손권·조조·주유·제갈량·관우·여포·장비·유비를 택해 에니어그램의 성격유형을 다음과 같이 적용시켜 보고자 하는 시도를 했다.

① 조조의 책사인 순욱을 완전주의자 1유형으로 설정했다.
② 손견의 차남이며 손책의 동생으로 오나라의 황제가 된 손권을 협조주의자 2유형으로 설정했다.
③ 황건적의 난을 평정하는 데 많은 공을 세워, 일찍이 한나라의 승상이 되고 권력을 독주한 조조를 성취주의자 3유형으로 설정했다.
④ 손권의 책사로서 적벽대전을 승리로 이끈 주유를 감정주의자 4유형으로 설정했다.
⑤ 유비의 책사로서 일찍이 삼분지계의 계책을 낸 제갈량을 분석주의자 5유형으로 설정했다.
⑥ 도원결의로 의리와 충성을 보인 관우를 수호주의자 6유형으로 설정했다.
⑦ 삼국시대 당시의 최고의 무술스타인 여포를 만능주의자 7유형으로 설정했다.
⑧ 목소리가 우렁차고 성격이 호탕한 장비를 주장주의자 8유형으로 설정했다.
⑨ 관우, 장비와 함께 도원결의를 맺어 맨주먹으로 촉나라를 건국한 유비를 평화주의자 9유형으로 설정했다.

Ⅱ 삼국지 인물의 생애와 성격

1) 순욱의 생애

중국 후한 말의 정치가이며 자는 문약(文若)이다. 용모가 단정하고 수려하다. 동탁이 소제를 폐하고 헌제를 제위에 올릴 때(189년) 순욱이 수궁령(守宮令)[1]이 되었는데, 동탁의 전횡을 견디지 못하고 외직을 자청하여 시골 황보현의 현령에 임명되었다. 반동탁연합군이 결성되자 그는 관직을 버리고 낙향했는데, 기주목인 한복이 순욱을 책사로 초빙해 가는 도중에 원소가 기주를 빼앗았다.

원소가 순욱을 크게 예우했으나, 원소가 대업을 이룰 수 없다고 판단한 순욱이 조조에게로 가서 그의 핵심인물이 되어 책사로 활약하게 되었는데 그의 나이 29세였다. 조조가 동탁에 대해 묻자 동탁의 포악이 점점 심해지니 머지않아 비참한 꼴을 보게 될 것이므로, 그를 치기 위해 아무 힘도 쓸 필요가 없다고 순욱이 대답했다. 이 말을 들은 조조는 기뻐하며 앞을 내다보는 안목을 가진 순욱을 좋아하게 되었다.[2]

조조와 순욱이 만났을 때 헌제가 낙양을 탈출하여 장안으로 피신했다. 순욱이 조조에게 헌제를 맞아들여야 한다고 하여 조조가 헌제를 허도로 맞이했다. 조조가 대장군이 되고 헌제를 등에 업어 정치적 명분을 쌓게 되었다. 이때부터 순욱은 조조의 핵심인물이 되어 책사로 활약하기 시작했다. 순욱은 조조군의 2인자로 전장에는 참가하지 않았지만, 조조의 근거지를 수비하는 역할을 하게 되었고, 조조는 전쟁할 때마다 순욱의 책략을 따랐다.

조조가 관도대전에서 원소를 제압한 후 승상이 되고, 조조의 딸과 순욱의 장남

---

1 궁중에서 종이, 묵, 붓 등을 관리하는 직책.
2 나관중/이문열 평역, 『삼국지 2』, (서울: 민음사, 2016–3판 66쇄), p. 238.

이 혼인하여 사돈이 되었다. 적벽대전 이후에 조조가 찬탈의사를 비추기 시작했다. 동소가 조조의 공훈을 표창하기 위해 순욱에게 자문을 구할 때, 순욱은 황제가 되려는 조조의 야망에 반대했다. 순욱은 한나라를 유지하겠다는 정치적 이상을 가졌고, 조조가 의병을 일으킨 목적은 조정을 바로잡고 국가를 안정시키기 위함이었으며, 이를 위해서는 충정의 진실을 지키고 물러나 사양하는 인품을 지녀야 하고, 군자는 사람을 덕망으로 대해야 한다고 생각했기 때문이었다.

순욱의 지지를 얻지 못한 조조는 순욱에 대해 불만을 품게 되었고, 이로 인해 두 사람 사이에 알력이 생겼다. 어느 날 조조는 병을 앓고 있는 순욱에게 빈 찬합을 보냈다. 조조에게서 텅 빈 그릇을 받은 순욱은 죽으라는 명령으로 받아들이고 스스로 생을 마감했다. 순욱은 자신의 인품, 능력, 선비정신을 자만과 오만, 권세와 부귀라는 2인자의 자리와 바꾸지 않았다.3 그가 목숨을 끊은 때가 50세였다(212년).

2) 순욱의 성격

(가) 원칙과 명분을 추구함

순욱은 대나무기질의 특성을 가진 원칙론자로서, 냉철한 판단력과 사사로운 정에 얽매이지 않는 곧고 강한 의지력의 소유자였다. 순욱은 헌제를 부정하는 원소보다 한 황실의 정통성을 인정하는 조조를 선택했다. 순욱이 조조를 주군으로 선택한 이유는 천하대란의 종식과 한 황실 부흥이라는 조조의 정의관이 순욱의 정의관과 일치했기 때문이다. 순욱은 조조를 만난 후에 이러한 정의관의 구현을 위해 원칙과 명분을 지키며 올곧게 생활했다.

순욱은 조조에게 헌제를 허도로 맞이하라는 책략을 주었다. 이는 순욱이 조조의 위세에 명분이라는 날개를 달아 주기 위한 것이었다. 황제를 모시면 많은 호족과 군웅들의 마음을 잡고 그들을 복종케 할 수 있기 때문이었다. 그러자 조조는 헌제 황제를 업고 정치적 명분에서 중원의 어떤 제후보다도 당당한 위치에 서게 되었다.

---

3 http://news.mk.co.kr/newsRead.php?No (검색일: 2016. 10. 3.)

또 황제를 허도에 머물게 함으로써 허도는 조조가 만든 새로운 수도이자 중심지가 되었다.

(나) 신뢰감을 줌

조조에게는 수많은 장수와 책사가 있었지만, 순욱은 조조가 가장 신임하면서도 존중한 인물이었다. 순욱은 조조의 첫 번째 책사로서 가장 중추적 역할을 담당하였다. 그는 인재선발에도 탁월한 수완을 발휘하여 조조의 무한한 신임을 받았다. 순욱은 조조가 허도로 천도하게 했을 뿐만 아니라, 여포를 정벌할 때나 원소와 북방 패권을 두고 관도대전을 치룰 때 등 여러 전투에서 수없이 위기에 처한 조조를 구하는 수훈을 세웠다. 조조는 사람을 잘 믿지 못하는 성격이었으나 순욱만큼은 크게 신뢰하였다. 순욱이 조조의 신뢰 아래 20년을 보좌하였다.

조조의 숨은 꾀주머니였던 순욱은 촉나라의 제갈공명, 오나라의 주유처럼 전쟁터를 누비며 군사를 지휘하지 않았다. 조조에게 중요했던 관도대전이나 적벽대전에도 참전하지 않았다. 하지만 순욱은 조조가 안심하고 자기 집 안방을 믿고 맡길 수 있는 유일한 사람이었다.

(다) 불의와 타협할 줄 모름

적벽대전 패배 후에 '후한의 권위회복과 영광의 재현'이라는 조조의 정의관이 붕괴되었다. 조정의 신하인 동소가 조조에게 벼슬을 받고, 황제에게 구석(九錫)을 받으라고 조조에게 제안하였다. 구석은 황제가 신하에게 내리는 아홉 가지 특권으로써, 신하가 황제의 권위와 맞먹는 특권이었다. 조조는 동소의 의견을 받아들이려 했지만 순욱이 이를 적극적으로 반대했다.

(라) 융통성이 없음

조조가 위공자리에 앉으려는 야망을 가졌을 때, 순욱은 이 야망이 조조의 개혁적이고 신선한 이미지를 훼손시키므로 이에 반대를 했던 것이다. 순욱이 반기를 들지 않고 이에 동조했다면, 권세와 부귀를 누릴 수 있는 조조 다음의 2인자의 자리를 차지할 수 있었을 것이다. 순욱은 마지막 순간에 막강한 2인자로 살 것인가, 아니면 한나라의 충신이 될 것인가의 선택의 기로에 서 있었다. 그는 타협하지 않으므로 자신의 신념을 지키고 충신으로 계속 남기로 작정했다. 이처럼 순욱은 세속의 욕심에 물들지 않고 자신의 신념을 끝까지 지킨 충신이었다. 융통성이 없는 순욱의 성격 때문에 그는 억울한 죽음을 맞게 되었다.

2 손권

1) 손권의 생애

손견의 아들로 태어나 11살에 부친을 여의고, 맏형 손책을 따라다니며 전쟁에 참여했다. 손책은 손권을 총애하여 전쟁을 할 때도 늘 곁에 두었다. 손책이 강동을 제패한 후 15세인 손권을 양성현의 현장으로 임명했다. 손책이 손권을 아꼈던 이유는 효성이 깊고 형제 간에 우애가 두터우며, 쾌활하고 인자하면서도 결단력이 있었기 때문이다. 또한 손권이 협객을 좋아하고 인재를 아낄 줄 알았기 때문이다.

손권의 자는 중모이며 나이가 들수록 턱은 각이 지고 입은 커졌으며 눈이 푸른 빛을 띠어 제왕에 오를 상으로 평가를 받았다. 손책이 자객에게 습격을 당해 26세에 사망하자, 손권은 19세에 후계자가 되었다(200년). 주유와 장소가 손권을 보좌했는데 내정은 장소가 맡았고 외치는 주유가 맡았다. 손권의 통치 방식이 가진 장점 중의 하나는 장수를 잘 부리는 능력이었다. 손권은 장수들이 서로 추천을 하면 이를 전적으로 신임했다.[4] 손권의 참모 중 뛰어난 장수로 주유, 노숙, 여몽, 육손 등 강동사걸(江東四傑)을 손꼽을 수 있다.

조조가 형주를 장악한 후에 오나라에 항복을 요구했다. 이때 손권은 일생일대의 위기에 봉착했다. 손권이 항복을 하면 조조의 신하가 되어 독립국가를 유지하지 못하고, 항전을 하면 오나라 정권이 무너질 수 있기 때문이었다. 선택의 어려움에 처

---

4 곽화/차혜정 역, 『삼국지 인간력』(서울: 스마트비즈니스, 2008), p. 138.

한 손권은 주유와 제갈량의 건의를 수용하여 조조와의 결전을 선언하여 적벽대전
이 일어났다. 손권이 화공계를 이용해 지리에 익숙지 못하고 풍토병에 시달린 조조
군을 대파한 후, 오나라는 위나라, 촉나라와 더불어 본격적인 삼각구도의 세력 각
축전을 벌였다.

주유의 대를 이은 노숙은 친유비파였다. 그는 유비와 힘을 합쳐 조조에게 대적
해야 오나라의 안위가 보장될 수 있다는 입장이었다. 노숙이 죽자 오나라의 분위기
가 급변했다. 형주를 되찾아야 한다는 강경론이 득세하여 형주를 둘러싸고 유비와
대립하고 있던 손권은 조조와 동맹을 맺고 형주를 지키고 있는 관우를 공격했다.
이 싸움에서 관우가 죽자, 오와 촉은 철천지 원수가 되었다. 관우의 복수를 위해
유비가 이릉전투를 일으켰으나 대패하고 벽제성에서 유비가 죽음을 맞았다.

오나라와 촉나라의 뒤틀어진 관계가 다시 정상화된 것은 제갈량이 촉의 전권을
장악한 뒤였다. 이때 손권이 오나라의 초대황제가 되었다(209년). 손권의 말년에
오나라는 후계자 갈등으로 인해 궁중이 권력투쟁으로 점철되었다. 손권의 장남 손
등이 죽자 동생인 손화(손권의 셋째아들)를 태자로 임명하고, 그의 동생 손패(손권의
넷째아들)를 노왕으로 임명해 동등한 지위를 부여했다. 조정은 태자파와 노왕파로
갈라져 내분에 휩싸이자, 손권은 두 사람에게 모두 벌을 내려 죽음에 이르게 했다.
손권은 71세에 병사를 하고(251년), 오나라는 진나라에 멸망당했다(280년).

2) 손권의 성격

(가) 인내심이 강함

손권은 일을 처리할 때 참모들과 상의하고 토론하는 스타일이다. 손권은 겸손하
고 온화하며 참을성이 강했다. 허리를 굽혀 기회가 오기를 기다리고, 연장자나 재
능 있는 부하에 대해 자세를 낮추고 가르침을 청했다.

유비와의 이릉전투를 앞둔 어느 날, 손권은 위나라의 신하국이 되겠다고 자청했
다. 위나라와 대립하는 상황에서 촉나라와 싸워 이길 가망이 없다고 판단했기 때문
이었다. 위나라 황제인 문제(조조의 아들 조비)는 신하국이 되겠다는 손권의 말을 그

대로 믿을 수가 없었다. 위나라 황제는 손권에게 신하가 되겠다는 증거로 상아와 코뿔소의 뿔 등 비싸고 희귀한 물품을 보내라고 요구했다. 손권의 참모들은 아무리 전쟁에서 승리하기 위한 방편이라 해도 굴욕을 당할 필요가 없다고 만류했지만, 몸을 낮추고 치욕을 참았다.

이처럼 손권은 주변 상황을 냉정하게 판단하여 참아야 할 경우에는 어떠한 난관도 견뎌 내는 인내심으로 삼국의 여러 군주 중에서 가장 오랫동안 황제의 자리를 지킬 수가 있었다.

(나) 넘버 2의 인생철학

손권은 정치에 있어서 차선의 방법을 택했다. 조조나 유비가 천하제패를 목표로 한데 반해, 손권은 무리한 모험을 피하고 정세가 호전되기를 기다려 행동했다. 손권이 통일천하를 목표로 삼지 못한 원인은 주위 환경이 여러 측면에서 열악했기 때문이다. ① 지리적 환경이 열악했다. 오나라는 산세가 험악하고 장강이 있는 지리적 여건은 수비에는 유리하지만 공격에는 불리했다. ② 위나 촉에 비해 오나라는 상대적으로 인재가 부족했다. 지역이 협소하여 현지에서 인재들을 찾아야만 했을 뿐만 아니라, 유능한 인재들이 사망하면 이들을 이을 만한 인물을 찾기 어려웠기 때문이다. 이에 반해 위나라는 영토가 넓어 인재들이 모여들었고 또 뒤를 이을 인재가 끊임없이 배출되었다. ③ 오와 촉이 손을 잡으면 조조를 견제할 수 있으나, 오와 촉이 형주를 두고 분쟁이 끊이지 않는 바람에 손권은 통일전략을 강력하게 추진할 수 없었다. 또한 오나라는 위나라로부터 항상 경계를 받는 입장이었다.

오나라의 이러한 여건 때문에 손권은 모든 일에 있어서 완전무결하면 무리가 생긴다고 생각했다. 따라서 그는 수재이기는 하지만 톱이 되려고 하지 않는 넘버 2의 타입이었다.

(다) 참모를 도와주고 육성함

손권은 인재 육성에 열정적이었으며, 부하의 장점을 살려 성장을 촉진시켰다.

오나라에는 손권의 격려와 육성에 의해 대성한 부장이 많았다. 손권은 적재적소에 능력이 출중한 인물을 배치하고 그들의 자율성을 보장해 주었다. 손권이 등용한 주유, 노숙, 장소, 육손 등은 그 재능을 발휘하여 각자의 직무를 다했다.

주유는 오나라 창업공신과 더불어 적벽대전을 승리로 이끌었다. 손권은 명장이며 책사인 노숙을 귀하게 여겨 그의 모친에게 의복과 휘장, 거처와 잡다한 물품을 주어 생활에 불편함이 없게 했다. 그러자 노숙은 한 황실은 다시 일어설 수 없을 것이라며, 손권에게 천하통일을 도모하기를 권했다. 위나라에 투항하기를 권유한 장소조차도, 손권은 그를 전쟁에 참여시켜 공신으로 만드는 지혜를 보여 주었다.[5] 여몽은 원래 무예 이외에는 아무것도 몰랐으나, 손권이 학문의 필요성을 역설하여 여몽을 분발시킴으로써 오나라의 우수한 전략가로 변신하어 관우가 지키고 있던 형주성을 함락했다. 손권은 지모와 용맹을 겸비한 명장인 육손을 자주 불러 정치문제에 관해 의견을 구했다. 이릉대전 중 손권에 의해 최고사령관으로 발탁된 육손은 뛰어난 작전을 펼쳐 승리를 이끌었다. 이릉대전의 결과 강남지방에 대한 오나라의 지배력이 공고해졌다. 그 후 육손은 손권에 의해 승상이 되었다(244년).

(라) 결단력이 부족함

손책이 수하들에게 습격을 당해 사경을 헤맬 때 아우인 손권에게 "나라 안의 문제는 장소와 상의하고, 나라 밖의 문제는 주유와 상의하라"고 유언했다. 손책은 결단력이 부족한 손권의 성격을 잘 알기 때문이었다.

적벽에서 오나라와 위나라 군사가 서로 대치하고 있을 때 오나라 신하들이 항전이냐 항복이냐를 놓고 논쟁했지만 손권은 군주로서 결단을 내리지 못했다. 손권은 어전회의를 주재하면서 중요한 사항을 결정해야 하는 순간에 어찌할 바를 모르고 갈팡질팡할 때가 많았다. 적벽대전을 앞두고 대도독 주유가 자신의 전력을 보고하자 손권은 무조건 찬성을 했다.[6] 이는 참모에게 모든 일을 위임하는 측면도 있지만, 다른 한편으로는 자신이 국정을 처리하는 능력에는 자신이 없다는 것을 보여

---

5 http://cafe.naver.com/ak573/31617 (검색일: 2015. 10. 9.)
6 http://cafe.daum.net/Samfull/AMNe/581?q (검색일: 2016. 12. 22.)

주는 예이기도 하다. 그의 결단력이 부족한 성향으로 공격적인 나라 경영을 하기보다는 수성책을 펼쳤다.

③ 조조

1) 조조의 생애

자는 맹덕이다. 조조는 황건적 난을 평정하는 데 공을 세운 후 세상에 두각을 나타냈다. 영제 사후에 십상시 난이 일어나고 이 와중에 동탁이 실권을 장악했다(189년). 동탁이 권력을 장악하자 조조가 동탁의 수하로 들어갔지만, 동탁의 전횡을 보고 분노하여 그를 암살하려 했다. 그러나 실패하여 세상을 떠돈다. 조조는 원소·원술 등과 반동탁연합동맹을 맺었으나 뜻을 이루지 못했다.

동탁토벌을 위해 모인 제후들이 사수관으로 군사를 이끌고 나온 동탁의 부하장수 화웅을 제어하지 못해, 선봉싸움에서 연합군의 사기가 꺾일지도 모르는 전투였다. 연합군의 위기상황에서 하위직책 마궁수인 관우가 화웅을 베는 능력을 발휘했다. 관우의 활약상을 본 조조가 첫눈에 반했다.

그 후 조조와 관우의 하비성 전투에서 항복을 한 관우에게 조조가 온갖 재물과 저택과 미녀 등 파격적인 대우를 제시했음에도 관심을 보이지 않고 문지기 집에서 생활하며, 유비 부인들을 주군의 예로써 보필할 뿐만 아니라 자세를 흐트러뜨리지 않는 모습에 조조가 더욱 반했다. 관우가 뛰어난 인재이면서 완벽한 남자이기 때문이었다. 자신을 버리고 유비를 찾아 떠나는 관우를 뒤에서 바라보던 조조가 마지막까지 전포를 주며 은혜를 베풀었다.

동탁이 왕윤과 여포에 의해 살해당했다. 이때 조조가 후한의 마지막 황제 헌제를 옹립하고 동탁보다 더한 전횡을 저질렀다. 조조는 최대 군웅세력인 원소를 관도대전에서 격파하고 화북지방을 평정했다. 관도대전은 삼국시대의 난세에 가장 큰 전환점이 되었다. 조조가 이 전쟁의 승리로 물자·인구·곡창 등이 밀집되어 있던 황하부근을 차지했기 때문이다. 관도대전을 계기로 조조가 가장 많은 군사를 거느린 제후로 거듭났다.

관도대전을 승리로 이끈 조조가 화북지방을 평정하고 천하통일을 위해 남하하여, 손권과 유비의 연합군과 적벽에서 전쟁을 치르게 되었다. 순유(순욱의 조카)가 적이 화공(火攻)을 준비하려는 책략을 알아채고, 이에 대한 대비책을 준비하라고 조조에게 조언을 했다. 그러나 조조는 승리를 자신하고 있었기 때문에 이를 받아들이지 않아 적벽대전에서 패배했다. 적벽대전에서의 패배는 조조 일생일대의 패착이었다. 적벽대전 후에 조조는 양자강 이남으로 세력을 뻗지 못했다. 조조는 승상과 위왕의 관직을 받았으나 스스로 황제에 오르지는 않았다. 그 후 낙양에서 사망했다(220년).

2) 조조의 성격

(가) 노력파형

조조는 일을 처리할 때 자신이 앞장서는 스타일이다. 조조는 낮에는 군사전략을 궁리하고 밤에는 유교경전을 읽었다. 조조는 전쟁터에서도 여러 종류의 책들 중 손자병법 책을 열심히 읽었다. 높은 곳에 이르면 시를 읊조리고 새로운 시가 나오면 음악에 맞추어 노래했다. 문학에 뛰어난 재주가 있고 손에서 책을 놓지 않는 수불석권(手不釋卷)의 독서광이었다.

조조는 군무와 정무에 힘쓰면서도 시간을 내어 문학에 관한 저술을 남겼고, 전쟁 중에도 군막 안에서 작품을 쓰기도 했다. 조조는 시문에 밝아 평생에 걸쳐 이룩한 군사활동과 역사적 사건에 밀접한 연관을 둔 주제를 중심으로 작품을 많이 썼다. '해오행'의 주제는 동탁이 한나라 조정을 망치고 사회적 혼란을 유발한 배경과 과정 및 결과에 관한 것이다. 또 '호리평'은 원소가 조직한 반동탁연합군의 붕괴와 내분에 관한 것이다.7

---

7 neight_nesis.blog.com.me/2200887934517 (검색일: 2016. 10. 9.)

(나) 상황파악을 잘함

조조는 물러나야 할 때와 나가야 할 때를 살피고, 직접 나서야 할 때와 남의 힘을 빌려야 할 때를 판단하는 능력이 탁월했다. 조조가 젊었을 때 권력자인 대장군 하진의 참모를 했다. 하진이 환관세력을 견제하기 위해 지방의 장군들을 불러모으겠다는 의견을 제시하자 원소 등 다른 참모들은 찬성했으나 조조는 반대했다. 반대한 이유는 지방의 군대를 끌어들이면 이리를 쫓으려다 호랑이를 부르는 꼴이 된다는 것이었다. 그런데 동탁을 불러들이는 의견이 채택되었고, 불려 들어온 동탁이 정권을 장악해 버렸다.

이처럼 조조는 상황의 본질을 꿰뚫어 보는 눈이 예리했다. 동탁은 조조의 비범함을 알아보고 측근으로 쓰려 했고, 이는 조조의 출세 길이 보장되는 것이었다. 동탁은 한실을 없애고 자신이 천하를 차지하려는 야망을 꿈꾸고 있었는데, 조조는 동탁의 한계를 보았고 그의 그릇으로 보아 오래 못 간다는 확신을 했다. 조조는 동탁을 제거하려다 실패했다.

조조는 전쟁으로 주인을 잃은 농지를 몰수하여 지방정부 소유로 하고, 이 토지를 자신의 군대와 투항한 황건적에게 나누어 주어 경작을 하게 하는 둔전제를 시행했다(196년). 둔전제는 소출의 50%를 경작자가 국가에 세금으로 내는 제도로서, 식량의 어려운 사정을 간파한 조조의 상황판단에 따른 것이다. 둔전에 의해 식량문제가 해결되어 백성들이 정착할 수 있게 되었다. 이로 인해 정치적으로는 백성들에 대한 관리를 용이하게 할 수 있었고, 군사적으로는 군량미 부족문제가 해결되어 각지에 할거하고 있던 군벌들에 대한 토벌전을 용이하게 수행할 수 있게 되었다.8

부대가 이동 중인 어느 날 병사들이 갈증에 허덕일 때, 조조는 채찍으로 먼 산을 가리키며 신 매실이 많이 있다고 하여 병사들의 갈증을 해소시켰다. 병사들이 행군하면서 민간에게 폐를 끼칠까 봐 병가들에게 보리 싹을 밟는 자는 중형에 처한다고 명했다. 그런데 자신의 말이 메추리에 놀라 날뛰는 바람에 자신이 내린 군령을 스스

8 이민경, 「반조조현상 및 그 원인연구」 (부산대학교 대학원 석사학위논문, 2005), p. 14.

로 어기자, 자신의 머리카락을 잘라 병사들에게 보여 주어 군율을 유지시켰다.

(다) 성취를 위해 수단 방법을 가리지 않음

조조는 비능률과 반복되는 실수를 용납하지 않았다. 그는 일을 추진할 때 능수 능란하게 휘어잡는 능력이 있었다. 조조가 낙향하는 길에 아버지 친구인 여백사의 집에 들렀다. 여백사가 조조에게 대접할 고기를 준비하기 위해 칼을 갈고 있었는 데, 조조는 자기를 죽이려는 것으로 오해하고 여백사뿐만 아니라 후환을 없애기 위 해 그 식구들을 모두 죽여 버렸다.

조조는 자신의 위신에 상처를 입히거나 정치적으로 불편한 관계에 있는 인물을 인정사정 볼 것 없이 해치웠다. 순욱은 조조의 입신 초기부터 생사고락을 함께했지 만, 나중에 왕이 되려는 조조의 야망을 순욱이 격렬하게 반대했다. 조조는 일을 성 사시키기 위해 병을 앓고 있는 순욱에게 빈 찬합을 보냈다. 텅 빈 그릇은 죽으라는 명령임을 안 순욱이 자결했다. 조조의 위신에 상처를 입혀 제거된 인물로 공융과 예형을 들 수 있다. 이 두 사람은 당대 최고 수준의 재능과 인맥을 보유한 명망 높 은 문인이었다. 그러나 이들은 조조에게 격분을 사게 되어 처형되었다.

조조는 또한 자기보다 재능이 뛰어난 자가 있으면 시기하여 제거해 버렸다. 조 조가 한중 땅을 놓고 유비와 대치하며 진퇴를 놓고 고민에 빠져 있을 때, 닭요리를 보고 밤늦게 암호를 정하러 온 하후돈에게 계륵(닭갈비)으로 암호를 정해 주었다. 암호를 전해 들은 부하장수 양수는 자기를 따르는 병사들에게 짐을 꾸리고 돌아갈 채비를 하게 했다. 하후돈이 놀라 양수에게 묻자, 닭갈비는 먹자니 살점이 없고 버 리자니 아까운 것과 마찬가지로 지금 진격해도 이길 수 없고 그렇다고 여길 머물 러 있어도 이익이 없으므로, 내일 위왕(조조)이 회군할 것이라고 했고 하후돈이 감 탄하여 짐을 꾸렸다. 그러자 영채들의 모든 장수들이 돌아갈 채비를 했다. 조조는 이 사실을 알고 군기를 문란하게 했다는 이유로 양수를 처형시켰다. 그런데 사실 양수는 이전에도 몇 차례나 조조의 속마음을 읽거나 조조보다 뛰어난 재능을 보여 준 적이 있었다. 조조는 전부터 양수를 미워하고 있던 중에 계륵사건을 명분으로

양수를 없애 버린 것이다.9

(라) 실리적이고 실용주의적임

조조는 사람들의 감정을 고려하는 일에 인색하고, 개인의 감정보다 일이 어디로 가고 있는지를 중요하게 생각했다.

① 도덕보다 능력을 중시함

조조는 덕이 아니라 무력으로 세상을 손아귀에 넣으려고 했다. 인재를 구할 때도 도덕적으로 문제가 있더라도 능력만 뛰어나면 상관하지 않았고, 과거에 적이었어도 능력이 뛰어나면 인재로 등용했다.10 오직 재능만을 인재기용의 기준으로 삼은 조조는 자신을 버리고 도망갔다 붙잡힌 위종과 필모, 격문을 써서 조조는 물론 조조의 조상까지 욕보인 진림 같은 사람도 기용하였다.

조조는 공허한 명분보다는 실리를 추구하는 실용주의·합리주의적 성격의 소유자였다. 이러한 성격이 조조가 강력한 무술스타인 여포나 군벌 중 큰 세력을 자랑했던 원소를 무너뜨리고 화북지방을 통일함으로써 후한의 승상으로 위공이 되고 위왕이 되는 기반을 마련하게 된 것이다.11

② 명분보다 실리를 추구함

한나라 황제인 헌제가 동탁에 얹혀 있다가 동탁이 죽고 전란에 휩싸이자 유랑생활을 하게 되어 조정이란 것도 이름뿐이었다. 조조가 천자를 모시겠다고 하자, 궁핍했던 천자와 조정은 환영했다. 천자가 조조에게 대장군이란 벼슬을 내리고, 원소에게는 태위라는 벼슬을 내렸다. 원소가 조조보다 벼슬이 낮다고 받지 않자 조조가 대장군을 양보했다. 이는 명분보다 실리를 취하는 조조의 성격에서 나온 발상이다.

조조가 천자를 모시고 근거지인 허창으로 가니, 모든 명령이 천자와 조정의 이름으로 나가게 되었다. 따라서 조조가 조정이 되어 다른 제후들을 호령할 수 있었

---

9 장석만, 『삼국지에 길을 묻다』 (서울: 머니플러스, 2016), p. 67.

10 최우석, 『삼국지 경영학』 (서울: 을유문화사, 2010), p. 94. "조조는 55세 때 구현령(求賢令)을 반포한다. 구현령은 과거나 행실을 묻지 말고 천하의 인재를 발굴하라는 것이다."

11 http://kin.naver.com/gna/detail.nhn?d1id (검색일: 2016. 11. 2.)

다. 실권이 없는 천자지만 그 이름이 갖는 상징적인 가치를 조조가 재빨리 간파한
것이다.

④ 주유

1) 주유의 생애

주유는 손책과 동갑으로 의형제를 맺었다. 손책의 유언에 의해 손권 정권의 내
정은 장소가 맡고 외교는 주유가 맡았다.

적벽대전 당시의 상황은 형주의 수군을 얻은 조조가 강동지역을 침략하려고 했
다. 유비와 손권은 형주에서 조조군을 몰아내야 한다는 목표가 일치하여 손권과 유
비의 동맹이 성립한다. 주유는 손권의 참모로서 조조와 일전을 앞두고 수륙 양군
총지휘권자인 대도독이다. 공명은 유비의 참모로서 손권에게 조조와의 일전을 종
용하기 위해 오나라로 건너온다.

이때 주유와 제갈량의 만남이 이루어지는데, 두 사람 사이에 라이벌 의식이 생
겨 주유와 공명의 지략대결이 시작된다. 주유는 자신보다 손권의 마음을 더 잘 헤
아리는 공명에게 질투심을 느끼고, 나아가 자신이 세운 책략을 공명이 꿰뚫고 있었
으므로 처음에는 질투심이 생겼다가 나중에는 살의(殺意)로 발전했다. 적벽대전을
앞두고 주유가 제갈공명을 없앨 구실을 찾고자 했다. 주유가 제갈량에게 10일 안
에 화살 10만 개를 구해 오라는 실현 불가능한 명령을 내렸다. 이에 제갈공명은 3
일 안에 만들어 오겠다고 대답했다.

약속한 지 3일째 되는 날 장강에 안개가 자욱하게 깔렸다. 제갈량은 노숙에게
20척의 짚단을 가득 실은 배(초선)를 빌렸다. 안개 낀 밤에 제갈량은 초선을 이끌
고 조조군을 기습하여, 공격할 것처럼 군사들에게 북을 두드리고 소리치게 했다.
당황한 조조군은 안개로 앞을 분간할 수 없어 초선을 향해 화살을 퍼부어 대기 시
작했다. 조조군의 화살이 초선에 쌓였다. 제갈량이 배를 몰아 오나라 진영에 돌아

오니 초선에 꽂힌 화살이 10만 개가 넘었다. 이를 본 주유는 어찌할 바를 모르고 두려움이 더 커져 제갈량을 없앨 마음을 굳힌다.

2) 주유의 성격

(가) 독창적 혁신가

주유는 독창적이며 복잡한 문제해결에 뛰어난 재능이 많았다. 그는 독창적 견해로 아무도 생각지 못한 방침을 내고, 넓은 안목과 기량으로 새로운 가능성을 찾아 실현했다. 손권이 조조와 전쟁을 해야 할지, 화친해야 할지를 결정하지 못할 때 전쟁을 해야 한다고 건의한 장본인이다. 그는 새로운 임무 앞에서 끊임없이 에너지를 충전했다. 적벽대전의 화공법은 풍부한 상상력이 담긴 주유의 전략이다. 이 화공법은 주유와 제갈량의 합작품이었다.

(나) 겸손함

주유는 건강하고 자태와 용모가 빼어났으며, 성격이 너그럽고 신망이 두터워 주랑(멋쟁이 '주'선생이라는 의미)이라고 불렸다. 손책 사후에 창업공신들이 왕이 된 손권을 무시했으나, 주유는 손책을 대하듯 정성을 다해 손권을 보좌했다. 그는 겸손함과 친화력으로 오나라 장수들을 감화시켰다.

정보는 손견 때부터 3대를 걸친 노장인데도 대도독이 된 젊은 주유 밑에서 부도독으로 일하는 것을 부끄럽게 여겨, 연장자인 점을 들먹여 주유를 자주 모욕하고 멸시했다. 그럴수록 주유는 정보에게 몸을 낮추고 거역하지 않고 더욱 겸손하게 선배장군을 성심으로 모셨다. 그러자 주유와 함께 있으면 좋은 술을 마신 것처럼 저절로 취하게 된다며 감복한 정보가 주유에게 진심으로 복종하여 오나라 군대사기가 올라갔다.

(다) 예술적 감각이 뛰어남

주유는 어렸을 때부터 음악에 정통했다. 그는 만취했어도 음악의 음이 틀리면 그것을 알아채고 뒤를 돌아보아, 곡에 잘못이 있으면 주유가 찾아낸다는 말처럼 음악에 조예가 깊었고 가야금 연주를 잘했다. 주유는 상상력과 표현력이 뛰어났으며 다방면에 재주가 많고 활발하며 솔선수범했다.

(라) 시기심이 많음

주유는 다른 사람의 노력을 쉽게 인정하지 않고 필요 이상의 경쟁의식을 가졌다. 특히 제갈량에게 콤플렉스를 많이 느꼈는데, 제갈량과 지략대결에서 주유가 세 번 기절했다. 이것을 삼기주유(三氣周瑜)라고 한다.12

① 첫 번째 기절

적벽대전에서 패한 조조가 조인을 형주에 배치하고 허창으로 돌아간다. 주유가 형주 책임자인 조인을 격파하고 입성하려 했으나, 제갈량이 조조군의 병부를 살짝 빼내 형주에 먼저 입성해 있었다. 그러자 주유가 기절하고 정신 차린 후에 형주반환을 요구했지만, 제갈량이 주유의 요구를 받아들이지 않았다.

② 두 번째 기절

주유가 유비와 손권 누이를 결혼시키자고 손권에게 제안을 했다. 그러나 주유는 진짜 결혼시킬 의도는 없었고 유비가 오면 구금하고 형주를 내놓으라고 협박할 계획이었다. 제갈량은 이를 눈치채고 조자룡에게 묘책이 든 비단주머니 세 개를 주면서 유비를 보호하여 장강을 건너가 혼인을 치르게 했다. 유비는 손권의 어머니인 손 부인의 환심을 사서 손권의 누이와 결혼을 하고 부부가 되어 형주로 돌아왔다. 주유는 형주를 얻지 못하고 미인만 유비에게 바친 꼴이 되어 두 번째 기절을 하고 몸져 누웠다.

③ 세 번째 기절

주유가 제갈량에게 서천(익주)을 탈취하면 형주와 바꾸어 주겠다며 서천으로 갈 수 있도록 길을 빌려 달라고 속임수를 쓰려고 했다. 형주를 지나게 되면 제갈량이 원정군들의 노고를 위로하기 위해 성 밖으로 나올 틈에 그를 죽이고 형주를 차지할 계책이었다. 제갈량은 주유의 군대가 형주성에 이르면 성 밖으로 나가 위로하겠

---

12 유지인, 「삼국지연의에서 나타난 제갈량의 형상화 방법연구」 (공주대학교 교육대학원 석사학위논문, 2010), pp. 50−51.

다고 거짓으로 대답했다. 주유가 형주에 도착하자 제갈량이 마중을 나오는 대신에 오히려 형주성의 경계를 삼엄하게 펼치고 있었다. 주유는 창피함과 분노로 세 번째 졸도를 했다. 주유는 "하늘은 이 주유를 낳고 어찌하여 제갈량까지 낳았는가?"라고 하늘을 우러러 탄식하며 숨을 거두니, 그의 나이 36세였다.[13]

⑤ 제갈량

1) 제갈량의 생애

자는 공명이고 별호는 와룡이다. 제갈량은 어려서 아버지를 여의고 어려운 세상을 피해 은거생활을 했다. 그는 명성과 학식이 높아 와룡선생이라 불렸다. 삼고초려를 통해 유비에게 발탁된 후 천하삼분지계를 준비했다. 제갈량은 오나라 손권을 설득하여 유비와 연합하게 하고, 적벽대전에서 계략을 써서 조조의 대군을 물리쳤다.

적벽대전의 이름이 만고에 빛날 수 있었던 것은 제갈량이 일으킨 동남풍 덕분이었다. 동남풍이 아니었다면 주유의 화공은 조조군이 아니라 오히려 주유의 군대가 불탔을 것이기 때문이다. 제갈량은 잠저에서 공부할 때 기상현상을 심도 있게 연구했다. 그래서 적벽지역에는 겨울철에 늘 서북풍이 불지만, 이례적으로 3－4일 정도 동남풍이 분다는 사실을 이미 알고 있었다.

제갈량은 동남풍을 이용하여 두 가지 목적을 노렸다. 하나는 적벽대전의 주역은 주유이므로, 자신이 칠성단에서 바람을 일으켜 전투를 승리로 이끄는 데 힘을 보탰다는 것을 오나라에 인식시키고자 하였다. 다른 하나는 제갈량이 칠성단에서 가짜 연기를 하는 동안 주유의 시선을 따돌리고 동남풍이 불자마자, 재빨리 몸을 숨겨 주유의 진영에서 빠져나와 자기 진영으로 돌아가기 위함이었다.[14]

유비가 촉한의 황제에 오른 후 제갈량이 승상이 되고, 유비가 세상을 떠날 때

---

13 나관중/차평일 편역, 『한권으로 끝내는 삼국지』 (고양: 파주북스, 2014), p. 352.
14 http://blog.naver.com/taiphung/100182258699

나라와 자식을 그에게 부탁했다. 유비는 그의 아들 유선이 황제의 재목이 아니라면 제갈량이 황제에 올라도 좋다고 유언했다. 그러나 제갈량은 끝까지 유선에게 충성을 다했다.

유선이 촉나라의 2대 황제가 되자, 두 번에 걸쳐 출사표를 쓰고 직접 군을 지휘하여 출병했다. 위나라를 침공하는 북벌전쟁 때 마속에게 요충지인 '가정'을 지키게 했는데, 마속의 작전실패로 제갈량이 조조군에게 패배했다. 제갈량은 다섯 차례의 북벌전쟁을 시도했는데 성공하지 못하고 54세에 사망했다(234년). 제갈량이 지은 출사표는 역사상 가장 뛰어난 명문으로 꼽힌다. 그 내용은 한실부흥을 이루고자 하는 절실함과 유비와 그의 아들 유선황제에 대한 충성심이 배어 나온 문장이다.

2) 제갈량의 성격

(가) 분석력이 탁월함

제갈량은 이론가이자 전략가였다. 그는 지략이 뛰어나고 사람을 예리하게 통찰하며 분석적이고 논리적이며 객관적 비평을 잘했다. 제갈량은 '사상과 시스템의 건축가'로서 질 높은 지적 수준을 추구하며, 현실이 안고 있는 문제의 해결점을 명확하게 찾아냈다. 그는 집중력이 강하고 일관성이 있으며 어떠한 적과 마주치더라도 기발한 계략을 동원하여 무찔렀다. 또 매사에 신중하고 철저하며 완벽을 추구했다.

유비의 삼고초려에 의해 세상 밖으로 나와 내부에 축적해 놓은 모델을 실현하여 놀라운 힘을 발휘했다. 후한 말에 제갈량은 '천하삼분지계'를 현실화했다. 삼분지계는 그 시대의 상황을 정확하게 간파한 것으로, 한나라를 부흥시키고 백성을 구원하기 위해 유비가 나아가야 할 방향을 명쾌하게 제시한 것이었다.

적벽대전이 끝나고 제갈량은 퇴각하는 조조를 제거하기 위해 관우를 화용도에 매복시키고, 매복 장소에 의도적으로 연기를 피우게 했다. 참모들은 연기를 보고 조조가 다른 곳으로 도망갈 것을 염려했다. 그러나 제갈량은 조조가 연기 때문에 그쪽으로 올 것을 예측했는데, 이것이 바로 허허실실 작전이었다. 조조가 제갈량의 계책에 말려 관우 앞에 무방비 상태로 서게 되었으나, 관우는 조조에게 입은 은혜를 생각해서 그를 살려 주었다.

(나) 천문지리에 능통함

제갈량은 어린 시절부터 책을 많이 읽으며 많은 지식을 얻으려고 애썼다. 특히 천문을 관찰하거나 기후, 지리를 면밀하게 살피고자 했다. 그는 일찍이 자연의 이치에 관심이 많아 별자리와 날씨를 번갈아 가며 살폈다. 그는 어려움에 처할 때마다 날씨를 활용해 문제를 해결했다.

주유가 제갈량을 어려움에 빠뜨리기 위해 10일 안에 화살 10만 개를 만들어 오라고 했을 때, 안개가 낄 것을 미리 알고 조조군을 기습하여 3일 안에 화살을 가져왔다. 여기서 초선차전(草船借箭)이라는 고사성어가 생겼다. "초선(풀 실은 배)을 이용하여 화살을 빌린다"는 것, 즉 외부의 힘으로 자아발전을 도모한다는 뜻이다. 적벽대전을 앞두고 화공으로 조조군을 공격하려는 작전이 성공하려면 겨울에 동남풍이 불어야만 했다. 겨울에는 통상적으로 계절풍인 서북풍이 불지만, 3일 정도는 무역풍인 동남풍이 분다는 것을 제갈량은 알고 있었다. 이렇게 자연의 섭리를 꿰뚫고 있는 제갈량 덕분에 손권과 유비의 연합군이 조조군을 물리칠 수 있었다.

(다) 일처리가 공정함

공명은 자세의 흐트러짐이 없고 공정함과 정의가 넘쳐 났으며 법집행에 원칙적이었다. 그는 철저한 법 사상가로 엄격한 법을 세움으로써 정치를 바로 세우려고 노력했다. 이러한 법집행은 꾸준히 시행되었고 성공적이었다. 그는 다방면에 걸친 지식을 확장시키고, 과거 현재 미래까지 아우르는 전략을 수립했다. 제갈량이 위나라를 공격하기 위해 전략상의 요충지인 '가정'을 지킬 장수로 마속을 보내면서, 가정의 길목을 지켜 적군이 접근하지 못하도록 명령했다. 그러나 마속은 자신의 능력만을 믿고 적을 끌어들여 역습을 하려고 산 위에 군사를 배치했다가 오히려 조조의 장수인 장합에게 포위당해 참패를 당했다.

제갈량은 패전의 책임을 물어 마속에게 참수형을 내렸다. 다시 구하기 어려운 장수이므로 주위에서 만류했지만, 법을 엄정히 지켜 기강을 다스리기 위해 형을 집행했고 여기서 "울면서 마속을 베었다"는 고사성어가 생겼다. 이를 읍참마속(泣斬馬謖)이라고 한다. 이는 아무리 친하고 아까운 사람이라도 규칙을 어겼을 때는 공정하게 법에 따라 심판해야 된다는 말이다.

(라) 외유내강함

공명은 겉으로는 부드러워 보이지만 신념이 강하고 신중했다. 그는 약한 것으로도 강한 것을 제압하며, 부드러움으로 굳센 것을 제압하는 리더십의 소유자였다. 그는 상대하기 어렵고 무서운 스타일이었으며, 사교적인 생활로 가정이 어려워지는 것을 싫어했다. 그는 한 명의 첩도 두지 않고 소박한 생활을 했다.15

⑥ 관우

1) 관우의 생애

관우의 자는 운장이다. 그는 탁현에서 유비와 장비를 만나 도원결의로 의형제를 맺고, 유비를 따라 반동탁연합군에 가담했다. 유비가 조조에게 반기를 들었으나(200년), 유비가 조조에게 패해 원소에게 달아난다. 이때 관우는 유비의 가솔들과 함께 조조에게 포로가 된다. 관우는 세 가지 조건을 내세워 조조에게 항복했다. 조조에게 항복하는 것이 아니라, 한 왕조에 항복하는 것이며, 유비의 두 부인과 다른 가솔들의 생명을 보장하고, 유비의 행방이 알려지면 그에게 돌아가겠다는 것이었다.

관우가 조조의 편장군이 되고 원소가 조조를 공격하여 관도대전이 벌어졌다. 이 전쟁에서 관우가 원소의 장수 안량의 목을 베어 승리하자, 조조가 헌제에게 글을 올려 관우가 한수정후에 책봉되었다. 관도대전 후에 관우가 유비의 소재를 파악하자마자, 조조의 만류를 뿌리치고 허창을 탈출하여 유비에게로 돌아갔다.16

---

15 "제갈량은 촉에서 오랜 기간 절대권력을 차지하고 있으면서도 재산관리가 깨끗했고, 부인 외에는 여자문제도 없었다." (http://www.upkorea.net/news/articleView html?idxno=56710 (검색일 2016. 11. 6.))
16 나관중/정명호 역, 『삼국지』 (서울: 아이템북스, 2014), p. 145.

그 후 유비가 오나라와 동맹을 맺어 적벽대전에서 승리했다(208년). 관우가 화용도의 좁은 길에 매복해 있다가 적벽대전에서 패하고 도주하는 조조를 사로잡았지만, 관우는 조조에게 입은 은혜를 생각하며 조조를 놓아주었다. 양양전투 후 관우는 손권에게 사로잡혀 처형당했다(219년).

2) 관우의 성격

(가) 충성심이 강함

관우는 충·의리·신의를 지키면서 불합리한 일에 굽히지 않는 뜨거운 용기, 따뜻한 마음을 가졌다. 그는 강한 자에게 강하고 약한 자를 배려하며, 자신이 존경하는 인물 또는 제도를 이상화하여 충성을 보였다. 인연을 중시하고 자신의 본분을 지키고 자신이 해야 할 일을 군소리 않고 착실하게 했으며, 특히 유비에 대한 충성심이 강했다. 그는 외부적인 형태를 잘 답습하고 지키려고 하는 도덕주의자였다.

관우가 맥성에서 포위되어 죽음의 위기상황에 처했을 때, 오나라 진영에서 항복을 권유했다. 그때 관우는 의형인 유비가 혈육의 정으로 대해 주어, 의리를 버리고 항복할 수 없다고 했다. 그는 옥은 부술 수는 있어도 그 흰 빛깔은 바꿀 수 없고, 대나무는 태울 수는 있어도 그 마디를 훼손할 수는 없다고 하면서 결사항전을 하겠다고 했다.

(나) 의리가 있고 정정당당함

관우는 배신을 모르고 의리를 중시했고 어떤 유혹과 회유에도 유비를 향한 의리를 저버리지 않았다. 하비성 전투 후에 조조가 관우를 포로로 잡아 많은 재물을 주었으나 관우가 이를 사용하지 않고 봉인했다. 또 조조가 4-5일에 연회를 베풀었지만 관우가 참석하지 않았다. 조조가 10명의 절세미녀를 보내 관우의 수발을 들게 했으나, 관우는 이들을 2명의 유비 부인을 위한 시녀로 일하게 했다.

원소가 조조를 침공했을 때, 관우가 원소의 장수 안량을 베어 조조에게 은혜를 갚았다. 관우는 유비의 생존소식을 듣고 조조로부터 받은 선물을 봉해 저택에 두고 조조에게 작별을 고했다. 관우가 유비가 있는 하북 땅으로 가려면 조조군의 다섯 관문을 통과해야만 했다. 관우는 5개의 관문과 6명의 조조 장수들을 물리친다(5관 돌파). 관우는 5관을 돌파하고 아무것도 가진 것 없이 나라를 배회하는 유비와 재회를 했다.

적벽대전 후에 실리를 취하지 못한 손권이 실속을 취한 유비에게 불만을 가지고 공격했다. 관우와 손권의 부하장수인 황충이 한판 승부를 겨룬다. 노장인 황충의 무술실력이 비범하다는 것을 안 관우가 황충의 이름이 명불허전(名不虛傳), 즉 "이름은 헛되이 전해지는 것이 아니다"라는 것을 실감했다. 두 장수가 겨루던 중 황충이 말에서 굴러 떨어졌다. 관우가 청룡연월도를 휘두르지 않고 살려 주며, 말을 바꿔 타고 와서 겨루자고 함으로써 정정당당함을 보여 주었다. 다음 날 황충은 싸우다가 패한 척하며 달아나는 틈에 명궁수이므로 관우를 명중시킬 수도 있었으나, 전날 관우의 정정당당함에 매료되어 빈 화살만 두 번 튕기고 세 번째는 관우의 투구 끈을 명중시켜 관우를 살렸다.

(다) 의협심이 강함

관우의 어린 시절에 고향인 하동에 조정과 연이 닿는 소금장수가 나타나 마을 사람들에게 폭리를 취했다. 관우가 그를 타이르자 뉘우치지 않고 오히려 관가의 힘을 빌리려고 하자, 소금장수를 죽이고 탁현으로 도망쳤다.

관우는 의협심이 강했다. 의협심은 강자에게 억압당하는 약자를 위해 자신의 이해관계를 따지지 않고 나서는 이타적이고 의로운 마음이다. 약자가 억울한 일을 겪거나 강자가 어떤 이유로든 약자를 눈앞에서 괴롭힐 때 의협심이 있는 사람은 주저 없이 그들을 응징한다. 의협심이 많은 관우는 자신이 나중에 어떤 처벌을 받을 것인지에 대해서는 상관하지 않았다.

(라) 자만심이 지나침

관우는 부러질지언정 휘어지지 않는 성격이다. 유비가 삼고초려할 때 관우는 제갈량을 책사로 받아들이는 것을 탐탁지 않게 생각했지만, 그는 유비의 뜻을 받들어 제갈량을 받아들였다. 그런데 유비가 나이 어린 제갈량을 늘 스승의 예로 대하자 관우는 이를 못마땅해한다. 제갈량의 영입으로 2인자에서 3인자로 전락한 관우가 제갈량을 견제했다.

손권이 관우와 동맹을 맺고자 손권의 아들과 관우의 딸을 혼인하고자 했다. 그러자 관우가 범의 딸을 개의 아들에게 시집 보내 사돈을 맺을 수 없다고 거절했다. 거절한 이유는 첫째, 손권과 관우의 집안이 서로 상당하지 않는 것이다. 관우가 오나라 왕인 손권과 사돈을 맺으려면 유비의 동의가 있어야 했지만, 관우는 자존심이 강해 집안일은 유비에게조차도 상의하지 않고 자신의 체면을 세우고자 했다. 둘째, 손권이 청혼을 하는 것은 유비와 관우를 이간질시키려는 계략인 것을 관우가 알았기 때문이다. 관우의 세력이 커지면 유비가 관우를 의심할 수 있기 때문이다. 관우는 이처럼 자만심이 너무 지나쳤는데, 이는 관우가 패멸의 길로 가는 원인이 되었다.

⑦ 여포

1) 여포의 생애

황제(헌제)가 미양궁으로 신하를 소집했을 때 여포가 국정을 농단하는 동탁을 살해했다(192년). 동탁의 장수인 이각과 곽사가 여포를 공격하자 원술에게로 달아났다. 원술이 처음에는 여포를 후대했지만 여포의 노략질로 원술이 거리를 두자, 여포가 원술을 두려워해 원소에게로 갔다.

원소가 장연을 공격할 때 여포를 부장으로 종군시켰다. 여포가 적토마를 타고 공을 세우고, 여포는 공을 믿고 교만해져 원소의 제장들을 업신여기며 노략질을 일삼았다. 그러자 원소가 여포를 골칫거리로 여겼다. 여포는 원소를 두려워해 장양에게 갔다가 장막에게 의탁했다. 장막은 조조가 서주의 도겸을 치러 본거지를 비웠을 때, 여포와 함께 조조를 위기로 몰아넣었지만 조조에게 패했다.

여포는 조조에게 패한 뒤, 유비에게 의탁했다. 조조가 유비와 여포를 갈라놓으려고 유비를 서주목으로 임명하고 여포를 죽이라고 했다. 유비가 조조의 술책을 여포에게 알려 주자, 조조는 황제의 조서를 내려 유비에게 원술을 치라고 했다. 유비는 조조의 계략인 줄 알면서도 황명이라 원술을 토벌하러 갈 때, 하비성을 장비에게 맡겼다.

유비가 원술과 싸우는 틈을 타 여포가 유비를 배신했다. 여포는 장비가 술에 취한 것을 노려 서주를 공격해 이를 차지했다. 하비성 전투에서 여포가 서주를 취하고 서주자사라 칭했다. 하비성을 여포에게 빼앗긴 유비는 조조에게 의탁했다. 하비성을 차지한 여포가 원술과 연합하여 조조에게 맞서자 조조가 여포를 포위했다. 여포는 평소에 주색에 빠졌었는데 이를 반성하고 금주령을 내렸다. 금주령에도 불구하고 부하장수인 후성이 담가둔 술을 동료장수들과 마셔도 되겠느냐고 허락을 받으려다가 곤장 50대나 맞았다. 후성은 여포를 배반하고 적토마를 훔쳐 조조에게 바쳤다. 기회를 포착한 조조는 하비성을 함락하고 여포를 생포했다. 여포가 조조에게 목숨을 구걸하자, 유비가 조조에게 양부인 정원과 동탁을 섬기다가 여포가 배반한 것을 각인시켰다. 그러자 조조가 여포를 죽여 버렸다.

2) 여포의 성격

(가) 에너지가 넘침

여포는 용맹스럽고 강한 인상을 지녔으며 열정적이고 싸움을 좋아했다. 무의 제왕으로서 삼국시대 제1의 무술스타였다. 신기에 가까운 무술을 구사하고 병기 다루는 기술이 예술에 가까웠다. 손에 자석이 붙은 것처럼 방천화극(창)을 자유자재로 사용하며, 위험이 따르더라도 승부 걸기를 좋아했다.

반동탁연합군이 결성되어 유비·관우·장비와 동탁의 양자인 여포가 어우러져 결투할 때, 여포는 혼자서 유비 삼형제와 겨뤄도 승부가 나지 않을 만큼 대단한 무예 실력을 갖추고 있었다. 여포는 명마인 적토마를 타고 방천화극을 들고 상대방을 압도했다. "사람 중에는 여포가 있고 말 중에는 적토마가 있다(人中呂布馬中赤兎: 인중여포 마중적토)"라는 말처럼, 여포는 삼국시대 최고의 명장(名將)이

었다.17

(나) 대장부의 매력이 있음

여포는 병마가 가장 많을 때에도 1－2만 명에 지나지 않았으나, 장료·고순·장패·위속·후성·학맹·조성 등 명장들이 따랐다. 진궁은 조조를 구해주기도 했으나 조조가 여백사 일가를 무참히 죽이는 것을 보고 그를 떠나 여포를 따르며 책사가 되었다. 이처럼 많은 무장들이 여포의 신출귀몰한 무공을 흠모하여 투항해 와서 그의 수하가 되어 그를 주군으로 모셨다.

(다) 배려심이 있음

장비가 여포를 수차례나 괴롭혔는데도, 여포는 밤을 틈타 서주성을 손에 넣고도 여세를 몰아 장비를 죽이지 않았다. 여포가 그때 원한을 갚으려고 마음먹었다면 술 취한 장비를 쉽게 제거할 수 있었을 것이다.

여포는 유비 가족을 두 번이나 인질로 잡았으나 해치지 않고 보호했다. 첫 번째는 서주성을 습격했을 때 유비의 처자식이 여포의 수중에 들어왔다. 여포는 군사를 보내 유비 집을 지키게 하고 아무도 들어갈 수 없게 했을 뿐만 아니라, 선물을 보내 부족함이 없이 보살피다가 나중에 유비에게로 무사히 보냈다. 두 번째는 조조와 유비가 동맹을 맺고 여포를 치러 온다는 정보를 입수하고, 여포가 사생결단의 전투를 하여 유비가 지키고 있던 소패성을 함락했다. 이때 여포는 유비의 가족을 해치자는 참모의 간청을 물리치고 이들을 서주로 데려다 주었다.

(라) **자유분방함**

여포는 개성이 뚜렷하여 맹목적인 충성을 거부하고 남의 밑에서 오래 있기를 거부했다. 충절이나 부자의 정 따위에 속박당하지 않아 이성적인 자유와 자율을 실천했다.

동탁이 실권을 잡고 황제(영제)를 폐하고 황제의 동생 진류왕을 옹립하려고 하

자, 형주자사인 정원이 반대를 했다. 동탁이 정원을 제거하려 했으나 정원의 양자인 여포 때문에 불가능했다. 동탁이 여포의 고향선배인 이유를 내세워 여포를 회유했다. 여포가 동탁에게서 적토마를 받고 양부인 정원을 살해하고 동탁의 양자가 되었다(첫 번째 배신).

동탁이 낙양에서 장안으로 천도한 후에 사치하고 오만방자하여 외출 시 황제의 전을 갖추었다. 왕윤이 동탁을 제거하기 위해 노심초사했다. 동탁과 여포는 모두 호색한이었다. 왕윤은 중국의 4대 미인(서시, 왕소군, 초선, 양귀비)[18] 중 한 사람인 양녀 초선을 이용하여 연환계를 써서 동탁을 제거하려고 했다. 왕윤이 여포에게는 날을 잡아 초선을 첩으로 주겠다고 하고, 동탁에게는 초선을 바치겠다고 하며 승상부로 보냈다. 여포가 불같이 화를 내자, 동탁이 양자인 여포와 짝을 맺어 주기 위해 데려갔다고 왕윤이 여포에게 거짓말을 했다. 여포가 왕윤에게 속아 동탁을 살해했다(두 번째 배신).[19]

⑧ 장비

1) 장비의 생애

장비의 자는 익덕이다. 탁군 출신인 그는 성격이 호탕하고 시원시원한 인물이었

---

18 "서시는 춘추시대 월나라 여인이다. 어느 날 그녀가 강가에 앉아 있었는데, 맑고 투명한 강물이 서시의 아름다운 모습을 비추었다. 그 모습을 본 물속의 물고기가 헤엄치는 것을 잊고 천천히 강바닥으로 가라앉았다. 이에 침어(侵魚)라는 칭호를 얻었다.

왕소군은 한나라 여인으로 한 원제는 북쪽의 흉노를 달래기 위해 그녀를 호한야와 결혼시켰다. 흉노로 가는 도중에 그려가 날아가는 기러기를 보고 고향생각에 비파를 탔다. 기러기들이 그녀의 미모에 반해 날갯짓을 잊어 땅으로 떨어졌다. 이에 낙안(落雁)이라는 칭호를 얻었다.

초선은 삼국지에 나오는 한나라 여인이다. 어느 날 저녁 그녀가 화원에서 달을 보고 있는데, 달이 그녀의 미모에 반해 부끄러워 구름 뒤로 숨었다 하여 폐월(閉月)이라는 칭호를 얻었다.

양귀는 당나라 여인이다. 그녀가 어느 날 화원에서 꽃을 감상하다가 함수화를 건드렸다. 함수화는 그녀의 아름다움에 부끄러워하며 잎을 말아 올렸다 하여, 수화(羞花)라는 칭호를 얻었다." (http://terms.naver.com/entry.nhn?docid=9706168&cid)

19 과화/차혜정 역, 앞의 책(주 4), p. 61. "여포가 동탁에게 끝까지 충성했다면 동탁은 패망하지 않았을 것이고, 백성은 계속 어려움에 처했을 것이다. 이런 측면에서 볼 때 여포의 배반행위는 당시 사회발전에 크게 이바지한 셈이다."

다. 유비와 관우를 만나 의형제를 맺고, 한나라 부흥을 위해 의병에 가담했다. 유
비, 관우와 함께 공손찬, 공융, 도겸 휘하에서 장수로 참전하며 용맹을 떨쳤다.

유비가 원술을 치러 갈 때, 장비와의 금주서약과 군사들을 때리지 않을 것을 조
건으로 서주를 지키게 했다. 그러나 장비는 유비와의 약속을 어겨 술을 마시고, 술
을 마시지 못하는 조표에게 술을 강요하며 매질을 했다. 조표가 밤중에 여포를 불
러들여 장비가 서주성을 빼앗겼다.

조조가 형주를 공격해 오자 장판교 위에서 기병 20기를 이끌고 고함소리로 조
조군을 물리쳤다. 장비는 적벽대전에서 조조의 대군을 물리치는 데 큰 수훈을 세우
고, 유비가 익주를 공략할 때 선봉에 서서 큰 공을 세웠다. 유비가 관우의 복수를
위해 대군을 일으켰을 때, 급한 성격과 술에 대한 집착으로 부장에게 살해당했다.

2) 장비의 성격

(가) 다혈질임

장비는 의리에 어긋나거나 자신의 생각과 다른 일들이 벌어지면 힘으로 해결하
려고 했다. 그는 기존의 규칙이나 전통, 권위도 그르다고 판단되면 무시하는 성향
이 있었다. 유비와의 인연이 없었다면 그는 동네 부랑자나 산적두목이 되었을 것이
다. 유비가 장비의 성격을 제어해 주어 그 명성이 천하를 울리게 되었다.

황건적 토벌에서 등무를 토벌한 유비의 스승 노식이 환관의 참언으로 호송되는
모습을 보고, 장비가 호송관을 죽이려다 유비에게 제지를 당했다. 그는 또 황건적
수령 장작에게 패배한 동탁을 구해 주었지만, 동탁이 유비가 의용군인 것을 알고 경
멸하자 동탁을 죽이려고도 했다. 유비가 황건적 토벌의 공으로 안휘현령이 되었지
만, 뇌물을 바치지 않는 유비에게 독우가 횡포를 부리자 장비가 분노하여 독우를 나
무에 묶고 매질을 하였다. 유비 삼형제가 제갈량을 찾아갔을 때 낮잠을 자면서 일행
을 기다리게 하는 제갈량을 본 장비가 화가 나서 초당에 불을 지르려고도 했다.

(나) 용기 있는 행동파

장비는 승부욕이 강하고 특별한 악조건이 아니면 먹고 마시고 즐기는 분위기를 추구했다. 그는 주변 사람들에게 예측불허의 자극을 제공하기도 하고, 마음이 와닿으면 대가를 바라지 않고 자신의 것을 내어 주었다. 인생을 되도록 즐기려 하고 언제나 활달했다.

조조가 형주를 침공하고 많은 군사를 거느리고 유비를 추적할 때 장비가 장판교 다리를 지키고 있었다. 장비는 군사들에게 말꼬리에 나뭇가지를 묶고 숲속을 이리저리 달리게 한다. 조조군이 장판교에 도착하자 장비가 장판교에 위풍당당한 모습으로 홀로 서 있었고, 숲속에서는 많은 먼지가 일어났다. 장비가 두 눈을 부릅뜨고 고함을 지르며 호령하자, 조조는 군사들이 많은 줄 알고 지레 겁을 먹고 후퇴하였다. 장판교 싸움에서 장비는 그의 저력을 유감없이 발휘했다. 그는 행동파로 긴 창인 장팔사모를 자유자재로 다루며, 싸움이 격해질수록 불처럼 열정을 태우는 호걸이었다.

(다) 맞서는 사람을 좋아함

유비가 세를 확장하고자 익주를 치려 할 때, 장비를 선봉장으로 내세워 익주로 가는 길목에 있는 파군성을 공략하게 했다. 노장(老將) 엄안이 파군태수로 있었는데 우여곡절 끝에 장비가 엄안을 격파하고 생포를 했다. 장비가 어찌하여 항복하지 않고 맞서려 했느냐고 호령하며 엄안을 꾸짖었다. 엄안은 두려워하는 기색 없이 "이곳에 목을 베이는 장수는 있어도 항복하는 장수(단두장수: 斷頭將帥)는 없다"고 했다. 그러자 장비가 더욱 화가 나서 엄안을 끌어내 목을 베라고 고함을 쳤다. 엄안은 두려워하는 기색이 전혀 없이 베려면 빨리 벨 것이지 웬놈의 성질을 그리 부리느냐고 반박을 했다.

장비는 사나이다운 사나이를 만났다고 생각하고 화내던 것을 멈추고 입가에 환한 미소를 띠었다. 장비는 엄안을 높은 자리에 앉히고 넙죽 절을 하고 사과하며 일찍부터 호걸스러운 노장군임을 알고 있었다고 했다. 이에 엄안이 장비에게 감격하여 진심에서 우러나오는 항복을 했다. 이처럼 장비는 자기와 팽팽하게 맞설 수 있는 상대를 좋아하는 스타일이다.

(라) 감정조절을 잘 못 함

장비는 참을성이 부족하고 매사에 관심을 가지고 지나치게 참견하려 했다. 그는 과잉행동을 하며 목소리가 크고 산만하다. 무엇이든 자기 뜻대로 되어야 좋아했다. 그는 감정의 기복이 심해 이를 조절하는 것을 너무 힘들어 했다. 유비가 원술을 치러 가기 위해 서주성을 장비에게 맡기면서 금주(禁酒)를 하고 군사들에게 가혹행위를 하지 말 것을 당부했다. 그럼에도 술을 마시고 행패를 부리는 바람에 여포에게 서주성을 빼앗겼다.

관우가 손권에게 죽임을 당했다는 사실을 안 장비가 복수의 칼을 갈았다. 오나라를 침공하기 위해 출정하기로 했는데, 갑옷과 깃발을 만들어 내는 담당인 범강과 장달이 찾아와 기한을 넉넉히 달라고 했다. 장비가 감히 자기의 명령을 어기려 드느냐며 불같이 화를 내고, 두 장수를 나무에 매달아 등허리 채찍질 50대씩을 치게 했다. 그리고 다음 날까지 만들어 내지 못할 때는 여러 사람 앞에서 목을 베겠다고 으름장을 놓았다. 두 장수는 그날 술 취해 곯아떨어진 장비를 죽이고 그 머리를 들고 손권에게로 가서 투항했다. 난폭함이 장비를 망하게 했다. 멀리 보지 못하고 근시안적으로 해결하려 했기 때문에 소탐대실한 결과를 초래했다.

⑨ 유비

1) 유비의 생애

유비의 자는 현덕이다. 전한(前漢) 경제의 아들인 중산정왕 유승의 후손이다. 황족의 후예임에도 삶이 어려워 짚신 돗자리를 만들어 팔았다. 여러 군웅들과 달리 아무런 기반도 없이 결의형제인 관우·장비와 함께 거병하여, 원소·원술과의 동맹과 황건적 토벌에 참여했으나 뚜렷함 업적을 이루지 못했다. 도겸·유표·조조에게 의탁하는 등 자리를 잡지 못하고 떠돌다가, 제갈량·조자룡 등 인재를 등용하면서 자기세력을 확보했다.

유비는 삼고초려 끝에 제갈량을 만났다. 유비의 성심에 감동한 제갈량은 천하를 통일할 정략을 이야기했다. 조조는 군사력이 막강하고 천자를 모시고 있는 명분을 가지고 있으므로, 무력으로는 당장 그를 이기는 것은 불가능하다고 했다. 제갈량은 또한 강동은 지세가 험하고 민심이 뒷받침되고 있으므로, 손권을 물리치는 것도 어렵다고 했다. 따라서 우선 형주와 익주를 차지하고 대외적으로는 손권과 연합하고 대내적으로는 내치에 힘쓴 다음, 조조를 쳐들어가면 한나라를 다시 부흥시킬 수 있다고 했다. 이 말을 들은 유비가 감격하여 제갈량에게 도와 달라고 하니, 유비의 인품에 반한 제갈량이 이에 응했다. 이때부터 유비는 천하통일의 발걸음을 내딛기 시작했다.

그 후 유비는 손권과 손잡고 적벽에서 조조를 대패시켜 천하삼분지계의 기틀을 마련한다. 적벽대전을 계기로 유비는 용(龍)이 여의주를 얻은 것과 같은 욱일승천의 기회를 포착했다. 이 전쟁을 통해 유비는 형주와 절반과 익주를 차지했다. 이때 제갈량의 상소로 유비는 마침내 한의 정통을 계승한다는 명분으로 촉한의 황제가 되었다. 유비는 제갈량을 행정적 총수인 승상으로 삼아 나라의 안정과 정치적 포부를 실행하도록 책서를 내렸다.

적벽대전 후에 형주의 귀속을 둘러싸고 오나라와 촉나라 사이에 일어난 전쟁 중에 관우가 사망하자, 유비는 복수를 위해 무리하게 대군을 일으키고 이때 장비도 사망했다. 유비는 제갈공명의 반대에도 오나라를 침공하였으나, 오의 도독 육손에게 이릉대전에서 참패당했으며 백제성에서 제갈량에게 나라를 맡기고 사망했다(63세).[20]

2) 유비의 성격

(가) 신축성과 신중함이 있음

유비는 손권이나 조조와 같이 집안 배경이 없었고 정치적인 경험도 없었다. 그

---

20 나관중/박상진 편역, 『삼국지』 (서울: 올댓북, 2010), p. 340.

에게 있는 것은 오로지 한나라 황실 후예라는 명분뿐이었다. 이렇게 지명도나 세력이 없었지만 촉나라의 지도자가 된 것은 능굴능신(能屈能伸), 즉 상황에 다라 지혜롭게 굽히고 펼 줄 아는 능력이 있었기 때문이었다. 그는 자신보다 나은 실력자에게 기대어 성장했고 그들의 도움을 받았다. 자신을 위협했던 세력과도 타협해 그들의 힘으로 재기의 기반을 마련했다.

유비는 겉으로는 말이 없고 부드러우나 속으로는 야심이 가득 차 있었다. 동정심과 수줍음이 많은 따뜻한 마음의 소유자이고, 마음 깊은 곳의 감정을 쉽게 드러내지 않았다. 말수가 적고 겸손하고 온순하며 고난과 굴욕을 끝까지 인내하며 천하통일의 꿈을 펼쳤다.

(나) 친화력이 강함

유비는 사람들 간의 믿음과 감정의 교류를 중요시했다. 유비와 그의 참모들은 목숨을 맞바꿀 만큼 깊은 신뢰로 다져졌다. 그는 통제형 리더십이 아니라 지지형 리더십의 소유자였다. 그는 천하통일을 혼자가 아니라 여럿이 함께 달성할 목표로 삼았으며, 이를 위해 인재영입을 위한 노력에 헌신적이었다. 유비는 외향적 감정유형이다. 외향형은 정신에너지가 외부로 향하기 때문에 환경에 따라 순응하는 능력이 강하다. 따라서 이 유형의 유비는 탁월한 외향적 감정으로 상대방의 감정을 잘 맞춰 줄 줄 알고 다른 사람들과 쉽게 친분관계를 맺었다.[21]

이러한 유비는 관계지향적인 통치문화를 갖추고자 했다. 대의에 따른 비전으로 유능한 인재를 모으고, 한 번 맺은 인연을 소중히 하며 인재들의 역량을 최대로 이끌어내는 통치수완을 발휘했다. 그는 권모술수보다는 원칙과 윤리를 바탕으로 통치했다.

그는 자신이 기획하고 직접 실행하기보다 구성원의 역량에 맞추어 그들이 역량을 발휘하도록 고무시켰다. 따라서 그는 모든 전략적 결정은 제갈량의 뜻을 따르고 존중했다. 이러한 용인술이 개성 강한 인재들을 각자의 위치에서 최고의 능력발휘를 가능하게 한 셈이다. 한비자가 "삼류리더는 자기의 능력을 사용하고, 이류리더

---

21 조성준, 앞의 글(주 17), p. 42.

는 남의 힘을 사용하고, 일류리더는 남의 지혜를 사용한다"고 한 것처럼, 명철한 전략가이기보다는 구성원을 존중하는 신뢰의 전략가였다.

유비는 강한 추진력이나 통솔력은 없었지만, 친화력과 흡인력(吸引力)이 강했다. 그는 스스로 진두지휘하는 방법보다는 능력 있는 사람을 일깨워 주는 민주적인 스타일의 소유자로서 사람들의 능력을 최대한 발휘할 수 있는 분위기를 조성했다.

(다) 성심성의를 다함

유비는 사람을 대할 때 성심을 다했다. 유비가 제갈량을 융중으로부터 이끌어낸 것도 성심을 다해 삼고초려를 했기 때문이다.

당양벌에서 조조군에 쫓겨 패주하던 유비가 간신히 피하자, 조자룡이 유비가족을 구하기 위해 단기필마로 적진으로 들어가 사력을 다해 유선을 구출해 낸다. 그러자 유비는 이 아이 때문에 귀중한 장수를 잃을 뻔했다며 유선을 바닥에 던져 버렸다. 관우의 복수를 위해 오나라를 침공했다가 대패한 뒤, 유비가 제갈량에게 유언을 했다. 위나라를 쳐서 한나라의 명예를 회복하고, 유선을 도와 될 만한 인물이면 도와주고 그렇지 않으면 직접 촉나라의 주인이 되라고 했다. 이러한 신하에게 성심성의로 대하는 태도가 유비의 인간적인 매력이다.

(라) 지구력이 부족함

유비는 규칙과 규율에 지배하는 조직에 들어가면 얼마가지 않아 지쳐 버리고 마는 성격이다. 촉나라의 왕이 된 후에 외교·군사·행정은 실질적으로 제갈량이 처리하게 하고, 유비는 제갈량의 판단에 동조하고 힘을 실어 주었다. 관우의 죽음으로 오나라에 복수전을 한다고 이릉전투를 일으켜, 제갈량을 동원하지 않고 유비 자신이 직접 지휘를 했지만 패했다. 적벽대전 후에 내정을 다지고 전쟁준비를 철저히 하고, 신중을 기했어야 했다.

표 4 삼국지 인물의 성격유형 및 성향

이 름	유 형	성 향			
순 욱	완벽자	원칙을 추구함	신뢰감을 줌	불의와 타협하지 않음	융통성이 없음
손 권	협조자	인내심이 강함	넘버2의 인생철학	창업공신을 중용함	결단력이 부족함
조 조	성취자	노력파임	상황파악 잘함	수단방법 안 가림	실리를 추구함
주 유	감정자	독창적 혁신가	겸손함	예술적 감각이 뛰어남	시기심이 많음
제갈량	분석자	분석력이 탁월함	천문지리에 능통	일처리가 공정함	외유내강형
관 우	수호자	충성심이 강함	정정당당함	의협심이 강함	자만심이 지나침
여 포	만능자	에너지가 넘침	대장부 매력이 있음	배려심이 있음	자유분방함
장 비	주장자	다혈질임	용기 있는 행동파	맞서는 사람을 좋아함	감정조절을 못 함
유 비	평화자	신축성이 있음	친화력이 강함	성심성의를 다함	지구력이 부족함

작성: 조성민 · 이정섭(2017. 2. 19.)

Ⅲ 영웅들의 자기발견의 길

① 배려심을 보여야 했던 순욱

1) 기피 - 비뚤어진 세상일

순욱은 대나무기질의 원칙론자로서 사람이나 사물에 대해 결함이 있을까 봐 두려워하는 스타일이었다. 순욱의 세상을 바라보는 잣대는 정의와 불의로 판단하므로 결함을 기피했다. 순욱이 궁궐의 수궁령이라는 관직을 가지고 있었는데 동탁이 권력을 독점하고 전횡하자, 원칙론자인 그는 중앙의 벼슬을 버리고 시골의 현령(오늘날의 시장, 군수에 해당함)을 자청하여 낙향한 정의파였다.

2) 함정 - 정의구현

결함을 기피하는 순욱은 완벽한 것에 집착하므로, 이를 위해 어떠한 책임도 도중에 포기하지 않는 성격이었다. 그는 내면의 기준과 원칙을 가지고 그것에 따라 책임감 있고 양심적이며 올바르게 일을 처리하면 자존감과 만족을 얻을 수 있다고 여겼다. 순욱이 지방관리를 하고 있을 때 원소가 그의 능력을 높이 사서 크게 예우했지만, 원소가 대업을 이룰 수 없다고 판단한 그는 조조에게로 가서 핵심인물이 되었다. 이처럼 순욱은 앞을 내다보는 안목과 완전한 것에 유혹을 받는 정의구현파였다.

3) 격정 - 불의와 비타협

완전함에 집착한 순욱은 불의와 타협할 줄 모르는 성격이다. 순욱은 다른 사람들보다 도덕적 우월감을 가지고 있다고 자부함으로, 완벽하지 못한 것을 보면 분노를 느낀다. 조조가 위공에 앉으려는 야망을 품고 이를 실현하고자 했으나, 이렇게 되면 조조의 개혁적이고 신선한 이미지를 훼손시킨다고 판단한 그는 결사적으로 반대를 했다. 만약 조조에게 동조를 했다면 그는 조조 다음의 2인자의 자리를 차지할 수 있었다. 그럼에도 그는 자신의 신명을 끝까지 지키는 충신이었다. 이러한 순욱의 완벽을 추구하는 성격 때문에 죽음을 맞았다.

4) 방향지시등 – 아량

순욱이 자아를 찾아가는 길에서 버려야 할 것은 세상의 모든 것이 완전해야 하고, 무엇이든 바로 잡으려는 생각이다. 그가 취해야 할 사항은 세상사를 완전한 것과 불완전이라는 이분법으로 나눌 것이 아니라 주어진 상황에서 최선을 다하는 것이 상책이라고 보인다. 즉 완전무결한 것을 지양하고 아량을 가지고 생활하는 자세를 갖추어야 한다.

5) 덕목 – 배려심

완전주의자인 순욱이 완전한 것에 집착하다가 격정에 의해 분노에서 해방되어 자기를 찾아가는 것은 배려심이라고 본다. 완벽하게 사물을 바라보는 것에서 탈피하여 상황에 따라 기준을 달리 설정하고 배려심을 가지고 사물을 바라보아야 한다. 그러면 도덕적 우월감에서 벗어나게 되어 평정심을 가지고 자유로워질 수 있다.

② 초지일관해야 했던 손권

1) 기피 – 모험

오나라는 지리가 험하고 장강이 있는 지리적 여건도 수비에만 유리하지 공격에는 불리했다. 지리적으로 밑에 위치하여 위나라와 촉나라를 공격할 때 아래에서 위로 쳐들어 가야 하는 것도 약점이었다. 중원에는 인물도 많고 물자도 많아 남북대결에서도 불리했다. 이처럼 오나라는 삼국 중 열악한 조건에 처해 있었기 때문에 손권은 다른 나라를 공격하는 모험을 감행하기보다는 수성을 지키는 군주였다.

2) 함정 - 외교술

조조와 유비가 중원을 놓고 쟁탈전을 벌이는 가운데, 손권은 이들과 적절하고 실속 있는 제휴로 어부지리를 챙기며 내실 있는 국가경영을 수행하면서 삼국의 한 축을 유지했다. 손권은 군사력보다는 손익계산이 명확한 외교술을 발휘하여 한편으로는 촉과 연합하여 조조를 적벽대전에서 격파했다. 또 다른 한편으로는 조조의 계략에 따라 관우를 치기도 하는 등, 위와 촉, 두 나라의 무게균형을 맞추어 가면서 가장 오랜 기간 동안 군주의 자리를 지켰다.

3) 격정 - 공포정치

손권이 나이가 들자 사람을 믿지 못하는 성격이 굳어져 두려움의 대상이 되는 인물을 가차 없이 제거하는 공포정치를 펼쳤다. 상서인 기염이 인물 됨됨이와 관계없이 청탁받고 요직에 발탁되는 악습을 고치고자 개혁을 시도했으나, 손권은 반대파의 모략을 저지하지 않고 죽게 내버려 두었다. 손권은 명성이 높아지는 측근 장온이 기염과 가깝다는 죄를 씌워 감옥에 가두었다.

손권은 여일을 감시직인 교사로 임명하여 대신들을 사찰하도록 했다. 여일은 손권의 입맛에 맞추어 공정성을 잃은 감시를 했기 때문에 원성을 사게 되어 살해되었다. 대신들은 여일이라는 인물을 반대한 것이 아니라 감시기관을 반대했던 것이다.

손권이 62세 때 장남 손화를 태자로 봉하고 차남 손패를 노왕으로 봉해 태자와 똑같은 대우를 해 주었다. 그러자 오나라 관료들은 두 세력으로 나뉘어 권력쟁탈전을 벌였다. 손권은 주도세력을 모두 제거하고 동시에 태자를 폐하고 차남에게는 자살령을 내리며 막내 아들 손량을 태자로 삼았다. 손권의 철권통치는 오히려 오나라 내부의 갈등과 충돌을 부추기는 원인이 되었다.

4) 방향지시등 - 진솔함

손권은 통치기반을 구축하고자 하는 유혹에 빠졌으나, 초창기에 그의 세력은 보잘 것 없었다. 당시 각 지방의 호족들은 금력과 권력을 모두 가지고 있었기 때문에, 손권은 이들과 잘 지내야 안전하게 군림할 수 있었다. 이에 손권은 당근요법을 교묘하게 운영하여 사람들의 성취동기를 최대로 자극시켜 수하들이 절대적으로 복종하도록 했다. 충신들이 세상을 떠날 때 진정한 눈물을 흘리며 가족을 격려했고, 육손을 손책의 딸과 결혼하게 했으며 호족의 자제와 종친들을 지방관직에 파견했다. 손권이 덕목으로 가는 방향지시등은 진솔함이다.

5) 덕목 - 공사를 분별함

손권이 젊은 시절 형 손책 밑에서 일할 때 여범이 손권의 재정관리를 맡았다. 손권이 사사로이 필요를 채우기 위해 여범에게 손을 달라고 하는 일이 잦자, 그때마다 이 사실을 손책에게 보고하고 돈을 내주지 않았다. 손권이 양성 현령에 임명되자 그의 사적인 지출상황을 여범이 수시로 감시했다. 그러자 공조 책임자인 주곡이 장부를 위조하여 손권이 문책을 당하지 않았다. 손권이 주곡을 좋아하게 되었다.

그 후 손권이 강동의 수령이 된 후 중용한 사람은 여범이었다. 여범은 충성심이 강하고 사사로운 정에 다르지 않는다는 이유였다. 반면 주곡은 장부를 위조하는 부정을 저질렀다는 이유로 승진에서 배제되었다. 이처럼 손권의 인사스타일은 공사(公私)를 엄격하게 구별했다.

③ 덕치를 펴야 했던 조조

1) 기피 - 사사로운 정

조조는 전쟁터의 최전방에 세 아들을 보내면서 신하뿐만 아니라, 자식들에게도 사사로운 정을 품지 않을 것이라고 하는 등 사사로운 정을 멀리하고자 했다. 한번은 전쟁으로 사회 분위기가 혼란스러울 때 숙부가 조카인 조조의 위세를 등에 없고 통행금지를 무시하고 다니다가 적발되었는데도 법망을 피해 나가고자 했다. 사사로운 정을 기피하는 조조가 이 보고를 받고 원칙대로 숙부를 처벌할 것을 명했다. 조조는 또한 일가친척이라고 하여 실력이 안 되는 사람을 중용하지 않았다.

2) 함정 – 실리추구

삼국지 인물 중 야심이 제일 큰 사람을 뽑는다면 당연히 조조라고 볼 것이다. 조조는 성공지향적이고 목표지향적이라 지나친 경쟁에 유혹을 받아 남보다 앞서야 한다는 생각으로 성공이라는 함정에 빠졌다. 그는 덕보다 무력으로 천하를 손에 쥐려고 했다. 따라서 그는 능력이 출중하면 인격을 문제 삼지 않았을 뿐만 아니라, 과거에 적이었더라도 인재로 등용했다.

조조는 명분보다는 실리를 추구함으로써 야심을 키워 나갔다. 동탁이 사망한 후에 헌제가 조조에게 대장군 벼슬을 내리고 반동탁연합군의 수장이었던 원소에게는 태위 벼슬을 내렸다. 원소가 조조보다 낮은 벼슬받기를 거부하자, 조조가 대장군을 원소에게 양보하는 대신에 황제를 모시기로 했다. 실권이 없는 헌제였지만 모든 명령이 황제의 이름으로 나감으로써 천자 이름이 갖는 상징성 때문에 조조가 다른 제후들을 조정할 수 있게 되었다. 이처럼 조조는 목표달성을 위해 실리추구라는 유혹에 빠졌다.

3) 격정 – 인정사정 안 봄

조조는 자신에게 장애물이 되거나 불편한 관계에 있는 사람을 인정사정 볼 것 없이 제거했다. 조조가 동탁을 제거하려다 실패하고 도피하던 중 부친의 친구인 여백사의 집에 묵었을 때, 여백사가 술을 사러 간 사이에 칼 가는 소리를 듣고 자기를 죽이려는 줄 잘못 알고 여덟 식구를 죽였다. 그런데 조조가 부엌에 도살하려고 결박해 준 돼지를 발견하고서 자기를 대접하려던 사람들이란 것을 알고 깜짝 놀랐

다. 황급히 달아나던 조조가 술을 구해 돌아오는 여백사를 만나자, 급한 일로 떠난
다고 속이고 여백사마저도 죽였다.22

후에 위왕이 되려는 조조의 야망을 일급참모인 순욱이 꺾으려 하자 순욱을 죽
음으로 내몰았다. 재능이 뛰어나 조조의 속마음을 너무나 잘 읽는 양수를 계륵사건
을 명분으로 세워 처형했다. 이처럼 조조는 자신의 목표를 달성하기 위해서라면 수
단방법을 가리지 않았다.

4) 방향지시등 - 실패수용

욕심이 많았던 조조는 때로는 솔직하고 때로는 교활하게 상황을 받아들이고 변
화를 수용하는 데 탁월한 지혜가 있었다. 권력과 생명을 유지하는 데는 아무도 믿
지 않으면서도, 인재운용에 있어서는 참모를 신뢰하여 부하장수가 최선을 다했는
데도 불구하고 목적을 달성하지 못한 경우에는 이를 인정하고 수용하는 아량을 베
풀었다. 조조는 평생 크고 작은 전쟁을 30여 번 치렀는데 승률이 80%였다. 패배한
전쟁에서도 이를 받아들이고 패인을 철저히 분석해 다음 번 전쟁의 승리의 자산으
로 삼았다. 조조는 실패를 병가지상사(兵家之常事)로 받아들여 격정을 극복했다.23

5) 덕목 - 덕치

조조는 원소처럼 세력이 강한 귀족 가문출신도 아니었고, 유비처럼 황실의 피를
이어받은 것도 아니었다. 또한 작은 키에 비호감 외모로 한평생 콤플렉스에 시달렸
으며, 성격이 급하고 옹졸했다. 그럼에도 그는 최후의 승자가 되었다. 하지만 그에
게는 재능은 있으나 덕이 부족한 간웅이라는 이미지가 강하게 남았다. 이는 덕보다
힘을 앞세우는 그의 방식 때문이라고 여겨진다.

그러므로 조조는 자신을 낮추고 다른 사람을 배려하고 많이 베풀 줄 아는 마음
인 덕을 베풀며 정치를 했으면 더욱 훌륭한 정치지도자로서 명성을 날렸을 것이다.

22 http://terms.naver.com/entry.nhn?docid=1686985&cid
23 http://widerock/blog.me/13189851787

덕이 재주를 이긴다는 덕승재(德勝才)가, 조조가 지녀야 할 덕목이라고 본다.

④ 포용심을 품어야 했던 주유

1) 기피 – 잘난 자와 화친

독창적이며 뛰어난 재주가 많은 주유는 평범한 것을 기피하는 성격이었다. 강북을 제패한 조조가 여세를 몰아 강동을 공격해 오자, 오나라 조정은 항복하자는 다수의견과 전쟁을 하자는 소수의견으로 대립되어 국론이 분열되었다. 이때 주유가 손권 앞에 나서서 조조가 한나라 승상이지만 무력으로 황제를 꼼짝 못 하게 하는 역적이므로, 항복해서는 안 되고 한판 승부를 벌여야 한다고 주장하여 적벽대전을 치르게 되는 계기를 마련했다. 주유는 개성이 독특하고 강한 소유자였기 때문에, 당시에 권력을 쥐고 독주하며 잘난 체하는 조조를 견제하고자 하는 심리가 있었다.

2) 함정 – 지략

감정주의자인 주유는 다른 사람과 차별화되어야 한다는 유혹을 받아 독특함이라는 함정에 빠졌다. 주유가 제갈량을 만나면서 라이벌 의식이 생겨 두 사람 사이에 두뇌싸움이 벌어졌다. 주유는 자신의 여러 가지 책략을 꿰뚫고 있는 제갈량에게 10일 내에 화살 10만 개를 구해 오라는 실현 불가능한 제안을 했다. 그러자 제갈량이 신출귀몰한 작전으로 조조군을 혼란케 하여 화살 10만 개를 구해 오자, 주유는 제갈량의 능력을 인정하기보다는 오히려 시기심을 품고 그를 제거하려는 유혹에 빠졌다.

3) 격정 – 경쟁자를 질투함

주유는 제갈량과 연합하여 적벽대전에서 조조에게 대승을 거두었으나, 지모와 계책을 다투는 제갈량을 제거하겠다는 지나친 욕심을 가졌다. 즉 싸워 이기려는 마음(호승지심: 好勝之心)에 휘둘리면서 무리한 계책을 되풀이했다. 자신의 계책을 미리 알고 있는 제갈량을 질투하는 주유는 감정을 절제하지 못하고 제갈량의 군대를 무모하게 공격을 하다가 패전으로 이어졌다.

4) 방향지시등 – 겸손

주유는 정보와 사이가 나빴는데, 정보가 나이가 많아 주유에게 자주 모욕을 주었기 때문이다. 그럼에도 불구하고 주유는 정보에게 몸을 낮추고 말을 경청했기 때문에 정보가 감복하여 누구보다도 더 친하게 되었다. 주유는 건장하고 뛰어난 자태를 가졌을 뿐만 아니라, 탁월한 능력의 소유자이면서도 주위 사람들에게 맞은 자세를 취했기 때문에 많은 사람들이 감복하여 그를 따랐다.

5) 덕목 – 포용

주유가 참된 자신을 찾아 침착이라는 목적지에 안착하려면 스스로 독특한 존재가 되려고 애쓰지 말아야 하고 또 위축되지 않아 평온한 상태를 유지했어야 했다. 제갈량과의 지략대결로 에너지를 마음의 병이 생기는 쪽에 쓰지 말고, 제갈량을 오히려 포용함으로써 덕목의 길을 개척했더라면 제갈량의 지략과 자신의 지략이 더해져 서로에게 도움이 되는 시너지 효과를 최대한으로 발휘했으리라고 본다.

5 후진을 양성해야 했던 제갈량

1) 기피 – 직언 듣기

제갈량은 직언 듣는 것을 기피했다. 유비에게 투항한 유연은 좋고 싫음이 분명했다. 위연은 제갈량에게 입바른 소리를 잘했다. 이러한 위연에 대해 촉군의 총사령관인 제갈량은 그를 교육하거나 자제를 시키면서 이끌려고 하지 않았다. 그러면서 위연을 통제할 수 없는 제갈량은 그를 나중에 반란을 일으킬 인물이라고 평했다. 제갈량 유고 시에 제갈량을 대행할 위연을 회의에도 참석시키지 않을 때가 많았다.

2) 함정 – 신중한 처세

제갈량은 유비가 부르지 않으면 가지 않았고 부르면 바로 달려가 해결책을 제시했다. 그는 항상 유비의 약점을 알고 이를 보완했다. 그가 유비에게 건의할 때는 자신이 직접 하는 대신에 유비와 친하고 자신보다 지위가 낮은 사람을 시켰으며 신중을 기했다. 제갈량의 이러한 신중한 처세는 유비로 하여금 신임할 수 있는 참모라는 생각을 가지게 했을 뿐만 아니라 신뢰를 받을 수 있는 결정적 요소로 작용했다.

3) 격정 – 야비함

관우는 유비세력에 합류한 제갈량을 처음에 무시하여 두 사람 사이가 서먹했다. 적벽대전에서 공을 세운 제갈량이 유비세력에서 위상이 높아지자, 관우는 질투심이 생겼다. 질투와 미움을 받은 제갈량은 관우에게 큰 불만을 가졌다.

제갈량은 관우를 화용도로 파견하면서 조조를 놓아주리라고 예견했다. 의리를 목숨보다 중히 여기는 관우는 조조를 살려 주었다. 제갈량은 관우의 잘못을 추궁하고 겁을 주어 다시는 자기의 권위에 도전할 수 없게 했다. 적벽대전 후에 제갈량은 관우에게 형주를 지키게 했다. 형주의 반환을 둘러싼 분쟁으로 오나라가 공격해 오고, 관우가 맥성에서 패주하고 전군이 몰살되는 위험에 처했을 때도 제갈량은 지원군을 보내지 않았다. 결국 관우는 제갈량의 비협조로 손권에게 참살을 당하게 된다.

이처럼 제갈량의 격정은 야비함으로 볼 수 있다.

4) 방향지시등 – 권한위임

제갈량은 유비가 사망한 후에 모든 일을 혼자서 처리했다. 촉나라는 위나라와 비교할 수 없을 정도로 인재들이 빈약하여 제갈량은 이를 한탄했다. 제갈량은 모든 일을 직접 진두지휘하여 처리했으므로, 그의 밑에서 일하는 참모들은 역량을 키울 수 있는 기회를 마련하기가 어려웠다. 인재는 타고난 것이기도 하지만 후천적으로

양성되기도 하는 것이므로, 제갈량은 과감하게 권한을 위임했어야 했다. 제갈량은 후진양성에 실패했을 뿐만 아니라, 독단적으로 업무를 처리하는 그의 방식이 수명을 단축시키는 결정적 계기가 되었다.

5) 덕목 – 후진양성

제갈량은 최적의 파트너인 유비와 환상적인 조화를 이루어 유비를 1인자로 우뚝 세우고 촉나라를 키워냈다. 그는 2인자로서 많은 사람들의 이야기를 경청하면서 조직을 관리했고, 솔선수범하는 지도자가 되어야 한다는 원칙을 지켰으며 청령함과 근검절약으로 스스로 절제를 실천하는 등의 통찰력을 덕목으로 삼았다.

6 교만심을 자제해야 했던 관우

1) 기피 – 굴복

유비와 장비가 조조에게 패하고 하비성을 지키던 관우도 사면초가에 처했다. 결사항전을 펴려는 관우에게 조조가 장료를 보내 항복을 권유했다. 장료가 관우에게 전투 중에 사망하면 도원결의를 저버리는 것이고, 유비의 가솔들을 저버리는 것이며 아까운 능력을 저버리는 것이라며 설득했다. 이에 전투에서 패배하고 굴복하는 것을 제일 싫어하는 관우가 조조에게 조건부 항복을 한다.

2) 함정 – 태평성대

후한시대에 위정자는 도리를 잃고 사리사욕을 채우느라 혈안이 되었으므로, 백성들의 삶은 비참했으며 이로 인한 원성은 하늘을 찌를 듯이 높았다. 이러한 혼돈의 시대에 관우는 자신보다는 동료, 동료보다는 이웃이나 백성들 더 위했다. 또한 그는 어지러운 세상을 바로잡아 백성들에게 태평성대의 사회를 만들어 주는 유혹에 빠져 일생을 바쳤다.

3) 격정 – 안하무인

관우는 자존심이 강하고 안하무인이었다. 황충이 자기와 같은 오호대장의 반열에 오를 수 없다고 주장하고, 가만히 있는 마초에게 무예를 겨루어 보자며 시비를 걸기도 했다. 유비가 익주와 한중을 얻을 때에 관우에게 형주를 맡기면서 북쪽의 조조와는 대치하고 동쪽의 손권과는 화친해야 한다고 당부했다. 손권이 딸이 있는 관우에게 자신의 아들과 사돈을 맺자는 제안을 했다. 안하무인인 관우가 손권을 모욕하는 언사로 거절하자, 손권이 조조와 연합해 번성을 공격했다. 관우가 지키고 있는 형주성은 난공불락이었다. 여몽의 뒤를 이어 새로 부임한 육손이 무명의 장수라서 관우가 그를 햇병아리라고 무시하고, 형주성을 지키고 있던 최소한도의 병력마저도 차출하여 번성을 지키려다가 실패했다. 결국에 관우가 붙잡혀 손권에게 참수를 당했다.

4) 방향지시등 – 유연함

관우는 자존심이 세고 아랫사람에게는 관대했으나 윗사람에 대해서는 오만했다. 관우는 자기를 낮추고 상대방을 높이는 비기존인(卑己尊人)의 자세를 갖추어야 한다. 그는 양자에게는 약하고 강자에게는 강한 성격의 소유자였다. 하지만 강자나 윗사람에게도 자신을 낮추는 유연함을 발휘할 수 있어야 한다.

5) 덕목 – 의연함

관우는 자신의 용맹과 기세를 과신하여 다른 사람을 깔보고 업신여기는 경향이 있었다. 이러한 관우의 교만심을 여몽과 육손이 철저히 이용하여 결국 형주를 잃어버리게 된 것이다. 관우가 교만심을 버리고 마음의 긴장감을 잃지 않았다면, 형주를 튼튼히 방어했다면 오나라와의 전투에서 패하지 않았을 것이다. 관우가 자세를 낮추고 의연함을 보여 주었으면 더 큰일을 하였을 것이다.

⑦ 신의를 지켜야 했던 여포

1) 기피 – 속박

여포는 자유를 추구하고 감정을 마음껏 발산하는 뚜렷한 개성을 자기고 있었으므로 어딘가에 억매이게 되는 속박을 싫어했다. 자유분방한 여포는 특히 하늘의 도리라는 충의관념에 속박받는 것을 싫어했다.

2) 함정 – 자유분방함

여포는 원래 정원의 수하로 있다가 양자가 되었다. 동탁이 정권을 잡은 후에 여포를 마음에 들어 하자, 동탁의 부하가 여포에게 적토마와 금은보화를 주었다. 그러자 여포가 주군인 정원을 죽이고 동탁의 수하가 되었다. 여포를 얻은 동탁은 마치 가뭄의 단비처럼 아꼈고 자신의 양자로 삼았다. 동탁은 많은 사람들로부터 미움을 사고 있었기 때문에 신변보호를 위해 항상 여포를 데리고 다녔다.

이때 동탁의 폭정에 시달리던 조정의 신하들이 동탁을 제거할 계획을 세우고 있었다. 그중 충신인 사도 왕윤이 동탁과 여포를 갈라놓기 위해 연환계를 썼다. 즉 절세미인인 왕윤의 양녀를 여포에게 아내로 주겠다고 하고, 동탁에게는 첩으로 주겠다고 하였다. 왕윤이 초선을 동탁에게로 먼저 보내자 여포는 동탁이 뺏어갔다고 생각하고 불만을 품었다. 기회를 포착한 왕윤의 사주를 받은 여포가 동탁을 제거했다.

이처럼 여포는 자유분방한 성격 때문에 여기저기 옮겨 다니며 새로운 것을 좇는 유혹에 빠졌다. 여포의 함정은 주위가 산만하여 한 가지 일에 집중하지 못하는 것이다.

3) 격정 – 교만

여포는 자신의 잘못은 모르고 타인의 허물만 보았다. 여포의 격정은 자기가 남에게 베푼 은공만 생각할 줄 알았지 남에게 원수진 일을 기억하지 못하는 자기중심적이고 독선적인 사고였다. 큰일을 치루고 나면 의기양양해서 안하무인으로 행동하여 동료와의 관계를 망치는 일이 많았다. 동탁을 죽이고 병주 출신인 여포가 대권을 잡자 동탁의 양주 출신을 모조리 죽이려 해 쫓기는 신세가 되었다. 원소에 의탁하여 원소 집안에 큰 공을 세웠지만 자만하여 원소의 장수들을 무시하다가 이들과 등을 지게 되었다.

4) 방향지시등 – 초지일관

여포가 덕목으로 가는 방향지시등은 자기 만족을 위해 의리를 쉽게 저버리지 않는 초지일관의 마음가짐이다. 좌충우돌하며 자신의 호기심대로 생활하는 것을 지양해야 할 것이다. 한번 인연을 맺으면 이를 오래 유지할 수 있는 자세를 견지해야 한다.

5) 덕목 – 신의

여포는 동탁의 부하장수 이각과 곽사에게 쫓겨 떠돌이 생활을 하다가 서주성에 있던 유비에게 의탁하게 되었다. 유비가 남양의 원술을 치러 간 사이에 유비를 배신하고 서주를 빼앗았다. 조조의 대군에게 포위되었을 때 내부분열이 생겨 잠자던 여포는 부하에게 결박당하여 조조 앞에 끌려 나오게 되었다. 여포가 조조에게 목숨을 구걸했지만 양부인 정원과 동탁을 저버린 일로 죽임을 당했다.

여포가 평소에 신의 있는 행동을 했다면 무예지존인 그는 죽임을 당하지 않았을 것이다. 신의를 소중히 여겼다면 당대 최고의 무술스타였던 여포가 패권에 도전하여 정사에 길이 남을 용장이 되었을 것이다.

⑧ 자비를 실천해야 했던 장비

1) 기피 – 아니꼬움

장비는 다른 사람을 제압해야 한다는 생각 때문에 꿀리는 것을 기피했다. 꿀리는 것은 자신의 자존심을 손상시킨다고 생각했기 때문이다.

황건적 토벌공로로 안휘현 현위에 임명되었을 때 감찰차 나온 독우가 뇌물을 요구하며 횡포를 부리자, 성격이 급하고 꿀리는 것을 싫어하는 장비가 그를 기둥에 묶고 매질을 했다.

유비가 융중으로 제갈량을 찾아갔는데 부재중이라 만나지를 못하자, 자존심이 상한 장비가 제갈량이 그렇게 대단한 사람이냐고 불평하며 투덜거렸다. 두 번째 제 갈량을 찾아갔는데 역시 집에 없자, 장비의 얼굴이 붉으락푸르락 해지며 화를 참지 못하고 그를 잡아 당장 목을 베어 버리겠다고 씩씩거렸다. 유비가 세 번째 찾아갔 는데 제갈량이 낮잠을 자고 있었다. 잠에서 깰 때까지 기다리자는 유비의 말에 장 비는 속이 상해 집에 불을 지르려고 했다. 그러자 관우가 장비를 문밖으로 데리고 나갔다. 이처럼 장비는 남에게 꿀리는 것을 회피하고자 했다.

2) 함정 – 힘을 과시함

힘에 집착하는 장비는 언제나 자기존재를 강하게 표현하기 위해 에너지를 집중 시켰다. 그는 세상을 약육강식의 장으로 보기 때문에 강하지 않으면 상대방에게 당 한다고 믿었다.

유비가 조조에게 쫓겨 피난을 가던 도중에 시녀가 유비의 아들 유선을 놓고 오 는 바람에, 조자룡이 적진으로 들어가 유선을 구해 장판교를 건너갔다. 장판교에서 기다리던 장비가 창을 잡고 말에 홀로 앉아 있었고, 다리 뒤에는 먼지가 자욱이 일 고 있어 마치 수만 복병이 숲속에 매복하고 있는 인상을 주었다.

이에 조자룡을 쫓던 조조의 맹장들이 감히 장판교로 다가서지 못하다가 하후걸 이 나섰다. 그를 대적한 장비가 호통을 지르자 하후걸의 몸에 소름이 돋고 말이 놀 라 날뛰는 바람에 낙마해 죽었다. 군사들은 물론 조조도 놀랐으며 이에 장비 뒤에 대군이 있으리라고 생각한 조조가 후퇴했다. 이처럼 장비는 힘을 자랑하여 상대방 을 제압하려는 함정에 빠졌다.

3) 격정 – 난폭함

장비는 신분이 높은 사람은 경애했으나, 부하에게는 엄격하고 자비롭지 못했다. 유비가 장비에게 금주서약을 받고 서주성을 지키게 했는데, 장비가 술의 유혹을 이기지 못하고 술 마실 때 부하장수가 거절하자, 버럭 성질을 내며 심하게 매질을 했다. 관우가 오나라 군에게 생포되어 손권에게 죽임을 당했다는 소식을 듣자, 실의에 빠져 홧술을 많이 마시고 부하장수들에게 욕설을 퍼붓고 가혹행위를 했다. 이처럼 장비는 격한감정이 생기면 난폭한 행동을 많이 했다.

4) 방향지시등 – 감정조절

장비는 술을 좋아했는데, 술에 취하면 이성을 잃어 포악하고 거칠어져 화를 잘 냈다. 술버릇이 고약해 부하들에게 억지로 술을 마시게 하고 심기에 거슬리면 폭력행사를 무자비하게 했다. 장비가 덕목으로 가는 길은 감정을 조절하는 것이다.

5) 덕목 – 자비

장비가 덕목으로 가는 길은 천진난만하고 순수함을 회복하는 것이라고 본다. 그러므로 장비는 부드러운 자세를 견지하여 온화한 모습이 몸에 배도록 하여야 한다.

⑨ 솔직함이 필요했던 유비

1) 기피 – 속내 드러내기

유비는 자신의 속내를 드러내지 않아 주위 사람들은 물론 심지어 측근 참모들조차도 그의 속마음을 읽을 수가 없었다. 이로 인해 조조, 여포, 원소 등은 유비에게 농락당하거나 뒤통수를 맞았다. 유표가 형주를 유비에게 넘기려 했을 때 제갈량을 비롯한 관우, 장비, 조자룡 등이 찬성했지만 유비는 이를 거절했다. 유표에 대한 은혜와 대의를 명분으로 내세웠지만, 사실은 형주에서 조조군을 대적할 수 없기 것이라고 유비가 판단했기 때문이었다.

2) 함정 - 인의군자

유비는 능력이 출중하지 못했으므로 다른 사람들을 자기 수하로 만들기 위해서는 인의군자처럼 보이기 위한 유혹에 **빠졌다.** 따라서 유비는 인의(仁義)를 생활자게로 삼았다. 인은 어진 것이고 의는 옳은 것이므로, 인의란 모든 일을 하늘의 뜻에 거슬리지 않고 사람의 도리에 어긋남이 없이 행하는 것을 말한다. 유비는 인재를 잘 알아보고 적절한 곳에 기용하고자 노력했으며 이를 활용하여 민심을 얻었다.

이러한 유비는 숱한 좌절과 역경을 겪으면서도 한 번도 대업을 이루려는 자신의 야망을 꺾고 굴복하거나 안주하지 않는 백절불굴(百折不屈)의 유혹에도 **빠졌다.** 그리고 유비는 큰일을 하려면 사람을 근본으로 삼아야 한다는 말을 유념했고, 어떤 어려운 상황에서도 자신을 지켜주는 것은 민심이라는 것을 잊지 않았다.

3) 격정 - 교활함

유비가 정치적 목적달성을 위해서 믿음을 내세우고 의리를 숭상했지만, 상황에 따라 무척 교활했으며 신의를 돌보지 않았다.

유비는 적노라는 유명한 말을 가지고 있었는데, 주인에게 재앙을 가져온다는 단점이 있었다. 책사 서서가 유비에게 적노를 다른 사람에게 먼저 타도록 하여 해를 입힌 다음 유비가 다시 타면 재앙이 없을 것이라고 귀뜸해 주었다. 방통이 서천을 공격하러 갈 때 유비가 방통에게 자신의 좋은 말과 바꿔 타자고 하여, 방통을 유비인줄로 착각한 적군의 화살에 방통이 맞아 죽었다. 조자룡이 장판파에서 목숨을 걸고 어린 아들 이두를 구해오자, 유비는 하잘것없는 놈이 대장 한 명을 해칠 뻔했다고 하며 아들을 땅바닥에 내던졌다.

4) 방향지시등 - 능굴능신

유비가 실패를 잘 견디고 성공했을 때 포부를 잘 펼치는 능굴능신(能屈能伸)의 처세를 방향지시등으로 삼았다. 유비가 제갈량을 얻기 위해 세 번이나 찾아갔는데, 이는 유비가 제갈량의 가치를 확인하는 동시에 상대를 간절하게 원한다는 태도를 보여 주기 위함이었다. 유비는 이익을 얻을 수 있다면 자신을 굽힐 줄 알았고, 남의 시선과 평가에 연연하지 않았다.24 삼고초려는 유비의 세력이 작은 규모에서 큰 규모로 성장하는 방향으로 향하는 전환점이 되었다.

5) 덕목 - 신중함

관우가 손권에게 참수되었다는 소식을 들은 유비는 복수를 하기 위해 오나라를 정벌하고 싶은 마음이 너무 앞섰다. 격한 마음을 가진 유비에게 조자룡이 조조를 물리치면 손권은 저절로 복종할 것이라고 진언했으나 묵살당했다. 이번에는 제갈량이 준비를 충분히 한 뒤에 군사를 일으켜야 한다고 상소문을 올렸다. 유비는 상소문을 땅바닥에 내던지며, 다시 출병을 막으려는 자가 있으면 목숨을 거두겠다고 역정을 냈다. 이처럼 유비가 나이가 들고 도원결의를 맺은 관우의 죽음으로 이성을 잃고 즉흥적으로 중대사를 결정하는 바람에 촉나라는 그 운명이 다하게 되었다.

표 5 삼국지 인물의 자기발견의 길

유 형	이 름	기 피	함 정	격 정	방향지시등	덕 목
1유형	순욱	비뚤어진 세상일	정의구현	불의와 비타협	아량	배려심
2유형	손권	모험	외교술	공포정치	진솔함	공사구별
3유형	조조	사사로운 정	실리추구	인정사정 안 봄	실패수용	덕치

---

24 http://blog.naver.com/wisdomhouse7/220366214878

4유형	주유	잘난 자와 화친	지략	경쟁자 질투	겸손	포용
5유형	제갈량	직언 듣기	신중한 처세	야비함	권한위임	후진양성
6유형	관우	굴욕	태평성대	안하무인	유연함	섬김
7유형	여포	속박	자유분방함	독선	초지일관	신의
8유형	장비	아니꼬움	힘을 과시함	난폭함	감정조절	자비
9유형	유비	속내 드러내기	인의군자	교활함	능굴능신	신중함

작성: 조성민·이정섭(2017. 2. 19.)

참고문헌

이 QR 코드를 스캔하면 『삼국지에서 내 성격을 찾다』의
참고문헌을 열람할 수 있습니다.

저자소개

조성민

성산효대학원대학교 부총장
한양대학교 로스쿨 명예교수 (법학박사)
아태문인협회 이사장 (시인·수필가)
서울북부지방법원 국선변호운영위원
(전) 에니어그램 강의 출강 (경찰교육원·해양
　　경찰학교)
　　한양대학교 학생처장·대외협력처장·법학
　　연구소장
　　국가경찰위원회 위원·국토연구원 감사
　　한국부동산법학회 회장

이정섭

대한에니어그램영성학회 회장
한양대학교 간호학부 명예교수 (간호학박사)
시인 (문예사조 『시』로 등단 2016. 3.)
옥조근정훈장 수훈
(전) 한양대 임상간호정보대학원 정신보건전공
　　주임교수
　　서울시정신간호사회 회장
　　대한정신간호학회 회장

삼국지에서 내 성격을 찾다
– 에니어그램의 지혜

초판발행	2017년 6월 15일
2쇄발행	2018년 3월 20일
지은이	조성민·이정섭
펴낸이	안종만
편 집	박송이
기획/마케팅	조성호
표지디자인	권효진
제 작	우인도·고철민
펴낸곳	(주) 박영사
	서울특별시 종로구 새문안로3길 36, 1601
	등록 1959. 3. 11. 제300-1959-1호(倫)
전 화	02)733-6771
f a x	02)736-4818
e-mail	pys@pybook.co.kr
homepage	www.pybook.co.kr
ISBN	979-11-303-0442-7 03180

* 잘못된 책은 바꿔드립니다. 본서의 무단복제행위를 금합니다.

정 가   13,000원